本书出版获河北北方学院学术著作出版基金和河北北方学院博士基金资助

河北省社会科学基金项目（HB15LS026)
河北省教育厅人文社会科学重点项目（SD161066）

鼓楼史学丛书·区域与社会研究系列

秦汉社会流动研究

——以官员为中心

薛志清◎著

中国社会科学出版社

图书在版编目(CIP)数据

秦汉社会流动研究：以官员为中心/薛志清著.—北京：
中国社会科学出版社，2016.5
ISBN 978-7-5161-8227-7

Ⅰ.①秦… Ⅱ.①薛… Ⅲ.①社会阶层—社会变迁—
研究—中国—秦汉时代 Ⅳ.①D691.7

中国版本图书馆CIP数据核字(2016)第109578号

出 版 人 赵剑英
责任编辑 宋燕鹏
责任校对 周 昊
责任印制 李寡寡

出 版 中国社会科学出版社
社 址 北京鼓楼西大街甲158号
邮 编 100720
网 址 http://www.csspw.cn
发 行 部 010-84083685
门 市 部 010-84029450
经 销 新华书店及其他书店

印 刷 北京明恒达印务有限公司
装 订 廊坊市广阳区广增装订厂
版 次 2016年5月第1版
印 次 2016年5月第1次印刷

开 本 710×1000 1/16
印 张 16
插 页 2
字 数 286千字
定 价 58.00元

凡购买中国社会科学出版社图书，如有质量问题请与本社营销中心联系调换
电话:010-84083683

目　录

绪　论

“社会流动”是社会学概念，在社会学中通常被定义为个体与群体社会地位或位置的变化，“是个人或群体在社会分层结构与地理空间结构中位置的变化。社会学家更侧重于研究人们在社会分层结构中位置的变化”①。“是人们的具有社会意义的、地位上的变化……社会流动更加关注的是人们在获取财富、权力和声望等资源方面能力的变化。”② 确切地说，它具有两重含义：一是社会性的流动，表现为社会群体或社会阶层纵向或横向流动；一是地域性的流动，表现为社会个体与群体的空间变化。人们改变自己社会地位的流动称为垂直流动，而通常只改变活动与劳作地域却并不改变社会地位的流动称为水平流动，“实际上，垂直流动和水平流动常常是交叉在一起的”③。戴维·波普诺（David Popenoe）认为：“社会流动指对一个人或群体而言，从一种社会地位或社会阶级向另一种社会地位或社会阶级的变化。”④ 社会流动是社会运行和发展的过程中一种必然的现象，是社会学家关注的焦点。社会流动也是人类社会普遍存在的现象，只要存在等级和阶级、阶层，就有流动发生，因而也广为历史学家所关注。

---

① 李强：《当代中国社会分层与流动》，中国经济出版社1993年版，第3页。

② 王思斌：《社会学教程》，北京大学出版社1987年版，第153页。

③ 李强：《当代中国社会分层与流动》，中国经济出版社1993年版，第5页。

④ ［美］戴维·波普诺：《社会学》，李强等译，中国人民大学出版社1999年版，第252页。

第一节 选题意义

王夫之言，战国是“古今一大变革之会也”[①]，清代赵翼在《廿二史札记·汉初布衣将相之局》中说：“盖秦、汉间为天地一大变局。”[②]近年，“唐宋变革”亦引起唐宋史专家学者的颇多思考和关注。三种“变革”，就当时社会发展的各个方面而言，各有侧重，但也告诉我们：几千年的历史发展，社会在变革中前进。不可否认，秦汉是中国历史发展中一个辉煌而且不可或缺的重要历史阶段，是变革与延续的历史时期，是奠定中国社会基本特征的历史时期。秦汉时期，秦皇汉武北击匈奴，南平百越，奠定了中国广大的疆域基础，同时也奠定了历史所面临的南北不同的民族问题。作为中国历史上的重要时代，统一的多民族国家的建立，奠定了中国古代社会的基本格局；皇帝制度的确立，为以后的朝代所沿袭。大量自耕农的出现，土地私有制的形成，确立了男耕女织的自然经济社会形态。从汉武帝时代开始，儒家思想逐渐成为社会占主导地位的思想。“丝绸之路”的开辟，打通了中国与西方联系的通道。郡县制和察举制等政治制度和选官制度以及赋税和徭役制度，都给后世以重大而深远的影响。文字的统一，更对中国文明做出了不可磨灭的贡献；作为中华民族主体的汉族，也在这一时期逐步形成并不断壮大；即便是秦朝的愚民政策也成为后世文化专制主义之滥觞……因此，秦汉是中国古代社会政治、经济、文化和思想等制度的确立与形成时期。

社会阶层是一定时代的产物。历史时期的人口现象和人口活动都是在一定社会环境中产生和进行的，当然也离不开当时的政治制度、经济活动、文化背景、意识形态和社会观念，同样离不开人类赖以生存的自然环境。所以，探讨这个问题，必须把他们置于当时的社会大背景中进行考察。关注这一历史时期社会阶层的生活和他们为生活而做出的种种

---

① 王夫之：《读通鉴论》卷末《叙论四·因时宜而论得失》，《船山全书》第十册，岳麓书社1988年版，第1180页。

② （清）赵翼：《廿二史札记校正》，王树民校正，中华书局1984年标点本，第36页。

努力，更能细微感受这个变革的社会和社会的变革。社会阶层的流动，有时代的原因，有自然的原因，更有个性的因素、个人的信仰和主观选择，有时代的需要，也有无奈的选择。探讨各阶层的活动，并不是想证明某一阶层中的某些人或见利忘义，或高尚坦荡，或卑鄙龌龊，或随遇而安，或固执倔强不识时务，或见风使舵，而是在秦汉社会的大背景下，展示芸芸众生的活动以及他们的被迫而流或主动而动留给后人的经验、教训和启迪。当然他们也通过自己的实践活动给当时的社会以深刻的影响，因为他们和他们的活动本身就是秦汉社会的构成部分。

制度的形成期，亦是社会生活发生重大变动的历史时期。自商鞅变法后不断严格而日益完善的户籍制度并不能完全限制社会各阶层的生活环境与职业变化，各阶层都投入轰轰烈烈的社会变革大潮中，寻找适合自己的生存和生活环境。平民、官员、士人、医生、商人乃至隐士等或为求官，或为求名，或为求利，或为求知，或为操守；或主动，或被迫，形成壮观的流动大军，改变自己的生存空间与职业身份，进而推动社会的流动。

以上社会阶层的流动原因、类型、途径、结果以及国家如何对他们进行管理，国家政策对他们社会地位的变化产生哪些影响正是本书准备探讨的内容。具体而言，这一命题的研究意义主要有以下几点：

其一，秦汉时期的社会流动是秦汉社会生活的一个重要方面，是秦汉史研究的重要组成部分。思考秦汉时期察举制下的社会流动与先秦时期的流动以及唐宋时期科举制度下的流动情况，因时代的变化有哪些异同？秦汉政府对各流动阶层的管理措施对以后社会有哪些启发和借鉴？流动对个人的前途，包括婚姻和事业以及家庭有哪些影响？一个社会阶层的流动对国家的政治、经济、文化和民族关系、域外关系以及国家管理政策的调整有哪些影响？探讨这一时期官员迁转流动、流动和婚姻的关系，社会流动和教育的关系以及流动对个人前途及社会的影响，有助于我们更加深入了解秦汉时期总体的社会生活状态。对人口流向问题的研究也能反映出这一时期不同地区的差异以及政治经济发展的不同状况，包括籍贯分布和生产力发展的不同状况水平。

其二，对秦汉时期社会流动的考察，可以丰富我们对中国古代社会的总体认识。四民既是社会职业的分工，也是社会地位的标志。传统时代的社会，实际上可以称作“四民社会”。然而传统时代的社会流动却是始终存在，甚至是十分激烈的。整个古代社会虽有日益严格且不断完善的户籍制度限制人口流动和社会流动，但是，这一现象却一直存在着，并从政治、经济、军事、文化和民族关系以及域外关系等各个方面对当时社会产生影响。以秦汉时期的社会流动为突破口，可以管中窥豹，增加对整个古代社会的认识。

其三，作为一种贯通古今的社会现象，社会流动仍是当代社会一个重要的现实问题。随着人类社会的发展，文明的进步，社会流动更加频繁，流动形式和途径更加多样，流动规模更大。尤其是改革开放以来，随着中国经济社会的快速发展、城镇化进程的推进和管理体制的深化改革，我国流动人口的规模增长迅猛，目前整体上可以说已迈入流动型社会。黄留珠先生在其著作《中国古代选官制度述略》的“绪论”中指出：“史学从来就不是什么纯学术的象牙之塔，人们总是为了满足现实的需要才去研究历史的。”[①] 研究秦汉时期的社会流动问题对认识现实社会的人口流动和社会流动现象大有裨益。

动荡、开放的秦汉社会，社会流动发生在各个阶层，并对流动者个人和他们的后代以及当时社会产生影响。探讨秦汉时代各社会阶层的家庭出身、生存状态、生存境遇、社会地位、人生理想和个人奋斗历程，走进他们的生存世界，感知各个社会阶层的活动，有助于帮助我们认识理想与现实的矛盾，了解作为行为主体的各阶层面对矛盾时的挣扎与无奈；感知他们，更有助于我们了解鲜活生动的秦汉社会，了解当时的统治者为了打造一个有序社会而做的各种努力。当然，时人的思想观念、文化心理及民风民俗也应该是本书关注的内容。

第二节　学术史回顾

由于学者学科出身不同，研究各有侧重，所以研究成果的介绍分为历史学和社会学研究两部分。本书虽属于历史学研究范畴，因借鉴了社会学理论，所以首先介绍社会学理论中关于“社会流动”问题的研究

① 黄留珠：《中国古代选官制度述略》，陕西人民出版社 1989 年版，第 7 页。

成果。

一　社会学研究

古代社会是一个等级社会，根据爵制、官品、门第、职业甚至种族等不同标准，将不同地位的社会成员或成员构成的群体，排列为高低有序类似阶梯状的层次，借用地质学概念形成“社会分层”理论。位于不同阶梯的社会成员属于特定的阶级或阶层，个人位置的变动形成社会流动。春秋以前，社会有严格的等级分层，战国以后，社会阶层不像之前那样界定分明，加之社会动荡战争频仍，各阶层间更为自由的流动成为可能。

19 世纪末，马克思就归纳了社会变迁法则：“大工业的本性决定了劳动交换、职能的变动和工人的全面流动性。”① 美国社会学家彼蒂里姆·索罗金（Pitirim Sorokin）的《社会流动》一书指出“社会流动意味着个人或社会的事物及价值，即由人类活动所创造的或改变的一切事物从一个社会位置向其他的社会位置的移动”②，强调社会成员在社会结构中社会位置的改变。这一观点奠定了社会流动在社会学研究中的重要地位，引起后来社会学界对社会流动研究的广泛兴趣，此后社会流动成为社会学研究中的重要领域。美国著名社会学家格尔哈特·E. 伦斯基（Gerhard E. Lenski）的代表作《权力与特权：社会分层的理论》③、美国学者彼特·布劳德的《不平等与异质性》④、维尔弗雷多·帕累托的《精英的兴衰》⑤、日本学者富永建一的《社会结构与社会变迁——现代化理论》⑥ 以及法国克洛德·泰洛特的《父贵子荣——社会地位和

---

① ［德］马克思：《资本论》第 1 卷，人民出版社 1975 年版，第 533、534 页。

② 转引自陈婴婴《职业结构与流动》，东方出版社 1995 年版，第 4 页。

③ ［美］格尔哈特·E. 伦斯基：《权力与特权：社会分层的理论》，浙江人民出版社 1988 年版。

④ ［美］彼特·布劳德：《不平等与异质性》，王春光、谢圣赞译，中国社会科学出版社 1991 年版。

⑤ ［意］维尔弗雷多·帕累托：《精英的兴衰》，上海人民出版社 2003 年版。

⑥ ［日］富永建一：《社会结构与社会变迁——现代化理论》，云南人民出版社 1988 年版。

家庭出身》[①] 都从不同角度对“社会分层”与“社会流动”问题进行阐述。美国社会学家戴维·格伦斯基的《社会分层》[②] 从经济、族群、性别等角度探讨社会分层的成因、特征，展示了社会分层研究的完整图谱。以上著作的理论支撑和事实依据是基于西方社会的现实状况，立场观点不一定适合中国国情，但他山之石，可以攻玉，其理论本身和研究方法对认识我国社会分层和社会流动问题大有借鉴意义。

近年来，中国社会学界也开始对当代中国的社会流动问题进行研究。李强[③]和他翻译的美国戴维·波普诺著的《社会学》（第十版）[④]，陈婴婴[⑤]、许欣欣[⑥]以及陆学艺[⑦]等学者都对社会流动问题进行了研究和阐释，一些社会学方面的教材如王思斌的《社会学教程》[⑧] 也涉及相关内容。

有些文章就社会流动理论以及其影响因素进行论述，如李建勇[⑨]、刘祖云[⑩]、陈恢忠[⑪]、周作宇[⑫]、李强[⑬]以及顾欣炜和于专宗[⑭]等学者结合当代中国社会分层的实际状况，从理论上对当代社会流动问题展开论述。以上著作或文章虽是基于现代和当代社会状况的分层和流动情况进行研究，但不论古今，只要存在社会分层，社会流动便会发生，便会对当时的国家和社会产生影响，所以，其为研究秦汉社会流动问题提供了

---

① ［法］克洛德·泰洛特：《父贵子荣——社会地位和家庭出身》，社会科学文献出版社 1992 年版。

② ［美］戴维·格伦斯基：《社会分层》，华夏出版社 2005 年版。

③ 李强：《当代中国社会分层与流动》，中国经济出版社 1993 年版。

④ ［美］戴维·波普诺：《社会学》，李强等译，中国人民大学出版社 1999 年版。

⑤ 陈婴婴：《职业结构与流动》，东方出版社 1995 年版。

⑥ 许欣欣：《当代中国社会结构变迁与流动》，社会科学文献出版社 2000 年版。

⑦ 陆学艺：《当代中国社会流动》，社会科学文献出版社 2004 年版。

⑧ 王思斌：《社会学教程》（第二版），北京大学出版社 1987 年版，第 139—160 页。

⑨ 李建勇：《社会流动的实证研究》，《社会学探索》1988 年第 5 期。

⑩ 刘祖云：《论社会流动的基本类型及其社会意义》，《社会科学研究》1991 年第 2 期；《社会转型与社会流动：从理论到现实的探讨》，《华中师范大学学报》（人文社会科学版）1998 年第 5 期。

⑪ 陈恢忠：《社会分层的功能及社会冲突》，《华中理工大学学报》（社会科学版）2000 年第 2 期。

⑫ 周作宇：《教育、社会分层与社会流动》，《北京师范大学学报》（人文社会科学版）2001 年第 5 期。

⑬ 李强：《社会分层与社会发展》，《中国特色社会主义研究》2003 年第 1 期。

⑭ 顾欣炜、于专宗：《教育与中国社会的阶层流动》，《兰州学刊》2004 年第 5 期。

社会学理论的支持和参考。

二 历史学研究

借鉴“社会流动”理论研究中国社会史在新中国成立以前即已开始，如潘光旦、费孝通的《科举与社会流动》[①] 一文，分析了清代的科举促进社会流动的功效。吴景超的《西汉的阶级制度》[②] 一文，论述了西汉社会奴隶、平民、利益阶级三个阶级的状况，包括社会垂直流动状况。

（一）国内研究

伴随20世纪80年代社会史研究的复兴，跨学科研究已然成为历史学研究的发展趋势，历史学与社会学的交叉研究方兴未艾，成果颇丰。

1. 相关专著

当前的研究多是对秦汉魏晋等较长历史时期的宏观研究，与汉代社会流动问题紧密相关的探讨秦汉“社会阶层”的专著和论文中，使用的多是过去使用频率比较高的“阶级”“阶层”概念，但表达的恰是“社会分层”的内容。李学勤著《东周与秦代文明》[③] 第十六章“社会等级”从考古材料和古文字材料介绍这一时期的社会构成。冯尔康的《中国社会结构的演变》[④]“上编”第二章“秦汉时期的社会等级结构”介绍包括等级在内的社会流动问题；刘泽华等合著的《专制权力与中国社会》[⑤] 专设“权力支配形态下古代中国社会分层”加以论述，龚书铎主编的《中国社会通史》（秦汉魏晋南北朝卷）[⑥] 第四章“阶级与阶层”详细阐述了秦汉魏晋南北朝时期各个社会阶层及各阶层间的流动状况。熊铁基的《秦汉文化志》[⑦] 第一章对秦汉的社会阶层有所涉及。

---

① 潘光旦、费孝通：《科举与社会流动》，《社会科学》（清华大学）1947年第4卷第1期。

② 吴景超：《西汉的阶级制度》，《清华大学学报》1935年第3期。

③ 李学勤：《东周与秦代文明》，文物出版社1984年版，第160—170页。

④ 冯尔康：《中国社会结构的演变》，河南人民出版社1994年版，第327—363页。

⑤ 刘泽华、汪茂河、王兰仲：《专制权力与中国社会》，吉林文史出版社1988年版，第96—102页。

⑥ 龚书铎：《中国社会通史》（秦汉魏晋南北朝卷），山西教育出版社1996年版，第158—221页。

⑦ 熊铁基：《秦汉文化志》，上海人民出版社1998年版。

朱绍侯的《秦汉土地制度与阶级关系》[①]使用“阶级关系”一词对秦汉时期的社会分层有过翔实介绍和论述；李开元的《汉帝国的建立与刘邦集团——军功受益阶层研究》[②]对汉初布衣军功受益阶层进行了鞭辟入里的分析。杨生民的《汉代社会性质研究》[③]对汉代的刑徒、氓隶和奴婢问题、自耕农的身份和地位、小手工业者以及官、私工商业者等阶层进行论述。瞿同祖的《中国法律与中国社会》[④]，依据大量案例，分析了中国古代法律在社会上的实施情况及对不同阶层生活的影响；于振波的《秦汉法律与社会》[⑤]第五章“秦汉法律与社会等级”同样从法律角度分析秦汉的社会等级；葛承雍的《中国古代等级社会》[⑥]从社会生活各个层面多角度分析中国传统社会等级制度与等级观念生成的基础和表现形式，认为中国等级制度在中国古代社会从没有发生过根本性变化，局部演变也异常缓慢。

何怀宏著《选举社会及其终结——秦汉至晚清历史的一种社会学阐释》认为“社会的垂直流动意味着个人在社会等级阶层之间的地位变化，除了某些简单和原始的社会，所有社会大概都有某种垂直的社会流动”[⑦]，“中国在两汉就已形成一种上下流动的社会结构，但不很稳固”[⑧]。正如《中国社会通史》（秦汉魏晋南北朝卷）所言：“社会阶级一经形成，往往具有相对稳定性。社会阶层与阶级相比较，是社会结构体系中更深入的一个社会层面，因而社会阶层的流动变化要比阶级结构的变化更为活跃也更为具体。”[⑨]此外，黄留珠的《秦汉仕进制度》[⑩]、

---

① 朱绍侯：《秦汉土地制度与阶级关系》，中州古籍出版社1985年版。

② 李开元：《汉帝国的建立与刘邦集团——军功受益阶层研究》，生活·读书·新知三联书店2000年版。

③ 杨生民：《汉代社会性质研究》，北京师范学院出版社1993年版。

④ 瞿同祖：《中国法律与中国社会》，中华书局1981年标点本。

⑤ 于振波：《秦汉法律与社会》，湖南人民出版社2000年版，第108—141页。

⑥ 葛承雍：《中国古代等级社会》，陕西人民出版社1992年版。

⑦ 何怀宏：《选举社会及其终结——秦汉至晚清历史的一种社会学阐释》，生活·读书·新知三联书店1998年版，第23页。

⑧ 同上书，第139页。

⑨ 龚书铎：《中国社会通史》（秦汉魏晋南北朝卷），山西教育出版社1996年版，第197页。

⑩ 黄留珠：《秦汉仕进制度》，西北大学出版社1985年版。

阎步克的《察举制度变迁史稿》[①]、何怀宏的《选举社会及其终结——秦汉至晚清历史的一种社会学阐释》等著作从选官制度切入，探讨选官制在社会垂直流动方面所起的促进作用。卢云的《汉晋文化地理》[②]、周振鹤的《西汉政区地理》[③]、李晓杰的《东汉政区地理》[④]和林剑鸣等著的《秦汉社会文明》[⑤]则从历史地理角度对该问题有所涉及。

作为秦汉社会流动宏观社会环境的户籍制度研究的专著也有一些。将户籍制度与社会流动结合起来探讨的当数王威海的《中国户籍制度——历史与政治的分析》[⑥]，用翔实的史料追溯了户籍制度的历史渊源以及在不同历史时期的发展、变异和松解情况，并对户籍制度的变化与封建国家呈现出的周期性盛衰现象之间的关系作了深入探讨。在第十章“中国封建社会的阶级阶层结构与社会流动”，论述了中国封建社会的阶级阶层结构状况、社会流动状况以及政治社会关系状况。

直接引用社会流动理论研究历史问题的专著是许倬云的《中国古代社会史论——春秋战国时期的社会流动》[⑦]，著作着眼于个人社会地位的升降对当时社会所起的作用并由此透视社会性质的变化。此外，瞿同祖著，邱立波译的《汉代社会结构》[⑧]一书，提供了丰富的汉代社会性质、社会等级构成的资料，对于厘清本文思路提供了很大帮助。

2. 对出土秦汉简牍及相关研究

近年来的秦汉史研究中，对睡虎地秦简、居延汉简和张家山汉简《二年律令》《奏谳书》的释读，加深了后人对秦汉历史的认识和了解，但是利用新资料的研究大多集中于几个热点问题，如妇女研究的“隶臣妾”的身份问题、妇女法律地位问题等。其实，考古发现同样是对秦汉时代社会流动的相关问题进一步探讨的基础，所以还需进一步对这

---

① 阎步克：《察举制度变迁史稿》，辽宁大学出版社 1991 年版。

② 卢云：《汉晋文化地理》，陕西人民出版社 1991 年版。

③ 周振鹤：《西汉政区地理》，人民出版社 1987 年版。

④ 李晓杰：《东汉政区地理》，山东教育出版社 1999 年版。

⑤ 林剑鸣：《秦汉社会文明》，西北大学出版社 1985 年版。

⑥ 王威海：《中国户籍制度——历史与政治的分析》，上海文化出版社 2006 年版。

⑦ 许倬云：《中国古代社会史论——春秋战国时期的社会流动》，广西师范大学出版社 2006 年版。

⑧ 瞿同祖：《汉代社会结构》，邱立波译，上海人民出版社 2007 年版。

些珍贵资料进行深入挖掘、探索和拓展。秦汉简牍的研究成果，如王子今著《睡虎地秦简日书甲种疏证》[①]、谢桂华等著的《居延汉简释文合校》[②]、吴九龙释的《银雀山汉简释文》[③]、《中国简牍集成》（二十册）[④]、李振宏著的《居延汉简与汉代社会》[⑤]、朱红林著的《张家山汉简二年律令集释》[⑥] 等出土文献研究中，关于妇女的条文不少，主要是在社会风俗方面及法律方面，尤其对随军女性的生活有相当记载。

画像砖与画像石，刘志远、余德章、刘文杰的《四川汉代画像砖与汉代社会》[⑦] 为我们了解社会等级、汉代郡县制、地主阶级的生活以及农业发展状况、城市、商业、水陆交通提供了鲜活的资料。

3. 相关论著

与秦汉社会流动相关的文章，拟从秦汉社会阶层、官吏及官吏的选拔迁转等方面分别阐述。

（1）秦汉社会阶层

马亮宽的《汉代士人与社会结构》[⑧]、王保顶的几篇文章[⑨]、刘绪贻的《西汉早期中国社会的重新分层》[⑩] 以及张士尊的《西汉时期知识分子社会地位的变迁——中国古代知识分子问题探讨之二》[⑪] 等文章着力探讨了两汉士阶层的发展变化。对士之武者——“游侠”群体的文章有劳榦的《论汉代的游侠》[⑫]、郑宗贤的硕士论文《西汉游侠的

---

① 王子今：《睡虎地秦简日书甲种疏证》，湖北教育出版社 2003 年版。

② 谢桂华、李均明、朱国炤：《居延汉简释文合校》，文物出版社 1987 年版。

③ 吴九龙：《银雀山汉简释文》，文物出版社 1985 年版。

④ 《中国简牍集成》，敦煌文艺出版社 2001 年、2005 年版。

⑤ 李振宏：《居延汉简与汉代社会》，中华书局 2003 年标点本。

⑥ 朱红林：《张家山汉简二年律令集释》，社会科学文献出版社 2005 年版。

⑦ 刘志远、余德章、刘文杰：《四川汉代画像砖与汉代社会》，文物出版社 1983 年版。

⑧ 马亮宽：《汉代士人与社会结构》，《社会科学》1994 年第 2 期。

⑨ 王保顶：《汉代士人阶层的演变》，《江苏行政学院学报》2001 年第 2 期；《游士文化传统及其终结》，《江海学刊》2001 年第 1 期；《由扶汉到附莽：西汉后期士人政治取向的转变》，《江苏行政学院学报》2005 年第 2 期等。

⑩ 刘绪贻：《西汉早期中国社会的重新分层》，《华中科技大学学报·社会科学版》2000 年第 4 期。

⑪ 张士尊：《西汉时期知识分子社会地位的变迁——中国古代知识分子问题探讨之二》，《鞍山师专学报》1987 年第 2 期。

⑫ 劳榦：《论汉代的游侠》，《台湾大学文史哲学报》1950 年第 1 期。

活动特色及其社会关系》[①]和郭建静的硕士论文《秦汉时期士与游侠的演变及关系研究》[②]。唐赞功的《汉初"布衣将相"浅论》和《一代功臣的荣辱兴衰——对高祖功臣侯者的考察》[③]两篇文章、吉书时的《西汉功臣贵族的兴亡》[④]、杨龙的《试论两汉动乱之际的社会群体》[⑤]、李均明的《张家山汉简所反映的二十等爵制》[⑥]和许倬云的《西汉政权与社会势力的交互作用》[⑦]分别对汉代功臣贵族等不同群体的活动展开论述。

关于汉代的社会流动问题，研究比较具体、全面的要数李红波的硕士论文《西汉社会垂直流动研究》[⑧]一文，它分析了西汉皇室贵族、官僚、豪强大族、大工商业者、士人、自耕农、奴婢七大社会阶层的垂直流动，认为西汉时期的垂直流动途径和现象，对维持西汉社会系统的平衡和稳定，确实起到了一定的作用，但是对每一个阶层的分析均浅尝辄止，本书力图更深入、细致地探讨秦汉四民阶层，尤其是由民到官的流动情况。

（2）官吏及官吏的选拔迁转

研究两汉时期官吏的著作当首推严耕望的《中国地方行政制度史》上编《秦汉地方行政制度》[⑨]和安作璋、熊铁基的《秦汉官制史稿》[⑩]，两部著作对秦汉的中央和地方官制进行了详细阐述。钱穆的《秦汉史》[⑪]在第六章"西汉一代之政制"中对西汉的中央官制和地

① 郑宗贤：《西汉游侠的活动特色及其社会关系》，台湾花木兰文化出版社2009年版。

② 郭建静：《秦汉时期士与游侠的演变及关系研究》，硕士学位论文，西北大学，2009年。

③ 唐赞功：《汉初"布衣将相"浅论》，《中国史研究》1984年第1期；《一代功臣的荣辱兴衰——对高祖功臣侯者的考察》，《北京师范大学学报·社会科学版》1995年第5期。

④ 吉书时：《西汉功臣贵族的兴亡》，《北京师范大学学报·社会科学版》1992年第2期。

⑤ 杨龙：《试论两汉动乱之际的社会群体》，《咸阳师范学院学报》2009年第3期。

⑥ 李均明：《张家山汉简所反映的二十等爵制》，《中国史研究》2002年第2期。

⑦ 许倬云：《西汉政权与社会势力的交互作用》，《许倬云自选集》，上海教育出版社2002年版。

⑧ 李红波：《西汉社会垂直流动研究》，硕士学位论文，山东师范大学，2010年。

⑨ 严耕望：《中国地方行政制度史》，台北"中央研究院"历史语言研究所1961年、1997年版；上海古籍出版社2007年版。

⑩ 安作璋、熊铁基：《秦汉官制史稿》，齐鲁书社1984年、1985年版。

⑪ 钱穆：《秦汉史》，生活·读书·新知三联书店2004年版，第255—300页。

方官制也有研究。于振波的《秦汉法律与社会》第八章[①]“秦汉时期的执法”对循吏与酷吏的执法做了深入研究，并总结出执法中成功的经验与失败的教训。黄惠贤、陈锋的《中国俸禄制度史》[②]在第二章中介绍了西汉时期的官吏俸禄，还有黄留珠的《秦汉仕进制度》、阎步克的《察举制度变迁史稿》和陈蔚松的《汉代考选制度》[③]等。此外，有些通史论著也涉及秦汉选官问题，黄留珠的《中国古代选官制度述略》[④]，以中国古代选官制度切入，其侧重点在入仕的各种途径，对于官吏的任用、升迁之法，诸如铨叙、考课之类基本没有涉及。韦庆远、柏桦的《中国官制史》[⑤]考察了中国重要典章制度的发展变化和各种单行制度。孔令妃主编的《中国历代官制》[⑥]描述了秦汉中央机构、地方机构与职官和官吏管理制度等内容。周振鹤的《中国地方行政制度史》[⑦]、任立达、薛希洪的《中国古代官吏考选制度史》[⑧]和许树安的《古代的选士任官制度与社会》[⑨]对相关内容也有所涉及。阎步克的《从爵本位到官本位：秦汉官僚品位结构研究》[⑩]重点讨论了秦汉的官僚等级制度，以官阶为研究对象，基于“品位——职位”提出“品位结构”概念以及“爵本位——爵—秩体制——官本位”的变迁模式。

对秦汉地方官吏研究的文章有邹水杰、岳庆平的《西汉县令长初探》[⑪]，它细致分析了两汉书记载的县、令、长的出身与迁转情况，对尹湾汉简中东海郡的县、令、长进行了个案分析。王彦辉、徐杰令的

---

① 于振波：《秦汉法律与社会》，湖南人民出版社 2000 年版，第 226—256 页。

② 黄惠贤、陈锋：《中国俸禄制度史》，武汉大学出版社 2005 年版。

③ 陈蔚松：《汉代考选制度》，崇文书局 2002 年版。

④ 黄留珠：《中国古代选官制度述略》，陕西人民出版社 1989 年版。

⑤ 韦庆远、柏桦：《中国官制史》，东方出版社 2006 年版。

⑥ 孔令妃：《中国历代官制》，齐鲁书社 1993 年版。

⑦ 周振鹤：《中国地方行政制度史》，上海人民出版社 2005 年版。

⑧ 任立达、薛希洪：《中国古代官吏考选制度史》，青岛出版社 2003 年版。

⑨ 许树安：《古代的选士任官制度与社会》，天津人民出版社 1988 年版。

⑩ 阎步克：《从爵本位到官本位：秦汉官僚品位结构研究》，生活·读书·新知三联书店 2009 年版。

⑪ 邹水杰、岳庆平：《西汉县令长初探》，《北京大学学报·哲学社会科学版》2003 年第 4 期。

《论东周秦汉时代的乡官》① 系统论述和分析了东周到秦汉时期的乡官。此外，吴娜从官吏的教育、选拔和任用、考核与监察以及奖惩等方面入手，探讨了汉代地方吏治的合理性因素②。陈玉霞③和冯乐辉④对两汉时期在冀州和徐州任职的官吏的材料进行了收集和整理。闫秀霞⑤、潘保宇⑥对地方太守进行了考述。

学界对官吏的选拔、类型及组成、调动以及犯罪问题，官吏与边疆各族，如匈奴、西域的往来等都有文章涉及，如邹锦良、李坚的《跨越“鸿沟”：西汉官员迁转途径探论》⑦ 根据传世文献以及部分出土汉简材料，分析西汉官员的迁转途径，包括传统的察举、考核之途外，官员的自荐、他荐乃至检举告发他人之奸匿行为。沈友的《略论汉代任官交流制度》⑧ 指出，汉代在官吏任用方面，以上计考课为依据，实行上下对流、内外互调的任用制度。注重京官与外官、中央与地方和地方官间的交流，具有一定的合理性。邹锦良、戴春芳的《西汉官员迁转条件探论》⑨ 认为，官员迁转是战国以后职官管理的重要组成部分。西汉统治者以对官员升降迁调为手段，实现对官员的赏功励能和奖优罚劣，分析了影响其升迁的重要因素。王子今的《秦汉时期的人口流动与文化交融》⑩ 专门指出：“吏人，在秦汉时期也以其行历四方的人生实践，为文化的融合与统一创造了条件。”其他不一一列举。

与秦汉户籍相关的文章也有，如杨际平的《秦汉户籍管理制度研

① 王彦辉、徐杰令：《论东周秦汉时代的乡官》，《史学集刊》2001 年第 3 期。

② 吴娜：《汉代的地方吏治略论》，《江西教育学院学报》2006 年第 2 期。

③ 陈玉霞：《两汉时期冀州的官吏研究》，硕士学位论文，郑州大学，2007 年。

④ 冯乐辉：《两汉徐州地方官吏统计与考察》，硕士学位论文，郑州大学，2007 年。

⑤ 闫秀霞：《两汉蜀郡太守考述》，《郑州航空工业管理学院学报·社会科学版》2007 年第 1 期。

⑥ 潘保宇：《两汉颍川太守考》，《三门峡职业技术学院学报》2007 年第 1 期。

⑦ 邹锦良、李坚：《跨越“鸿沟”：西汉官员迁转途径探论》，《北方论丛》2008 年第 3 期。

⑧ 沈友：《略论汉代任官交流制度》，《学术交流》1998 年第 6 期。

⑨ 邹锦良、戴春芳：《西汉官员迁转条件探论》，《求索》2008 年第 4 期。

⑩ 王子今：《秦汉时期的人口流动与文化交融》，《重庆师院学报·哲学社会科学版》1999 年第 3 期。

究》[①]、高敏的《秦汉的户籍制度》[②]、文霞的《试论秦汉简牍中奴婢的户籍问题》[③] 等，兹不赘述。

（二）国外学者的相关研究

除国内研究成果外，日本、法国和美国学者研究秦汉社会阶层或阶层流动的文章也有一些。纸屋正和的《前汉时期县长吏任用形态的变迁》和东晋茨的《后汉的选举与地方社会》涉及官吏流动的相关问题[④]。西田保讲的《汉代的人口分布与移动》[⑤]、增渊龙夫的《汉代民间秩序的构成和任侠习俗》和永田英正的《居延汉简所见候官试论》[⑥] 以及法国学者谢和耐的《中国社会史》[⑦] 等著作对中国古代的社会流动也有所涉及。费正清在《美国和中国》一书中分析中国的社会结构时指出："那里没有永远不变的社会等级制度，因此从农民地位上升的机会是有的。"[⑧]

总的看来，国内外学者应用社会学理论专门研究秦汉社会流动问题的文章和专著可称寥落。关于古代社会流动的研究，多侧重从政治方面切入，从选官制度视角讨论选官与垂直流动的关系，而经济、思想文化、教育、婚姻等因素对社会流动的重要影响则少有涉及。本书将传统文献与考古资料相结合，借鉴社会学知识，尝试用新的视角审视这段有趣的历史、这一贯通古今的社会现象，着眼于秦汉社会阶层和个人社会地位的升降，通过对秦汉时代典型历史人物或人物群体流动的追踪，分析国家政策、等级制度、户籍制度、婚姻以及教育等对个人或群体社会流动的影响，以及秦汉社会四民阶层的社会流动情况。秦汉时期的社会流动的具体状况、影响社会流动的因素以及社会流动对秦汉社会的影响是本书准备探索的问题。

---

① 杨际平：《秦汉户籍管理制度研究》，《中华文史论丛》总第 85 辑。

② 高敏：《秦汉的户籍制度》，《求索》1987 年第 1 期。

③ 文霞：《试论秦汉简牍中奴婢的户籍问题》，《广东教育学院学报》2008 年第 2 期。

④ 《日本中青年学者论中国史·上古秦汉卷》，上海古籍出版社 1995 年版。

⑤ ［日］西田保讲：《汉代的人口分布与移动》，《史学杂志》1938 年第 49 卷第 7 期。

⑥ 《日本学者研究中国史论著选译》第三卷《上古秦汉卷》，中华书局 1993 年标点本。

⑦ ［法］谢和耐：《中国社会史》，中国藏学出版社 2006 年版。

⑧ ［美］费正清：《美国和中国》（第四版），世界知识出版社 1999 年版，第 20 页。

第三节 研究方法与研究思路

一 研究方法

借鉴社会学中“社会流动”的理论，以史学研究方法为主，糅合比较、个案及心理等相关学科方法展开论述，具体而言：

首先，应用包括考古资料在内的传统史学的实证方法。传统史学的实证方法是本书主要使用的方法。史料的分散是秦汉社会流动研究中必须面对的问题，通过广泛搜集，悉心整理、排列、辨析，力求对人物个体和秦汉社会面貌有更清晰的认识。

其次，应用历史的分析法。历史分析或历史辩证分析法，是把唯物辩证法和唯物史观结合起来解释历史的方法。它要求在研究历史上的某个问题或人物时必须将其放到特定的历史联系和发展过程中去解释。所以，本书在梳理以秦汉社会流动为对象的诸多问题时，采取了一种全局性的视野，将目光锁定在秦汉四百年广阔的历史背景乃至整个古代史中，前溯后延进行考察。同时注意性别视角的考察，将社会流动中的女性流动作为专题进行研究。

最后，应用跨学科研究和个案研究方法。社会学家伊恩·克莱伯（Ian Craib）说过：“每一回你观察世界的角度有所移动时——无论是多么轻微的移动，你就会看到前此未曾看过的事物。”① 本书将尝试运用历史学和社会学相结合的方法探讨社会流动的问题，并且通过对秦汉时代典型历史人物或人物群体流动的追踪，分析流动对人物自身及其后代命运的影响，从对平凡人物重复的日常行为的研究来寻找历史的动力和意义，在零碎生活细节中提出重要的历史问题。理论的借鉴和方法的运用不一定尽善尽美，却是一种有益的尝试和探索。

总之，在研究角度和方法上呈现出与之前的研究成果不同的特点：第一，研究角度的转换。借助社会学理论，将汉代社会阶层总体划分为官和民两个群体，考察由民到官的途径。第二，首次梳理汉代社会流动

---

① ［英］伊恩·克莱伯：《当代社会理论》，廖立文译，台北桂冠图书有限公司1986年版，第332页。

及其流动途径。从全新的视角将汉代社会流动问题作为整体系统研究，揭示时代特征。第三，研究方法上，适当借鉴和运用社会学、比较研究、数字统计、个案研究等学科知识和方法。第四，性别视角的考察，将汉代女性的社会流动途径作为专题进行研究。

二　研究思路

历史是在一系列连续和变迁的交替与交织中不断向前发展的。作为纵贯古今的社会现象，秦汉社会流动问题必然和战国时期相联系，但不同于科举制推行后的唐宋时期的社会流动，因国家社会经济、政治形势的变化呈现出自己的特点，既有“不变”，又有“变化”，不变的是人自身对于高位移的追求，通过教育、婚姻完成社会流动；变化的是社会形势。基于这样的基本思路，本书既关注不同阶层的社会流动途径，也将社会阶层置于社会大环境中考察不同时期的不同政策以及贯穿秦汉社会甚至更长时间的等级制度和户籍制度对社会流动的影响和制约，甚至有促进和刺激。

将社会流动置于一个系统之内，分析影响和制约社会流动的因素，尝试考察国家政策、户籍制度、婚姻、教育以及等级制度等因素对社会流动的影响。在此基础上，对秦汉社会分层主要是四民阶层的社会流动情况进行论述，而从民到官可以说是人生社会地位变化的分水岭，所以对此浓墨重彩。在材料允许的前提下，对所涉及的内容向前追溯，力图达到和秦汉社会的自然衔接，以展现秦汉时期不同阶层生活的差异性、社会流动的广泛性、复杂性、多维性。

主要内容如下：

绪论，主要阐述本书选题之缘由及本书研究的理论意义与现实意义、已有的社会学和历史学领域的研究成果和尚待解决的问题以及研究运用的理论与方法、整体结构等。

内容主要探讨民与官社会地位的异同以及由民到官的主流和辅助途径，官员内部的升迁与罢黜等制约因素，官僚体制和官僚机构的运行机制不属于本书的考察范围。本书的运思之点在于官员社会地位的变化。

第一章，汉代官员地位。本章通过国家对不同社会等级享有的不同权力的规定，将官员层与四民阶层进行对比，指出官员拥有法律规定的免赋役特权和犯罪先请权。在享有政治权力的大小，经济财富占有的多少，纳妾的数量上都优于民。

第二章，介绍秦朝、西汉、新朝以及东汉时期国家政策的变化对官员地位的影响。尤其是建国初期，因功而获得爵位和社会地位的军功阶层会随着国家形势的变化，工作重心的转移，维护稳定的需要，社会地位出现实质性降低。新朝的建立，刘氏宗室地位衰微，恰恰反映了统治集团内部矛盾运动促使社会流动发生。

第三章，接受教育是由民而官的主流途径。学习和接受教育虽非影响个体向上流动的唯一条件，却是非常重要的因素，对于职业的获得、经济收入和社会地位、声望的提高意义重大。汉代更为优越的教育条件和更多的教育机会，察举征辟制的确立和推行，为民步入仕途提供了比先秦更有保障的求职途径和谋取利禄的机会。

第四章，婚姻是由民而官的辅助途径。婚姻关系，关乎每个人的生活，决定着氏族或家庭的组成，影响到整个社会结构，而且与人们的社会政治地位、经济文化生活状况密切相关。婚姻也一直是人们提高自己社会政治地位，改善自己经济文化生活处境的主要途径和手段。

第五章，两性社会流动的其他途径。就女性而言，擅长歌舞，事歌伎的年轻女子可能进入皇宫，或凭借博学高才获得皇帝和后宫嫔妃的尊重；女医生与高门望族间的来往，有可能使其跻身上层社会；成为帝王的乳母也是抬高身价的一种方式。就男性而言，军功入仕，因客入仕，因通法入仕，因佞幸入仕，因告奸、因才俊入仕等，都是通向仕途的要道，即便是成为刑余之人的宦官，也可能左右朝政。

第六章，以官员阶层的流动为切入点，分析秦汉时期官员升降黜免的原因，为官期间的职务变动、区域间的调动；探讨官吏流动的不同职业形式：官员而退隐，官员而罪犯，官员而学者，官员而商人。不同形式的流动对官员个人、所在地的经济、文化以及民族关系的影响也是文章准备探讨的。

第七章，对汉代社会流动的个案和群体考察。以张耳从亡命外黄到两度封王和张苍从阶下之囚到大汉丞相的社会流动为个案，以刘邦布衣集团从布衣到将相的社会流动作为群体研究，以深入和细化对汉代社会流动途径的认识。

实际上，社会具体情况要比任何归纳和概括复杂得多，处于亦此亦彼的边缘状态，存在着“剪不断、理还乱”的关联。即使如此考察，还有不少疏漏之处。首先，“国家政策”的界定有些模糊、笼统，广义讲，户籍、教育和婚姻等内容都属于国家政策的组成部分和特定内容，而本书界定在几个方面之外，国家根据形势变化，尤其是建国之初对社会阶层地位的政策调整。其次，研究“秦汉社会流动”应该是一个完整的体系，涉及社会流动与国家政治、与社会经济、军事、文化、民族关系和域外关系以及国家管理乃至乡土意识等多个方面，才有利于多角度、多侧面、多层次地了解秦汉社会，本书仅仅涉及以上几个方面是远远不够的。再次，一个政权，一个社会的社会阶层划分远远不止于士、农、工、商、官五个社会层次，尤其汉代社会，豪族、奴婢都是比重不小的，并且是对社会影响不容忽视的阶层，即使一个阶层内部也会分出三六九等，如同为宾客，平原君的门客毛遂自荐为“上客”，说明有“下客”或类似地位的宾客等级。奴婢内部也有等级，如“大奴”。而本书或蜻蜓点水，或只字未提，都是缺憾。最后，本书只就秦汉总体进行考察，时代变迁中的西汉和东汉在国家政策、等级制度和户籍管理等方面的差异自然是存在的，对社会流动的规模和流动途径的影响也是相异的。诸多问题都应该思考和分析。本书的粗疏会在后续的研究和挖掘中，随着资料的不断积累和丰富，视野的不断开阔，认识的不断深入而日益完善。

第一章　汉代官员的地位

传统社会依照职业不同，将社会成员划分为士、农、工、商四个阶层，《汉书·食货志》言："士农工商，四民有业。学以居位曰士，辟土殖谷曰农，作巧成器曰工，通财鬻货曰商。"[①]《管子·小匡》又言："士农工商，四民者，国之石民也。不可使杂处，杂处则其言哤，其事乱。是故圣王之处士，必于闲燕，处农必就田野，处工必就官府，处商必就市井。今夫士群萃而州处，闲燕则父与父言义，子与子言孝，其事君者言敬，长者言爱，幼者言弟。旦昔从事于此，以教其子弟，少而习焉，其心安焉，不见异物而迁焉。是故其父兄之教不肃而成；其子弟之学不劳而能。"主张"士之子常为士，农之子常为农，工之子常为工，商之子常为商"。士、农、工、商首先是社会主要职业的划分，不同的家庭环境、居住空间和地域之分造成社会差距，所以更是社会等级的划分。职业不同，在社会中占有不同的社会资源，拥有不同的社会声望和政治权力，处于不同的社会地位，呈现出法律地位与社会地位不一致的特点。四民之间社会地位的不同，致使处于较高社会等级的阶层总是吸引着较低社会阶层为之努力。但是，作为整体，都属于"民"，所以将社会成员直接分为"官"和"民"两个等级，更利于清晰地考察秦汉时期的社会流动。

第一节　秦汉的社会等级

等级制度历史悠久，连绵不绝，不同朝代内容和规定各有发展增损。因划分标准不同，往往存在不同的等级系统，等级是差异，是同一

① （汉）班固:《汉书》卷24《食货志上》，中华书局1962年标点本，第1117、1118页。

社会中高低不同的社会地位，大小相异的权利和义务。上至等级之巅的皇帝，皇帝之下的贵族官僚，下至平民阶层，包括士、农、工、商乃至社会底层数量可观的奴隶以及贱民之列无不在等级内存在。"等级中还有亚等级"①，"等级决定人们的政治地位、社会地位、法律地位，基本决定人们的经济状况，同时对人们的生活方式产生影响"②。一般情况下，政治、经济和社会地位是一致的，等级越高，政治地位越高，经济利益就越多。

一 最古老的品位等级

阎步克指出，周的品位结构以"爵"为中心（"品位"，是官员的个人级别，是其待遇、资格和地位的等级），而"爵"是中国最古老的品位等级。人们的政治地位、生活待遇视其爵位高低而定。秦国沿袭了周的等级制，据《汉书·百官公卿表》和《汉旧仪》记载，秦有二十等爵。分别为：（1）公士；（2）上造；（3）簪褭；（4）不更；（5）大夫；（6）官大夫；（7）公大夫；（8）公乘；（9）五大夫；（10）左庶长；（11）右庶长；（12）左更；（13）中更；（14）右更；（15）少上造；（16）大上造；（17）驷车庶长；（18）大庶长；（19）关内侯；（20）彻侯。

二十等爵制是一种等级制，商鞅变法后逐步完善，"明尊卑爵秩等级，各以差次明田宅，臣妾衣服以家次"③。《韩非子·诡使》认为"设爵位所以为贱贵基也"。秦统一后，二十等爵的名称基本固定，是否有爵和位于哪一个爵级是绝大多数人的身份和地位划分的依据。"对于周爵，二十等军功爵既是突破，也有承袭，既是一种推动了社会流动的功绩制，也是一种保障权益世袭的身份制。二十等爵承袭了'爵'的形式，被用作荣耀、身份和特权的尺度，采用世袭方式父子相承。汉人重封爵、重封侯。得到了封爵就好比进入贵族行列，实现了人生理想，找到了人生归宿。"④

---

① 刘泽华：《专制权力与中国社会》，吉林文史出版社 1988 年版，第 97 页。
② 冯尔康：《中国社会结构的演变》，河南人民出版社 1994 年版，第 343 页。
③ （汉）司马迁：《史记》卷 68《商君列传》，中华书局 1959 年标点本，第 2230 页。
④ 阎步克：《从爵本位到官本位》，生活·读书·新知三联书店 2009 年版，第 71 页。

二　官与民的差别

为区分官与民的不同等级，国家在衣食住行、娱乐方式乃至丧葬等社会和家庭生活的各个方面都做出了严格而明确的规定。

服饰的颜色、质量和款式，在现代社会更多取决于个性张扬的需要和消费水平的限制，但在古代社会，却直接体现不同的社会等级和身份。贾谊的《新书·服疑》："奇服文章以等上而差贵贱，食邑高下异，则名号异，则权力异，则事势异，则旗章异，则符瑞异，则礼宠异，则秩禄异，则冠履异，则衣带异，则环佩异，则车马异，则妻妾异，则泽厚异，则宫室异，则床席异，则器皿异，则饮食异，则祭祀异，则死丧异。""贵贱有级，服位有等。""见其服而知贵贱，望其章而知势。"就帽子而言，贵族与平民严格区别，贵族戴冠、冕、弁，庶民百姓则戴巾帻。冠是贵族男子戴的帽子，戴冠为成人的标志和贵族身份的常服。秦人尚黑，以三尺黑布包头，所谓黔首就是用黑布包头的社会阶层。吏民以上可以冠，贫贱之民只能巾，奴隶以苍巾包头，与黑色区别，称为"苍头"。汉景帝中元六年（前144）五月下诏"夫吏者，民之师也，车驾衣服宜称。吏六百石以上，皆长吏也，亡度者或不吏服，出入闾里，与民亡异。令长吏二千石车朱两轓，千石至六百石朱左轓。车骑从者不称其官服者，下吏出入闾巷亡吏体者……皆上丞相御史请之"①。吏为人师，衣服车驾都要显示自己的地位。商人被禁止穿丝织品，"天下已平，高祖乃令贾人不得衣丝乘车，重租税以困辱之。孝惠、高后时，为天下初定，复驰商贾之律，然市井子孙亦不得宦为吏"②，都是等级差别的反映。

丧葬方面，不同等级享有不同标准。东汉肃宗时，马太后的母亲死后埋葬，"起坟微高，太后以为言，兄廖等即时减削"③。活着时的等级规定依旧体现在死后坟丘的高低、大小、形式以及周围种树的多少上，难以逾越的生活方式相沿成习。从汉武帝时期开始盛行以玉衣作为殓

---

① （汉）班固：《汉书》卷5《景帝纪》，中华书局1962年标点本，第149页。

② （汉）班固：《汉书》卷24《食货志下》，中华书局1962年标点本，第1153页。

③ （南朝）范晔：《后汉书》卷10《皇后纪》，中华书局1965年标点本，第413页。

服，到了东汉，玉衣明确分为金缕、银缕和铜缕三个等级，确立了分级使用的制度，也体现官员阶层内部存在高下不同的等级。

建筑规格和规模同样体现等级观念和官民差别。古代宫室大门之前有一种称作“阙”的建筑，《广雅·释宫》说：“象巍，阙也。”晋崔豹《古今注》说：“阙，观也。古之每门树两观于其前，所以标表宫门也。其上可居，登之可远观，故谓之观。”“巍”形容建筑之高，“观”是登高守望以做警戒。汉代，阙基本上显示立阙主人的身份地位。《水经注·穀水》引《白虎通》说：“门者必有阙者何？阙者，所以饰门，别尊卑也。”先秦曾以阙之多少区别天子和诸侯的等级，汉代则以阙的结构作为区别等级的标志。当时阙有单阙、二出阙和三出阙之分。一般官员用一对单阙，太守以上二千石俸禄的大官用一对二出阙，皇帝专用三出阙，等级定制十分严格，绝对不能僭越。

西汉初，“萧何治未央宫，立东阙、北阙、前殿、武库、大仓。上见其壮丽，甚怒，谓何曰：‘天下匈匈，劳苦数岁，成败未可知，是何治宫殿过度也！’何曰：‘天下方未定，故可因以就宫室。且夫天子以四海为家，非令壮丽亡以重威，且亡令后世有以加也。’上说”[①]，反映了统治者力图利用建筑艺术显示高踞于人民群众之上的统治权威，强调社会等级存在的合理性。

考古发现同样可以印证对不同等级的相关规定。云梦睡虎地秦简《传食律》规定：对不同爵级的人供给不同质量的饭食[②]。同犯逃亡罪，爵为大夫的吏民只罚“赀一盾”，一般人要“笞五十”[③]。同是帮助故秦人逃亡出境，爵在上造以上者处以较轻的鬼薪的处罚，而公士爵和无爵士伍则要处以较重的“刑为城旦”的处罚[④]。同样是放跑了服劳役和徭役的人，一般的庶民士伍仅被罚代逃亡者服役，而奴隶却要本人“完为城旦”，妻、子收为官奴婢[⑤]。

① （汉）班固：《汉书》卷1下《高帝纪下》，中华书局1962年标点本，第64页。

② 睡虎地秦墓竹简整理小组：《睡虎地秦墓竹简·秦律杂抄》，文物出版社1978年版，第101—103页。

③ 同上书，第206、208页。

④ 同上书，第130页。

⑤ 睡虎地秦墓竹简整理小组：《睡虎地秦墓竹简·秦律杂抄》，文物出版社1978年版，第201、206、208页。

汉代文武官吏出行仪仗队规模的大小，由官吏的级别和权力决定，一直盛行于漫长的古代社会。《续汉书·舆服志》说，军旅出行时，“公以下至二千石，骑吏四人；千石以下至三百石县长，二人；皆带剑，执棨戟为前列……”。官吏出行必有仪仗，迎谒者或躬身迎候，或跪拜于地，迎送导从的人数都有严格规定等，官吏出行威风凛凛的盛况在汉代画像石中有鲜活的展现。四川东汉墓出土的画像砖（石）反映了豪强地主生活的场面。成都市郊出土的《庭院》画像砖展现了一个较为完整的地主庭院[①]。王符指出：“其嫁娶者，车軿数里，缇帷竟道，骑奴侍童，夹毂并引。富者竞欲相过，贫者耻其不逮。”[②] 车马出行的画像同样反映了社会等级的差别。

社会等级的差异不仅在于对政治权力占有的大小，经济财富占有的多少，也体现在纳妾的数量上。社会地位越高，纳妾数量越多。皇帝、太子和诸侯王多蓄妻妾。家庭中的夫妻之间也存在不平等，渤海鲍宣妻桓少君“既奉承君子，惟命是从”[③]。仇览“妻子有过，辄免官自责。妻子庭谢，候览冠，乃敢升堂”[④]。妻妾之间界限分明，妾的地位低，而且态度必须谦恭。以妻为妾或相反是礼法所禁止的，文帝“幸上林，皇后、慎夫人从。其在禁中，常同坐……爰盎曰：‘臣闻尊卑有序则上下合，今陛下既以立后，慎夫人乃妾，妾主岂可以同坐哉！’”[⑤] 汉代孔乡侯傅晏“元寿二年，坐乱妻妾位免，徙合浦”[⑥]。嫡庶子之间，妾所生子地位低于妻所生子。常山宪王长子刘棁“以母无宠故，亦不得幸于王”，因母亲不得宠，自己受到父亲和同父异母弟的歧视[⑦]。公孙瓒出身于一个“家世二千石”的家族，却“以母贱，遂为郡小吏”[⑧]。此外，皇后拥有的权力在所有姬妾之上，将会给自己

① 刘志远、余德章、刘文生：《四川汉代画像砖与汉代社会》，文物出版社1983年版，第83页。

② （南朝）范晔：《后汉书》卷49《王符传》，中华书局1965年标点本，第1635页。

③ （南朝）范晔：《后汉书》卷84《列女传》，中华书局1965年标点本，第2782页。

④ （南朝）范晔：《后汉书》卷76《循吏列传》，中华书局1965年标点本，第2481页。

⑤ （汉）班固：《汉书》卷49《爰盎传》，中华书局1962年标点本，第2271页。

⑥ （汉）班固：《汉书》卷18《外戚恩泽侯表》，中华书局1962年标点本，第711页。

⑦ （汉）班固：《汉书》卷53《景十三王传》，中华书局1962年标点本，第2434页。

⑧ （南朝）范晔：《后汉书》卷73《刘虞公孙瓒陶谦列传》，中华书局1965年标点本，第2357页。

的家族带来权力。

国家除了规定各等级在政治、经济、法律和社会生活等不同方面享有不同待遇外，从思想上对臣民灌输等级观念，秦始皇在巡游天下所立刻石中有："天下咸抚。男乐其畴，女修其业，事各有序。""皇帝并宇，兼听万事，远近毕清。运理群物，考验事实，各载其名。贵贱并通，善否陈前，靡有隐情。……大治濯俗，天下承风，蒙被修经。皆遵度轨，和安敦勉，莫不顺令。黔首修絜，人乐同则，嘉保太平。"① 西汉叔孙通制礼作乐，经贾谊到东汉章帝，都致力于礼乐建设，主要内容之一就是对各个等级的职责和服饰礼仪的规定，以各守尊卑。

第二节 官与民的等级差异

官员，不论位于官僚体系的哪个等级，其地位高于四民阶层则是毋庸置疑的，因其具有法律赋予的特权以及占据较高的社会地位，致使四民阶层蜂拥而至。

一 四民阶层社会地位总说

习惯上，工、商并提，在"重农抑商"的政策之下，商人的法律地位和社会地位的浮沉随着国家形势和国家政策的变化起伏不定。商人会跻身仕途，使自己的职业和身份发生变化，社会地位提高，并且对当时的政治、经济产生影响。法律地位上，农和士的地位稍高，作为国家重要生产部门——农业的直接劳作者，作为国家赋税徭役的主要承担者，作为生产发展和社会稳定的决定者，与"重农"思想相伴随，自耕农一直是历代建国之初重点扶植和稳定的对象，其社会地位的向上流动一般是由国家政策扶植的，而且仅仅限于朝代建立之初，为了统治的稳定，生产的恢复和发展，自耕农地位会受到保护，甚至有机会向上流动，每到朝代后期则逐渐废弛。所以，秦汉时期自耕农向下的流动要远远多于其向上的流动，不论是数量还是规模。自然灾害、战乱以及国家

① （汉）司马迁：《史记》卷6《秦始皇本纪》，中华书局1959年标点本，第252、262页。

的超强制剥削是造成其向下流动的主因。

士是相对活跃而且内涵丰富的阶层，既包括已经进入官场的读书人，也包括准备进入官场的读书人，还包括为学术精进专心教授的读书人。战国时期作为一个阶层诞生，经两汉直至明清，“士”之构成几经变化，成员组成多样复杂。社会身份从游离于政权之外，到被政权吸纳，成为统治阶级的重要组成部分。前辈学者著述或撰文对士之构成、演化以及士与游侠的关系等内容多有阐述①。步入仕途的“士”，就称为“官”了。

二　由民到官的转折

从民到官是个人社会地位变化的分水岭，也是官员家族社会地位大幅提升的转折。任子制度下，一个家族中不止一个人为官，甚至数代显贵。高官子弟升迁相对容易，董仲舒指出：“长吏多出于郎中、中郎，吏二千石子弟。”② 官员之间可以互相请托，何武兄弟五人都是郡吏，“武为郡吏时，事太守何寿”③，何寿为大司农，“其兄子为庐江长史”，后来何武迁扬州刺史。何寿把自己的侄儿引荐给何武弟何显，“此子扬州长史，才能驽下，未尝省见”，何武“不得已召见，赐卮酒。岁中，庐江太守举之”④。为官后，同僚间举荐彼此子弟为官会带动一个或数个家族地位的向上流动。尤其是东汉时期，累世为官的局面更为多见。《后汉书》中“世吏二千石”的家族很多，邓晨“世吏二千石。父宏，

① 如马非百《秦集史》上册，中华书局1982年标点本；黄留珠《秦汉仕进制度》，西北大学出版社1985年版；阎步克《士大夫政治演生史稿》，北京大学出版社1996年版；刘泽华《先秦士人与社会》，天津人民出版社2004年版；王保顶《汉代士人阶层的演变》，《江苏行政学院学报》2001年第2期；《游士文化传统及其终结——西汉武帝以前士人阶层的演变》，《江海学刊》2001年第1期；郑宗贤《西汉游侠的活动特色及其社会关系》，台湾花木兰文化出版社2009年版；郭建静《秦汉时期士与游侠的演变及关系研究》，硕士学位论文，西北大学，2009年。

② （汉）班固：《汉书》卷56《董仲舒传》，中华书局1962年标点本，第2512页。原文是“长吏多出于郎中、中郎、吏二千石子弟选郎吏，又以富訾，未必贤也”；瞿同祖著《汉代社会结构》（第180页）“译注”则认为“长吏多出于郎中、中郎、吏二千石子弟，选郎吏，又以富訾，未必贤也”才符合汉代长吏任命的常例。

③ （汉）班固：《汉书》卷86《何武传》，中华书局1962年标点本，第3483页。

④ 同上书，第3484页。

豫章都尉”，注释曰：晨曾祖父隆，扬州刺史；祖父勳，交趾刺史①。窦融“七世祖广国，孝文皇后之弟，封章武侯”，高祖父“以吏二千石自常山徙焉”②。鲁恭“世吏二千石”③，羊续“其先七世二千石卿校。祖父侵，安帝时司隶校尉。父儒，桓帝时为太常”④。盖勋“家世二千石”⑤，公孙瓒“家世二千石”⑥，李章“五世二千石”⑦。也有朱晖“家世衣冠”⑧，郭躬“家世衣冠”⑨；尹勋“家世衣冠。伯父睦为司徒，兄颂为太尉，宗族多居贵位者”⑩，羊陟“家世冠族”⑪；阳球“家世大姓冠盖”⑫，王允“世仕州郡为冠盖”⑬。家族内一人跻身政界，荣居显位，加之官员之间的互相援引，举族荣耀，发展至东汉，累世为官者多见于记载。

官员个人及其家族成员久居要职，尤其是高级官员在其位谋其政，必然会对国家政策的出台或调整施加影响，即便是高官的掾属，也会利用职务之便，在执行命令时的积极或消极情绪会直接或间接对国家政策产生影响，使政策延缓或尽快落实，而这些政策直接关乎民生，关系社会各阶层的生活，对各阶层产生影响。无疑，官员的地位和权力是各阶层热衷追逐的。易言，为官与否会对各社会阶层造成影响。官，是社会各阶层社会地位变化的中转站，在社会流动体系中居主导地位。葛承雍在《中国古代等级社会》中指出，中国古代社会最完备而又世代相沿的核心制度是等级制度，“等级制度在古代中国人眼中，就是神圣、尊贵的‘官’，成功者、被信任者，必委以官职，事业成功却无官职的

① （南朝）范晔：《后汉书》卷15《邓晨列传》，中华书局1965年标点本，第582页。

② （南朝）范晔：《后汉书》卷23《窦融列传》，中华书局1965年标点本，第795页。

③ （南朝）范晔：《后汉书》卷25《鲁恭列传》，中华书局1965年标点本，第873页。

④ （南朝）范晔：《后汉书》卷31《羊续列传》，中华书局1965年标点本，第1109页。

⑤ （南朝）范晔：《后汉书》卷58《盖勋列传》，中华书局1965年标点本，第1879页。

⑥ （南朝）范晔：《后汉书》卷73《公孙瓒列传》，中华书局1965年标点本，第2357页。

⑦ （南朝）范晔：《后汉书》卷77《酷吏列传》，中华书局1965年标点本，第2492页。

⑧ （南朝）范晔：《后汉书》卷43《朱晖列传》，中华书局1965年标点本，第1457页。

⑨ （南朝）范晔：《后汉书》卷46《郭躬列传》，中华书局1965年标点本，第1543页。

⑩ （南朝）范晔：《后汉书》卷67《党锢列传》，中华书局1965年标点本，第2208页。

⑪ 同上书，第2209页。

⑫ （南朝）范晔：《后汉书》卷77《酷吏列传》，中华书局1965年标点本，第2498页。

⑬ （南朝）范晔：《后汉书》卷66《王允列传》，中华书局1965年标点本，第2172页。

人，则往往会感到脸面无光。人们追求和向往的，就是入仕做官。官的特权、官的等级、官的待遇实在太具有诱惑力了，某些人无法不蜂拥而至。在中国古代虽然入仕参政有多元途径，但唯有步入官场、攀上官座方是有价值的正途。从这个意义上说，古代中国是一个官国，等级与相应的权力意味着一切"①。为官和不为官、官品的高低在衣食住行各个方面地位和权力也相差悬殊，是政治身份的明显标志。

三　官员地位的法律规定

官员，作为和国家统治密切相关的权力执掌者，在汉代社会备受尊崇，政治地位和社会地位是很高的。通过官位进而占有财富、声望和地位，在传统中国社会源远流长。当然，具体某一个官员的地位如何，还要看他在官僚体系中的等级。"秦兼天下，建皇帝之号，立百官之职。汉因循而不革，明简易，随时宜也。其后颇有所改。"② 在西汉，官员等级最高的是太师、太傅、太保、丞相、太尉、御史大夫和前后左右将军，他们都是秩禄万石的高官，太师、太傅、太保位属上公，在朝廷中地位最高，"盖参天子，坐而议政，无不总统"③，但拥有的实际政治权力未必高过三公，且不常置，"三公无官，言有其人然后充之"，师古曰："不必备员，有德者乃处之。"④ 丞相"金印紫绶，掌丞天子助理万机"，太尉"金印紫绶，掌武事"，御史大夫"银印青绶，掌副丞相"⑤。东汉时称谓稍有变化。汉成帝时改"御史大夫为大司空，封为列侯。益大司马，大司空奉如丞相"⑥，大司空、大司马、丞相三者地位相同。哀帝时，"罢大司空，复御史大夫"⑦。"正三公官分职。大司马卫将军董贤为大司马，丞相孔光为大司徒，御史大夫彭宣为大司空"⑧，哀帝又重建三公制度，"遂改丞相为大司徒，复置大司空、大司

---

① 葛承雍：《中国古代等级社会》，陕西人民出版社 1992 年版，第 316 页。

② （汉）班固：《汉书》卷 19《百官公卿表》，中华书局 1962 年标点本，第 722 页。

③ 同上。

④ 同上书，第 724 页。

⑤ 同上书，第 725 页。

⑥ （汉）班固：《汉书》卷 10《成帝纪》，中华书局 1962 年标点本，第 329 页。

⑦ （汉）班固：《汉书》卷 11《哀帝纪》，中华书局 1962 年标点本，第 339 页。

⑧ 同上书，第 344 页。

马焉"[①]。原来专属于丞相的尊崇转而成为三公的待遇。秩禄在三公以下的是二千石官员，包括九卿、郡太守和王国相等，都属于极受尊崇的高官。

三公中，丞相的地位无与伦比，秦朝建立之初，丞相为"百官之长"，辅佐皇帝处理全国政务。汉承秦制，丞相晋见皇帝"御坐为起，在舆为下"[②]，"疾病视之无数，死则临吊之"[③]，这些是普通官员想也不敢想的尊荣。在汉朝的"朝奏事会庭中"，御史大夫要"差居丞相后"。萧望之任御史大夫时被人劾奏"故事丞相病，明日御史大夫则问病……今丞相数病，望之不问病；会庭中，与丞相钧礼"，皇上因此策望之"遇丞相亡礼"，结果萧望之左迁[④]。下级官员在丞相面前更要谦卑执礼，太中大夫邓通深得文帝宠爱，丞相（申屠）"嘉入朝，而通居上旁，有怠慢之礼"，被指斥目无朝仪，认为"朝廷之礼，不可以不肃"，之后，"嘉为檄召通诣丞相府，不来，且斩通"，"通至（诣）丞相府，免冠，徒跣，顿首谢嘉。嘉坐自如，弗为礼"[⑤]。政治地位直接影响家族关系以及社会声望，田蚡任丞相以后，"尝召客饮，坐其兄盖侯南乡，自坐东乡，以为汉相尊，不可以兄故私桡"[⑥]，按照孝悌原则，田蚡是不允许这样做的，但"以汉相尊"，在汉政府任高职，并未受到谴责，政治地位的高低决定一切人际交往中的举止和行为。

汉代官员享有国家诏令明文规定的特权。"任子"特权，是特权阶层进入官场的渠道。"吏二千石以上视事满三年，得任同产若子一人为郎。"[⑦] 史丹"有子男女二十人，九男皆以丹任并为侍中诸曹，亲近在左右。史氏凡四人侯，至卿大夫二千石者十余人"[⑧]。有的家族世代显

---

① （汉）班固：《汉书》卷83《朱博传》，中华书局1962年标点本，第3405页。

② （汉）班固：《汉书》卷84《翟方进传》，中华书局1962年标点本，第3414页。

③ （汉）班固：《汉书》卷86《王嘉传》，中华书局1962年标点本，第3501页。

④ （汉）班固：《汉书》卷78《萧望之传》，中华书局1962年标点本，第3280、3281页。

⑤ （汉）班固：《汉书》卷42《申屠嘉传》，中华书局1962年标点本，第2101页。

⑥ （汉）司马迁：《史记》卷107《魏其武安侯列传》，中华书局1959年标点本，第2844页。

⑦ （汉）班固：《汉书》卷11《哀帝纪》，中华书局1962年标点本，第337页。

⑧ （汉）班固：《汉书》卷82《史丹传》，中华书局1962年标点本，第3379页。

贵。郑庄“兄弟子孙以庄故，至二千石六七人焉”[①]。太子太傅石奋“及四子皆二千石，人臣尊宠乃举集其门。凡号奋为万石君”，其子石庆为丞相，“诸子孙为小吏至二千石者十三人”[②]。张汤家族连续八代为官，曾官居御史大夫，儿子张安世宣帝时任大司马车骑将军，《汉书》载，“安世子孙相继，自宣、元以来为侍中、中常侍、诸曹散骑、列校尉者凡十余人。功臣之世，唯有金氏、张氏，亲近宠贵，比于外戚”[③]，张家隆贵超百年。东汉时还有两代显贵，张汤的后人张放在成帝时任侍中。其子张纯“少袭爵土，哀、平间为侍中，王莽时至列卿”，光武朝拜太中大夫，迁五官中郎将，更封武始侯，食富平之半[④]，张纯的儿子张奋也做过司空。两汉一代，张氏“传国八世，经历篡乱，二百年间未尝谴黜，封者莫与为比”[⑤]。杜周曾任御史大夫，两个儿子“夹河为太守”，少子延年“居九卿位十余年”，征入为御史大夫，延年子缓曾为雁门太守，后拜太常，“缓六弟，五人至大官，少弟熊历五郡二千石、三州牧刺史”，缓中弟杜钦“子及昆弟支属至二千石者且十人”[⑥]。东汉显宗对桓荣尊以师礼，“拜二子为郎”，“除兄子二人补四百石”。桓郁的“门人杨震、朱宠，皆至三公”[⑦]。任子制尽管屡遭时人批评，但东汉仍以“诏拜”形式存在[⑧]，还经常授官僚子弟为郎、舍人，《后汉书·梁统传》记载“拜太中大夫，除四子为郎”，安帝时诏书“以公、卿、校尉、尚书子弟一人为郎、舍人”[⑨]；献帝时“赐公卿以下至黄门郎家一人为郎”[⑩]。权贵子弟可以从皇帝或太子的侍从，即从侍中、中常侍、黄门侍郎步入仕途，“汉家旧典，置侍中、中常侍各一人，省

---

① （汉）司马迁：《史记》卷120《汲郑列传》，中华书局1959年标点本，第3113页。

② （汉）班固：《汉书》卷46《石奋传》，中华书局1962年标点本，第2194、2200页。

③ （汉）班固：《汉书》卷59《张汤传》，中华书局1962年标点本，第2657页。

④ （南朝）范晔：《后汉书》卷35《张纯列传》，中华书局1965年标点本，第1193、1195页。

⑤ 同上书，第1198、1200页。

⑥ （汉）班固：《汉书》卷60《杜周传》，中华书局1962年标点本，第2665、2667、2678页。

⑦ （南朝）范晔：《后汉书》卷37《桓荣列传》，中华书局1965年标点本，第1252、1253、1256页。

⑧ 张兆凯：《任子制新探》，《中国史研究》1996年第3期。

⑨ （南朝）范晔：《后汉书》卷5《孝安帝纪》，中华书局1965年标点本，第232页。

⑩ （南朝）范晔：《后汉书》卷9《孝献帝纪》，中华书局1965年标点本，第367页。

尚书事，黄门侍郎一人，传发书奏。皆用族姓”，“族姓”注释曰“士人有族望者”①。

官员拥有“先请”权，即要拘捕官员，必须先经过皇帝同意。汉宣帝时，“吏六百石位大夫，有罪先请”②。先请特权给予六百石以上官员。东汉时光武帝下诏“吏不满六百石，下至墨授长、相，有罪先请”③。类似的法定特权延伸到秩次低于六百石的官员，小县的县长和侯国相等以下秩次仅三四百石的小官也享有之。

除拥有特权外，官员的生活也让普通人望尘莫及。“一个秩八百石的官员，一年的收入相当于一个中产阶级的全部家产”④，并且能够不断增加家产，贡禹曾经“家訾不满万钱，妻子糠豆不赡，短褐不完，有田百三十亩”，后被征至京师，乃“卖田百亩以供车马，至，拜为谏大夫，秩八百石，俸钱月九千二百，廪食太官，又蒙赏赐四时杂缯棉絮衣服酒肉诸果物”。后“拜为光禄大夫，秩二千石，俸月钱万二千”⑤，“光禄大夫，秩比二千石”⑥，贡禹高兴言：“禄赐愈多，家日以益富，身日以益尊。”⑦

封侯的外戚和官员还掌握一定数量的人口，出身平民的公孙弘被任命为丞相后，皇帝下诏“其以高成之平津乡户六百五十封丞相弘为平津侯”⑧。官员还可以从皇帝那里得到丰厚赏赐，张禹为丞相六年，以病乞骸骨，“赐安车驷马，黄金百斤，罢就第，以列侯朝朔望，位特进，见礼如丞相，置从事史五人，益封四百户。天子数加赏赐，前后数千万”⑨。进入官场意味着将拥有巨大的财富，招致无数人蜂拥而至。杜周始“为廷史，有一马，及久任事，列三公，而两子夹河为郡守，

---

① （南朝）范晔：《后汉书》卷43《朱穆列传》，中华书局1965年标点本，第1472、1473页。

② （汉）班固：《汉书》卷8《宣帝纪》，中华书局1962年标点本，第274页。

③ （南朝）范晔：《后汉书》卷1《光武帝纪》，中华书局1965年标点本，第35页。

④ 瞿同祖：《汉代社会结构》，邱立波译，上海世纪出版集团、上海人民出版社2007年版，第96页。

⑤ （汉）班固：《汉书》卷72《贡禹传》，中华书局1962年标点本，第3073页。

⑥ （汉）班固：《汉书》卷19《百官公卿表》，中华书局1962年标点本，第727页。

⑦ （汉）班固：《汉书》卷72《贡禹传》，中华书局1962年标点本，第3073页。

⑧ （汉）班固：《汉书》卷58《公孙弘传》，中华书局1962年标点本，第2620页。

⑨ （汉）班固：《汉书》卷81《张禹传》，中华书局1962年标点本，第3349页。

家訾累巨万”[①]。杨敞做过大司农、御史大夫和丞相，死后留给小子杨恽财产五百万，留给第二任妻子财产数百万，“再受赀千余万”[②]。张禹家产价值八万金，“多买田至四百顷，皆泾、渭溉灌，极膏腴上贾。它财物称是”[③]。折国曾祖封折侯，自己任郁林太守，“有资财二亿，家童八百人”[④]；种暠父亲为定陶令，“有财三千万”[⑤]。至于灌夫任淮阳太守事，横于颍川，“通奸猾，侵细民，家累巨万”的贪赃枉法者收入会更可观。

官员将钱财投于土地，通过田产传袭家族财富。骠骑将军霍去病为父亲中孺大买田宅、奴婢[⑥]；吴汉出征时，妻子在后方买田置业[⑦]；汉丞相萧何“买田宅必居穷僻处，为家不治垣屋。曰：‘今后世贤，师吾俭；不贤，毋为势家所夺’”[⑧]。官员投资商业和手工业谋取利益也有资本，张安世“为公侯，食邑万户”，“夫人自纺绩，家童七百人，皆有手技作事，内治产业，累织纤微，是以能殖其货，富于大将军光”[⑨]。

即便是低级吏员，其俸禄微薄，也可以利用职权贪污受贿，左雄说，“乡官部吏，职斯禄薄，车马衣服，一出于民，廉者取足，贪者充家”[⑩]。还可以巧取豪夺，买卖土地。

官员体系内部，官员之间因秩次高低不同而有地位的差别，但就官员整体而言，其社会地位要比其他阶层高得多。这种差异有国家法律的规定和限定，也有官员要维护地位的自觉行为，在生活方式和礼仪制度上按照品级不同而有优越的表现。汉景帝曾下诏规定，官员秩次不同，车驾装饰也不能相同，“夫吏者，民之师也，车驾衣服宜称。吏六百石以上，皆长吏也，亡度者或不吏服，出入闾里，与民无异。令长吏二千

① （汉）班固：《汉书》卷60《杜周传》，中华书局1962年标点本，第2661页。

② （汉）班固：《汉书》卷66《杨敞传》，中华书局1962年标点本，第2890页。

③ （汉）班固：《汉书》卷81《张禹传》，中华书局1962年标点本，第3349页。

④ （南朝）范晔：《后汉书》卷82上《方术列传上》，中华书局1965年标点本，第2720页。

⑤ （南朝）范晔：《后汉书》卷56《种暠列传》，中华书局1965年标点本，第1826页。

⑥ （汉）班固：《汉书》卷68《霍光传》，中华书局1962年标点本，第2931页。

⑦ （南朝）范晔：《后汉书》卷18《吴汉列传》，中华书局1965年标点本，第683页。

⑧ （汉）班固：《汉书》卷39《萧何传》，中华书局1962年标点本，第2012页。

⑨ （汉）班固：《汉书》卷59《张汤传》，中华书局1962年标点本，第2652页。

⑩ （南朝）范晔：《后汉书》卷61《左雄列传》，中华书局1965年标点本，第2017页。

石车朱两轓，千石至六百石朱左轓。车骑从者不称其官衣服，下吏出入闾巷亡吏体者，二千石上其官属，三辅举不如法令者，皆上丞相御史请之"[①]。官员服饰要日理万机的丞相亲自过问，目的很清楚，统治阶级的体面是关乎社稷的政治问题，要提到政治高度，是任何政权建立之初都会考虑的问题。

第三节　官员地位的民间影响

通常，秩次相近、彼此地位相当的官员才会相互往来或联姻，出身高门或侯门的子弟才有机会与公主、王子或诸侯王结婚，或成为皇亲国戚。不同级别的官员之间也存在上下尊卑，官职的大小会影响官员间的交往方式，官职的升迁或贬黜也会带来社会地位和行为方式的变化。"窦婴已为大将军，方盛，（田）蚡为诸曹郎，未贵，往来侍酒婴所，跪起如子姓"，后来田蚡为相，窦婴失势，"诸公稍自引而怠"，田蚡在礼数上自然也怠慢了。"士吏趋势利者皆去婴而归蚡。蚡日益横……上以蚡为丞相，大司农韩安国为御史大夫，天下士郡诸侯愈益附蚡。"[②]再有，朱买臣为"侍中，贵用事"，而张汤"尚为小吏，趋走买臣等前"，后来张汤官拜御史大夫，"数行丞相事"，而朱买臣被贬为丞相长史，张汤"知买臣素贵，故陵折之。买臣见汤，坐床上弗为礼"[③]。汲黯，"始黯列九卿矣，而公孙弘、张汤为小吏。及弘、汤稍贵，与黯同位，黯又非毁弘、汤。已而弘至丞相封侯，汤御史大夫，黯时丞史皆与同列，或尊用过之。黯偏心，不能无少望，见上，言曰：'陛下用群臣如积薪耳，后来者居上。'"[④] 官位的变化直接引起社会地位和待人接物方式的变化。

官员受到人们普遍的尊重，官衔和职位直接决定一个人的声望，为官前后他人态度的变化对比直接反映了这种官本位思想。为官前，被包括家人在内的人鄙视耻笑，为官后却屈膝卑躬。战国时期苏秦的境遇最

① （汉）班固：《汉书》卷5《景帝纪》，中华书局1962年标点本，第149页。

② （汉）班固：《汉书》卷52《窦婴传》，中华书局1962年标点本，第2377—2380页。

③ （汉）班固：《汉书》卷64《朱买臣传》，中华书局1962年标点本，第2794页。

④ （汉）班固：《汉书》卷50《汲黯传》，中华书局1962年标点本，第2320页。

能反映之。苏秦在出游数年一事无成之时“兄弟嫂妹妻妾皆笑之”，在一番发奋“为从约长，并相六国”后，“苏秦之昆弟妻嫂侧目不敢仰视，俯伏视取食”，而前倨后恭的根本在于“见季子位高金多也”[①]，人世沧桑可见一斑。汉代学者司马相如刚结婚时，岳父对女儿卓文君与家徒四壁的司马相如私奔很是恼恨，“女至不材，我不忍杀，不分一钱也”；后来司马相如官拜中郎将，出使西南夷，受到地方官员礼遇，岳父卓王孙与地方官员“皆因门下献牛酒以交欢”，喟叹“自以得使女尚司马长卿晚，而厚分与其女财，与男等”[②]。

官员官职的变化也直接导致宾客对他态度的转变，“下邽翟公为廷尉，宾客亦填门，及废，门外可设爵罗。后复为廷尉，客欲往，翟公大署其门曰：‘一死一生，乃知交情；一贫一富，乃知交态；一贵一贱，交情乃见。’”[③] 田蚡“虽不任职，以王太后故亲信，数言事，多效，士吏趋势利者多去婴而归蚡。蚡日益横”。后田蚡为丞相，“天下士郡诸侯愈益附蚡”[④]；窦婴，“失窦太后，益疏不用，无势，诸公稍自引而怠慢鹜”[⑤]；灌夫，“家居，卿相侍中宾客益衰”[⑥]。主父偃一年四迁，“尊立卫皇后及发燕王定国阴事，偃有功焉。大臣皆畏其口，赂遗累千金”。感慨说：“臣结发游学四十余年，身不得遂，亲不以为子，昆弟不收，宾客弃我，我阸日久矣。丈夫生不五鼎食，死则五鼎亨耳！吾日暮，故倒行逆施之。”久遭困厄、压抑，遍尝人情冷暖后，一旦扬眉吐气就要释放。“元朔中，上拜偃为齐相。至齐，偏召昆弟宾客，散五百金予之，数曰：‘始吾贫时，昆弟不我衣食，宾客不我内门，今吾相齐，诸君迎我或千里。吾与诸君绝矣，毋復入偃之门！’”[⑦] 之后的记载是主父偃“方贵幸时，客以千数，及族死，无一人视”[⑧]。

韩安国“坐法抵罪，蒙狱吏田甲辱安国。安国曰：‘死灰独不复燃

① （汉）司马迁：《史记》卷69《苏秦列传》，中华书局1959年标点本，第2262页。
② （汉）班固：《汉书》卷57《司马相如传》，中华书局1962年标点本，第2581页。
③ （汉）班固：《汉书》卷50《郑当时传》，中华书局1962年标点本，第2325页。
④ （汉）班固：《汉书》卷52《田蚡传》，中华书局1962年标点本，第2379页。
⑤ 同上书，第2381页。
⑥ 同上书，第2384页。
⑦ （汉）班固：《汉书》卷64《主父偃传》，中华书局1962年标点本，第2803页。
⑧ 同上书，第2804页。

乎？’甲曰：‘然即溺之。’居无几，梁内史缺，汉使使者拜安国为梁内史，起（徒）［徒］中为二千石。田甲亡”。后来“肉袒谢”[①]。狱吏的态度也是世态炎凉在官场的表现。再如，“（萧）育与陈咸俱以公卿子显名，咸最先进，年十八为左曹，二十余御史中丞。时朱博尚为杜陵亭长，为咸、育所攀援，入王氏。后遂并历刺史郡守相，及为九卿，而博先至将军上卿，历位多于咸、育，遂至丞相。育与博后有隙，不能终，故世以交为难”[②]，并非“交难”，实是职位变化的必然结果。

两个等级之间除富商大贾可以以资产做后盾交结官员以外，几乎很少社会来往，当然，一旦结交给自己带来的将是莫大的荣耀和社会声誉。“家贫，无以自业”的司马相如就是因为与临邛令王吉相善，吉曰“长卿久宦游不遂，而来过我”，使他提高了社会声誉，并有幸被卓王孙邀请赴宴。卓王孙明白，取悦县令的朋友就等于取悦了县令。

东汉之际遍立“天禄”石像，鹿从东汉以来成为一种神兽，当时的石像也称为“天禄”“麒麟”或“辟邪”，或统称为麒麟，麒麟二字偏旁都是鹿，说明麒麟神兽与鹿有关。有学者指出，“鹿”和“禄”同音。而“禄”有俸禄之意，有俸禄就意味着做官，所谓高官厚禄也。官本位的中国文化中，这层含义是相当重要的。高官厚禄，荣华富贵就是中国人心目中的福气。在充满尘世意味的东汉墓葬壁画中，最具代表性的是内蒙古和林格尔出土的东汉晚期墓室壁画。该壁画可成为墓主人的一幅“传记画”，对其生前功业、尘世幸福的自叙、自赏、自炫、自乐得意是不言而喻的。重在墓主人一生的经历，着意突出主人从“举孝廉”、为“郎”到出任“两河长史”，“行上郡属国都尉”“繁阳令”而止于“使持节护乌桓校尉”的一系列仕途生活情景。整个画面内容围绕墓主的经历展开，有墓主任官期间所经府县的市景城貌，有墓主升迁出行的庞大车骑队列[③]。

艺术源于社会现实。壁画的主题和墓主的炫耀昭示了汉代社会官与民之间的悬殊地位和官员享有的种种特权。作为官僚整体，享有法律保

---

① （汉）班固：《汉书》卷52《韩安国传》，中华书局1962年标点本，第2395页。

② （汉）班固：《汉书》卷78《萧望之传》，中华书局1962年标点本，第3291页。

③ 仪平策：《中国审美文化史》（秦汉魏晋南北朝卷），山东画报出版社2000年版，第131页。

护的特权，社会地位相应提升，通过物质消费和礼仪制度体现并巩固，利用职务之便经营土地、工商业获得厚利，公卿列侯亲属近臣“或乃奢侈逸豫，务广第宅，治园池，多蓄奴婢，被服绮縠，设钟鼓，备女乐，车服嫁娶葬埋过制”[①]，吸引着众多读书人乐此不疲。

实际上，在官僚体系内部，每一个官员个人或代际之间社会流动常有发生。和平时期发生社会流动，往往比较缓慢或者在不经意间完成，或认为理所当然；社会动荡时期，社会流动的发生往往更剧烈，始料不及，曾经的前朝“精英”成为后起“精英”的俘虏，秦王子婴、王莽皆身体力行，出身卑贱的布衣则可能摇身一变成为国家的统治集团，如刘邦及其功臣集团和南阳豪强地主集团。凡此种种赋予秦汉时期的等级结构相当的流动性。

“伴君如伴虎”，官员个人会因为种种原因出现社会地位的升降起伏。公孙弘，“少时为狱吏，有罪，免。家贫，牧豕海上。年四十余，乃学《春秋》杂说。武帝初即位，招贤良文学士，是时，弘年六十，以贤良征为博士。使匈奴，还报，不合意，上怒，以为不能，弘乃移病免归”[②]，直到元光五年，“策奏，天子擢弘对为第一。召入见，容貌甚丽，拜为博士，待诏金马门”[③]，“上察其行慎厚，辩论有余，习文法吏事，缘饰以儒术，上说之，一岁中至左内史”[④]，元朔中，代薛泽为丞相[⑤]，堪称传奇的人生。农家丞相匡衡，被封为乐安乡侯时，食邑六百四十七户，“乡本田堤封三千一百顷，南以闽陌为界”，由于临淮郡图弄错了乐安乡的南界“误以闽陌为平陵陌”，多四百顷，匡衡税收也出现偏差，“建始元年，郡乃定国界，上计簿，更定图”，由于匡衡下属的干预，临淮郡将四百顷土地划归匡衡。于是匡衡补收了多出来的土地的赋税“租谷千余石”，有司举奏匡衡“专盗土地”被

① （汉）班固：《汉书》卷10《成帝纪》，中华书局1962年标点本，第324、325页。
② （汉）班固：《汉书》卷58《公孙弘传》，中华书局1962年标点本，第2613页。
③ 同上书，第2617页。
④ 同上书，第2618页。
⑤ 同上书，第2620页。

免为庶人，“终于家”[①]。有时，人生的跌宕起伏似乎与官职无关，总会有偶然因素出现，而又不完全受社会等级的划分和法律规定的制约。

① （汉）班固：《汉书》卷81《匡衡传》，中华书局1962年标点本，第3346页。

第二章　国家政策对官员地位的影响

人类历史经历了以打制石器为主的旧石器时代、磨制为主的新石器时代和铜石并用时期。伴随着生产工具的进步，社会财富不断积累，抢夺和占有社会资源和社会总财富的争夺日益加剧，原始、质朴的氏族成员集体劳动，共同分配劳动成果的和谐关系逐渐解体，以财富和权力的不平等为表现形式的社会分层相应出现。

人类最初的社会分层出现与个人素质密切相关，个人素质高的是居于上层的为官者。伦斯基指出："在原始的狩猎和采集社会中，权力、特权和声望多半是个人技艺和能力的一个函数。"① 根据《史记·五帝本纪》的记载：

> 轩辕之时，神农氏世衰。诸侯相侵伐，暴虐百姓，而神农氏弗能征。于是轩辕乃习用干戈，以征不享，诸侯咸来宾从。而蚩尤最为暴，莫能伐。炎帝欲侵陵诸侯，诸侯咸归轩辕。轩辕乃休修德振武兵，治五气，蓺五种，抚万民，度四方，教熊罴貔貅貙虎，以与炎帝战于阪泉之野。三战，然后得其志。蚩尤作乱，不用帝命。于是黄帝乃征师诸侯，与蚩尤战于涿鹿之野，遂禽杀蚩尤。而诸侯咸尊轩辕为天子，代神农氏，是为黄帝。天下有不顺者，黄帝从而征之，平者去之，披山通道，未尝宁居。

轩辕凭借能力和技艺战胜炎帝与蚩尤，"得其志"。帝尧年老时，

---

① ［美］格尔哈斯·伦斯基：《权力与特权：社会分层的理论》，关信平等译，浙江人民出版社1988年版，第133页。

岳咸推荐虞舜，虞舜“盲者子。父顽，母嚚，弟傲，能和以孝，烝烝治，不至奸”，“乃使舜慎和五典，五典能从。乃徧入百官，百官时序。宾于四门，四门穆穆，诸侯远方宾客皆敬。尧使舜入山林川泽，暴风雷雨，舜行不迷。尧以为圣”①。舜，庶人出身，孝名远扬，人生阅历丰富，行政才能突出，有智谋，尧决定将首领之位传于舜。这一事件大体上反映了个人能力与素质，而非出身高低决定在社会分层中的地位。传说反映了当时人们的一种观念，能力是成为天下最高统治者的资本。

西周社会的宗法制严格限定不同阶层的社会等级。然而，各地政治、经济发展的不平衡始终存在，加之“人的进取精神的本质是超越、前进，包含一定的否定性因素，这就使人们对他人、对社会具有一种自然的否定性倾向”②。只要社会分层存在，社会流动便不可避免。

第一节　秦朝官员地位的变化

春秋时期，社会动荡，周天子地位一落千丈，诸侯纷争，五霸迭兴，“僭越”现象屡有发生，“礼乐征伐自天子出”竟相被“礼乐征伐自诸侯出”、“自大夫出”甚至“陪臣执国命”所代替，因政治动荡引起宗法体系被打破，历史进入战国。战国时代，是由兼并战争走向统一的历史时期。经过魏国独霸、秦齐对峙、秦赵大战，最后由秦国完成统一时期。公元前247年，秦王嬴政即位，9年后，嬴政亲政，部署对付六国的战略和策略，前后10年，完成统一六国的事业。秦的统一，为中国历史长期的统一奠定基础；对中国古代社会以高度发达的经济和文化屹立世界文明的前列有开创之功。然而，由割据混战的分裂走向统一，最直接的结果，便是对各阶层的生存环境及社会地位的影响。

一　至高无上皇权的确立

秦始皇建立统一多民族国家的同时，首创“皇帝”一词，赋予这

① （汉）司马迁：《史记》卷1《五帝本纪》，中华书局1959年标点本，第21、22页。

② 陈恢忠：《论社会分层的功能及社会冲突》，《华中理工大学学报·社会科学版》2000年第1期。

一称号的拥有者至高无上的权威和地位，奠定皇帝理论，规定皇帝确立包括正名位、明职分、行避讳等诸多内容在内的所谓皇帝制度。

战国时代诸侯国君称“王”，嬴政统一全国后，认为“今名号不更，无以称成功，传后世”，命令臣下商议称号，群臣盛赞其功绩“平定天下，海内为郡县，法令由一统，自上古以来未尝有，五帝所不及”，建议上尊号“泰皇”，嬴政采用将传说中神界和人界最尊贵的“三皇”“五帝”合二为一，认为自己德高三皇，功过五帝，号“皇帝”，自此，“皇帝”成为古代社会最高统治者的称号。并规定了一整套尊君抑臣的朝仪和文书制度，自称“朕”，“命”称“制”，“令”称“诏”，“印”称“玺”。取消子议父，臣议君的“谥法”。称自己为“始皇帝”“后世以计数，二世三世至于万世，传之无穷”①，宣称“六合之内，皇帝之土。西涉流沙，南尽北户。东有东海，北过大夏，人迹所至，无不臣者。功盖五帝，泽及牛马”②，皇帝居于整个权力系统的顶端，享有神圣的地位和最高的权力，总揽全国政治、军事、经济和司法大权，“天下事无大小皆决于上”。

确立至高无上的皇权后，秦始皇把战国以来的国家官僚机构加以调整，中央设“三公列卿”。三公指丞相、太尉、御史大夫。辅佐皇帝处理全国政务、军事及监察百官。低于三公者谓之“九卿”，实际数目不止于此，分掌宗庙礼仪、宫廷警卫、车马、处理少数民族事务及外交、皇室亲族内部事务以及全国山河湖海税收和手工业制造等事务。卿之下，设有数量不等的属吏。三公列卿皆由皇帝任免，概不世袭。

二　六国旧贵族身份骤降

秦始皇在完成统一后，采取了一系列措施统治这个空前统一的大帝国。为防止六国贵族复辟，秦始皇下令收缴兵器集中到咸阳销毁；迁徙各地富豪12万到咸阳，“徙三万家丽邑，五万家云阳”③。灭亡赵国后，流徙赵王到房陵，将当地富豪迁到临邛；灭魏国后，将魏国豪富孔氏迁

---

① （汉）司马迁：《史记》卷6《秦始皇本纪》，中华书局1959年标点本，第236页。

② 同上书，第245页。

③ 同上书，第256页。

到南阳。目的在于使旧贵族脱离乡土，破坏原有的社会根基，削弱其经济实力，防止他们东山再起。秦始皇又下令“堕坏城郭，决通川防，夷去险阻”①，拆除六国在战争期间的关隘壁垒，修筑以咸阳为中心的驰道。原来的六国贵族受到秦王朝不同程度的打击失去原来的当权地位，如张良在韩国灭亡后，“悉以家财求客刺秦王”，不成乃变更名姓流浪他乡“亡匿下邳”②，楚国贵族项伯“从良匿”③。汉初大规模的迁徙政策也破坏了他们原有的社会根基，与秦朝建立之前相比，社会地位发生向下流动。

秦统一六国及秦末社会变动中，原来的贵族有的保持了旧有的社会身份，但在国家政策强制下被迫迁徙，失去当权者身份；有的失去原来的财产和身份，逃亡各地成为被统治者。部分人因军功获得爵位和土地，拥有很高的社会地位；有的在失去原有财富和势力的同时，通过经商和冶铸继续成为社会上层；有的获得小片土地成为自耕农；有的失去土地沦为奴隶。巩固统一的措施，对不同阶层的社会地位产生影响。“令黔首自实田”的政策，承认了土地私有，使地主阶级依靠土地剥削劳动者成为合法，加在农民身上的地租、赋税和徭役负担伴随秦始皇的暴政和秦二世的急政越来越重，“男子疾耕不足于粮饟，女子纺绩不足于盖形”④，“赋敛重数，百姓任罢，赭衣半道”，直至陷入“力罢不能胜其役，财尽不能胜其求”，“劳罢者不得休息，饥寒者不得衣食，亡罪而死刑者无所告诉”⑤的绝境。在“焚书坑儒”事件之后，儒家知识分子的地位一度不能与战国时期的争鸣景象同日而语。

司马迁也感慨“陈涉，瓮牖绳枢之子，甿隶之人，而迁徙之徒，才能不及中人，非有仲尼、墨翟之贤，陶朱、猗顿之富，蹑足行伍之间，而倔起什伯之中”⑥，“贵为天子，富有天下，而身为禽者”⑦；淮南王言“陈胜、吴广无立锥之地，百人之众，起于大泽，奋臂大呼，

---

① （汉）司马迁：《史记》卷6《秦始皇本纪》，中华书局1959年标点本，第252页。
② （汉）司马迁：《史记》卷55《留侯世家》，中华书局1959年标点本，第2033页。
③ 同上书，第2036页。
④ （汉）班固：《汉书》卷45《伍被传》，中华书局1962年标点本，第2171页。
⑤ （汉）班固：《汉书》卷51《贾山传》，中华书局1962年标点本，第2327、2332页。
⑥ （汉）司马迁：《史记》卷6《秦始皇本纪》，中华书局1959年标点本，第281页。
⑦ 同上书，第277页。

天下响应，西至于戏而兵百二十万”[①]，伍被引用孟子的话“纣贵为天子，死曾不如匹夫”[②]，都反映了不同等级社会流动的普遍性。秦末汉初发生社会上行流动最显著的阶层当数刘邦布衣集团，后文将专门撰文梳理刘邦布衣集团的社会流动途径。

三　商人的上行流动

统一后的秦，除皇室外，统治集团中有大量因军功获得社会地位的人；部分人通过投资土地，经营高利贷，或其他手段如“用谷量牛马”的乌氏倮和“礼抗万乘，名显天下”的巴寡妇清，位“比封君，以时与列臣朝请”[③]，地位显赫，受到秦政府礼遇。原来六国的工商业者在迁徙后“富室巨万”者，赵之卓氏“用铁致富”，“富至童千人。田池涉猎之乐，拟于人君”[④]；山东程郑“亦冶铸……富埒卓氏”；宛之孔氏“用铁冶为业”，“家致富数千金，故南阳行贾尽法孔氏之雍容”[⑤]；鲁之曹邴氏“以铁冶起，富至巨万”[⑥]，构成统治阶级中的特权阶层。

作为商业经营主体的商人，是社会生产力发展到一定阶段的产物，其产生和发展经历了一个漫长的过程。在“重农抑商”的政策之下，商人的法律地位和社会地位的升降也随着国家形势和国家政策的变化起伏不定。秦末汉初的商人，在国家政策扶植下，凭借自己独到的投资眼光、恰当的营销策略以及吃苦耐劳的品质发家致富，并赢得政府的礼遇，社会地位呈向上流动之势。其实现社会流动的途径以及商业经营手段耐人寻味。

自商鞅变法起，商人和商人的社会地位一直是国家打击和压制的主要对象。规定“事末利及怠而贫者，举以为收孥”[⑦]，从事商业或游闲怠惰而致贫穷者，收为官府奴隶。秦始皇时，将贾人及“有市籍者”、“大父母、父母尝有市籍者”与逃亡者、赘婿、犯罪官吏一起发配桂

---

① （汉）班固：《汉书》卷45《伍被传》，中华书局1962年标点本，第2171页。
② 同上书，第2172页。
③ （汉）司马迁：《史记》卷129《货殖列传》，中华书局1959年标点本，第3260页。
④ 同上书，第3277页。
⑤ 同上书，第3278页。
⑥ 同上书，第3279页。
⑦ （汉）司马迁：《史记》卷68《商君列传》，中华书局1959年标点本，第2230页。

林、象郡、南海等边地[①]。有市籍的商人及其子孙与犯罪的官吏和赘婿一样，都在谪戍之列，随时可以被押往边疆服役或定居。秦朝作为一个政权被推翻，但对待商人的政策却被汉代继承并发展，不过面临战后的经济凋敝，百业待兴，西汉政府对商人和商业政策有所调整。

秦朝国家的统一，疆域“东至海暨朝鲜，西至临洮、羌中，南至北向户，北据河为塞，并阴山至辽东”[②]，交通的便利促使商业经营范围扩大。国家允许民间开发山林矿产，放松了对山林川泽等自然资源的控制，被剥夺了大额资本的六国工商业主凭借长期积累的经营管理经验，重操旧业，东山再起。蜀卓氏、程郑、宛孔氏以及鲁曹邴氏都抓住机会扩大冶铁生产，成为富商大贾。《华阳国志·蜀志》载：“秦惠文、始皇克定六国，辄徙其豪侠于蜀，资我丰土，家有盐铜之利，户专山川之材，居给人足，以富相尚。故工商致结驷连骑，豪族服王侯美衣，取嫁设太牢之厨膳，归女有百两之徒车。”统一度量衡、货币、修筑驰道等措施无一不在客观上拓展了商人的活动范围，工商业经营中的出类拔萃者，如从事畜牧业致富的乌氏倮以及数世经营丹砂矿冶的巴寡妇清都受到政府礼遇。

汉初国家的统一，经济的恢复和发展，关梁与山泽禁令的放弛，为商业的繁荣创造了条件。“汉兴，海内为一，开关梁，弛山泽之禁，是以富商大贾周流天下，交易之物莫不通，得其所欲。”[③] 对商人的社会地位虽有种种限制，“天下已平，高祖乃令贾人不得衣丝乘车，重租税以困辱之”，规定商人不得穿丝绸做的衣服，不得乘车，不得购买土地，还必须和奴婢一样加倍缴纳算赋。但是，在西汉初年“无为而治”的思想之下，“孝惠、高后时，为天下初定，复弛商贾之律”[④]，对商人经商采取了扶植的态度，商业管理政策的相对松弛，又为商人扩大再生产提供了有利的外部环境，为商人获利带来便利，对商人社会地位的提高大有裨益。

要维持正常的交易秩序，在市场中设置相应的官吏，对商业运作进

---

① （汉）司马迁：《史记》卷6《秦始皇本纪》，中华书局1959年标点本，第253页。

② 同上书，第239页。

③ （汉）司马迁：《史记》卷129《货殖列传》，中华书局1959年标点本，第3261页。

④ （汉）班固：《汉书》卷24《食货志下》，中华书局1962年标点本，第1153页。

行监督管理是十分必要的。早在秦代，就有设置市场官吏的记载，《睡虎地秦墓竹简·秦律十八种》之《金布律》："择行钱、布者，列伍者弗告，吏循之不谨，皆有罪。"列，是指市肆，与《汉书·食货志》"小者坐列贩卖"中的"列"具有相同的意思，都是指市场中的买卖组织。可见，汉朝沿袭了秦的市场管理方式。商贩们除了需要按时按数缴纳税款之外，还必须遵守市场买卖组织的各项规定。在宽松的商业政策和政府的有序管理之下，商人们在自己的经营领域大显身手。《史记·货殖列传》载，当时的宣曲任氏"富者数世"，"故富而主上重之"①；关中地区"四方辐辏并至而会，地小人众，故其民益玩巧而事末"②，商人的脚步踏遍大江南北，促进了商业城市繁荣、丰富了市场上商品的种类，增强经济实力的同时，提高了政治地位。

依据《史记·货殖列传》，秦汉商人大致分为两类：一部分是战国时期的工商奴隶主的后裔。战国时大富豪有白圭、猗顿和"以铁冶成业，与王者埒富"的邯郸郭纵以及乌氏倮、巴寡妇清等。"乌氏倮畜牧，及众，斥卖，求奇缯物，间献遗戎王。戎王什倍其偿，与之畜，畜至用谷量马牛。秦始皇帝令倮比封君，以时与列臣朝请。"而巴寡妇清"其先得丹穴，而擅其利数世，家亦不訾。清，寡妇也，能守其业，用财自卫，不见侵犯……夫倮鄙人牧长，清穷乡寡妇，礼抗万乘，名显天下，岂非以富邪?"③ 乌氏倮通过交结王侯的方式"什倍其偿"，与畜牧业经营相互促进，得以"与列臣朝请"跻身政坛；巴寡妇清借助家族积累的丰富经验，以其雄厚的家资作为资本，规模不断扩大，富埒王侯，"礼抗万乘"，受到中央政府的保护和尊重。

另一部分是新型商贾。以冶铁致富的蜀国卓氏和南阳孔氏为代表，"蜀卓氏之先，赵人也，用铁治富。秦破赵，迁卓氏。卓氏见虏略，独夫妻推辇，行诣迁处。诸迁虏少有馀财，争与吏，求近处，处葭萌。唯卓氏曰：'此地狭薄。吾闻汶山之下，沃野，下有蹲鸱，至死不饥。民工於市，易贾。'乃求远迁。致之临邛，大喜，即铁山鼓铸，运筹策，

① （汉）司马迁：《史记》卷129《货殖列传》，中华书局1959年标点本，第3280页。

② 同上书，第3261页。

③ 同上书，第3260页。

倾滇蜀之民，富至童千人。田池射猎之乐，拟于人君”。“程郑，山东迁虏也，亦冶铸，贾椎髻之民，富埒卓氏，俱居临邛。”“宛孔氏之先，梁人也，用铁冶为业。秦伐魏，迁孔氏南阳。大鼓铸，规陂池，连车骑，游诸侯，因通商贾之利，有游公子之赐与名……家致富数千金。故南阳行贾尽法孔氏之雍容。”① 当政者的强力迁徙，本想削弱其旧有的社会基础和经济实力，他们却凭着自己非凡的眼光和冶铁技术以及经商的经验，一个“拟于人君”，一个“家致富数千金”，很快成为各个行业里具有代表性的商贾。

他们中有贩运商人、盐铁商人、囤积商人、农林畜牧商人等大商人以及经营各类商业的中小商人，都在秦末汉初的社会环境中，实现了经济实力和政治地位的双赢。这些富商大贾的经营之道给后人以启迪。

1. **因地制宜，利用资源。**蜀卓氏、山东程郑、梁宛孔氏都是秦灭六国之时被迁徙的对象，失去旧有根基和社会资源，东山再起是需要足够勇气的。在诸多迁徙队伍中，不乏“争与吏，求近处，处葭萌”②，贿赂官吏迁到近处，避免长途劳顿。而卓氏凭借多年找矿经验，看好蕴藏丰富铁矿的四川临邛，冶铁“富至童千人”。山东迁虏程郑和宛之孔氏都是冶铁世家，与卓氏一样有着战略眼光，成为西汉大贾。

2. **因人而宜，发掘潜力。**善于用人不仅仅体现于政治上的选贤任能，军事战争中的带兵打仗，同样适用于商业经营。齐人刀间，“能使豪奴自饶而尽其力”，“齐俗贱奴虏，而刀间独爱贵之。桀黠奴，人之所患也，唯刀间收取，使之逐渔盐商贾之利，或连车骑，交守相，然愈益任之。终得其力，起富数千万”③，当人们因奴虏桀黠而以为祸患时，刀间却大胆起用，发挥其潜力，给以充分的信任，获得丰厚的回报。

3. **因时而宜，敢于冒险。**宣曲任氏，在秦末“豪杰皆争取金玉，而任氏独窖仓粟”，楚汉战争时，双方僵持荥阳，“民不得耕种，米石至万，而豪杰金玉尽归任氏，任氏以此起富”④。吴楚七国之乱时，“长

---

① （汉）司马迁：《史记》卷129《货殖列传》，中华书局1959年标点本，第3277、3278页。

② 同上书，第3277页。

③ 同上书，第3279页。

④ 同上书，第3280页。

安中列侯封君行从军旅，赍贷子钱”，子钱家认为关东胜负未决，不愿意贷，而无盐氏“出捐千金贷，其息什之。三月，吴楚平。一岁之中，则无盐氏之息什倍，用此富埒关中”[①]。善于捕捉商机，勇于承担风险才有可能获得更大利润，而冒险并非盲目，是需要智慧的头脑和判断力的。

4. **节俭有道，致富有方。**孔氏“其赢得过当，愈于纤啬，家致富数千金，故南阳贾尽法孔氏之雍容”[②]。成为南阳商人的楷模。“鲁人俗俭啬，而曹邴氏尤盛”，拥有巨万家产，“然家自父兄子孙约，俯有拾，仰有取”；“周人既纤，而师史尤盛”[③]，“富人争奢侈，而任氏折节为俭……以此为闾里率，故富而主上重之”[④]。司马迁说“夫纤啬筋力，治生之正道也”[⑤]。竞相奢靡的社会风气下，拥有万贯家资尚能折节为俭，任何时代都是难能可贵的！

5. **不拘一格，多种经营。**商业经营范围多种多样，商业、高利贷、窖藏、发展畜牧业，不一而足，殊途却能同归。鲁人曹邴氏，“以铁冶起，富至巨万”[⑥]，以其致富的超大影响力改变了邹鲁一带尚儒的社会风尚。周人师史“转毂以百数，贾郡国，无所不至”[⑦]；宣曲任氏“窖仓粟”，“折节为俭，力田畜”[⑧]，富者数世。桥姚“致马千匹，牛倍之，羊万头，粟以万钟计”[⑨]；吴楚七国之乱时，诸侯封君赍贷子钱，无盐氏“出捐千金贷，其息什之”，大规模的商业经营获利丰厚，但需要高额投入，风险大，非人人有能力为之。

小规模经营同样可以致富。正如司马迁所说，“富者必用奇胜。田农，掘业，而秦扬以盖一州。掘冢，奸事也，而田叔以起。博戏，恶业也，而桓发用富。行贾，丈夫贱行也，而雍乐成以饶。贩脂，辱处也，

---

① （汉）司马迁：《史记》卷129《货殖列传》，中华书局1959年标点本，第3280、3281页。

② 同上书，第3278页。

③ 同上书，第3279页。

④ 同上书，第3280页。

⑤ 同上书，第3282页。

⑥ 同上书，第3279页。

⑦ 同上。

⑧ 同上书，第3280页。

⑨ 同上。

而雍伯千金。卖浆，小业也，而张氏千万。洒削，薄技也，而郅氏鼎食。胃脯，简微耳，濁氏连骑。马医，浅方，张里击钟”。“富无经业，则货无常主，能者辐辏，不肖者瓦解。千金之家比一都之君，巨万者乃与王者同乐。岂所谓‘素封’者邪？非也？”[①] 多种途径都可以致富，不仅仅是逐渔盐、冶铁之利，掘冢、博戏、贩油、卖浆、磨刀等被视为贱业的小规模经营也会获得财富，“与王者同乐”，只要不辞劳苦，抓住机遇。“君子爱财，取之有道”，如以“掘冢”这样的“奸事”为手段，是需要慎之又慎的。

秦汉时期，投资最大、获利最多的商人要数在秦国由富商为丞相的吕不韦了。作为商人，吕不韦“往来贩贱卖贵，家累千金”[②]，和其他商人并无突出的相异之处，但是，吕不韦的商业头脑和思维要远远超过一般商人，他能够把在赵国为人质且并不受欢迎的子楚当作“奇货可居”[③] 的商品，拿来“贱买”，等待时机成熟再高价卖出，从中获利，只是这次的“利”远非经济利益可比，而是可以带来包括经济利益在内的其他各方面利益的全方位升值，并且增值空间相当大，使他不仅富甲天下，而且跻身仕途，跃居裂地封侯的“仲父”。

当然，商业经营最直接的目的是求利，《管子·禁藏》篇说：

> 见利莫能勿就，见害莫能勿避，其商人通贾，倍道兼行，夜以继日，千里而不远者，利在前也。渔人之入海，海深万仞，就彼逆流，乘危百里，宿夜不出者，利在水也。故利之所在，虽千仞之山，无所不上；深源之下，无所不入焉。

趋利避害，人性自然状态、自然意识之延续，并不以政权的更迭为界，也难以国家政策的限制而改变。汉初社会经济的逐渐恢复和商品经济的日趋繁荣，商人社会地位的提高，舍本追利逐富之风更盛。秦汉商人因地制宜、因人、因时而宜，吃苦耐劳、折节为俭，眼光独到，积聚

① （汉）司马迁：《史记》卷129《货殖列传》，中华书局1959年标点本，第3282—3283页。

② （汉）司马迁：《史记》卷85《吕不韦列传》，中华书局1959年标点本，第2505页。

③ 同上书，第2506页。

财富，增强经济实力；提高了自身的社会地位，其经营理念和营销策略给后人启迪。

第二节　西汉官员地位的变化

“汉承秦制”已是史家不争的史实。西汉建立后，基本的社会阶级和阶层固定不变，变化的是政策以及政策对社会阶层的影响。新旧王朝更替，会对旧有的社会等级产生颠覆性调整，进而促成社会流动的发生。

一　异姓王覆灭

现实的经济状况是国家政治的基础。“汉兴，接秦之弊，丈夫从军旅，老弱转粮饟，作业剧而财匮，自天子不能具钧驷，而将相或乘牛车，齐民无藏盖。”[①] 荒凉残破的经济，人口大量逃亡，国库困顿，氓隶亡秦，迫使西汉统治者不得不采取现实的措施，调整社会阶层的关系，稳定社会秩序，保护自耕农、释放奴婢的同时，客观上提高劳动者的社会地位，对楚汉战争和西汉初年各社会阶层的地位进行调整。

楚汉战争中，刘邦为打败项羽，先后分封韩信、英布、彭越等7个诸侯王，史称异姓诸侯王。分别是赵王张耳（子张敖袭），都襄国（今河北邢台西南）；长沙王吴芮，都临湘（今湖南长沙）；淮南王英布，都六（今安徽六安）；燕王臧荼（后立卢绾），都蓟（今北京西南）；韩王信，都颍川（今河南禹县）；齐王韩信（后徙为楚王），都下邳（今江苏睢宁西北）；梁王彭越，都定陶（今河南定陶北）。这些诸侯王和刘邦一样都是崛起于社会下层，凭善战或智谋在秦末乱世成长为军事将领，有过辉煌的战绩，为刘邦战胜项羽立下赫赫战功，并拥立刘邦即天子位，有拥戴之功。西汉王朝一统天下，他们则成为手握重兵，不受朝廷约束的重要将领。异姓王占据关东的广大区域，大体相当于战国末年的六国故地，占当时汉朝疆域的一大半，太行山以东原六国旧地只有齐国的地方属于朝廷，其他富庶之地都在诸侯统治

① （汉）司马迁：《史记》卷30《平准书》，中华书局1959年标点本，第1417页。

之下，是中央权力的严重威胁。汉中央直接控制的关中、巴蜀和河南部分地区还错杂着 140 多位功臣的侯国和封君的“汤沐邑”，强枝弱干态势明显。

异姓诸侯王的产生是时代的需要，是凭借武力和刘邦的一时之需，一旦武力被解除或刘邦不再需要，他们便没有了继续存在的理由。出于汉家长远利益的考虑，要保证懦弱的继承人刘盈能够驾驭群臣，唯一和有效的办法便是剪除其中的强者，首选目标自然是拥有大片封地和人口的异姓王。而且，荣华富贵和权力的诱惑随时会驱使这些功臣宿将冒险一搏，这一点，刘邦是非常明白的。彭越、英布不响应紧急征兆既给了刘邦口实，也给他敲响了警钟。从公元前 202 年到公元前 195 年的 8 年之间，刘邦借口他们谋反，杀掉韩信、彭越、英布、臧荼，废张敖（张耳子）为列侯，韩王信入匈奴，仅留下势力最小的吴芮。曾经重兵在握，在楚汉战争中起过举足轻重作用的不可一世的异姓王的地位和他们掌握的权力一起在西汉建立之初，一落千丈。

二 同姓王浮沉

鉴于秦朝外无藩屏，二世而亡的教训，高祖末年陆续分封其子、侄子、弟等刘姓子弟为王，同姓诸侯王疆域辽阔，土地富庶，在景帝中元五年（前 145）以前，一直掌有治国用人的实权，政治势力与经济实力都相当强盛。皇帝自己任选除相以外的官员，临民治国，掌握实权，权力日益膨胀。《史记·汉兴以来诸侯王年表》序：“高祖子弟同姓为王者九国……自雁门、太原以东至辽阳，为燕、代国；常山以南，太行左转，度河、济，阿、甄以东薄海，为齐、赵国；自陈以南，南至九疑，东带江、淮、榖、泗，薄会稽，为梁、楚、淮南、长沙国；皆外接于胡、越。而内地北距山以东尽诸侯地，大者或五六郡，连成数十，置百官宫观，僭于天子。”[①] 占据如此广阔且富庶的国土，拥有行政权的诸侯国，显然是中央政府潜在的分裂力量。

景帝平定“七国之乱”。刘邦旨在以血缘关系为政治支柱，“天下

① （汉）司马迁：《史记》卷 17《汉兴以来诸侯王年表》，中华书局 1959 年标点本，第 801、802 页。

初定，骨肉同姓少，故广强庶孽，以镇抚四海，用承卫天子”①，希望依靠刘氏宗族的力量作为皇权的羽翼。但是同姓诸侯王“大者夸州兼郡，连城数十，宫室百官同制京师”②，在封国内掌握征收赋税、任免官吏、铸造钱币等政治和经济特权。公元前177年，文帝出太原击匈奴，济北王刘兴居发动武装叛乱，开武装反抗中央之端，淮南王刘长步其后尘。公元前154年，吴王刘濞举兵叛乱。景帝在讨平叛乱后，给诸侯王势力以致命打击。“抑损诸侯，减黜其官”③，改王国丞相为相，废除其御史大夫、廷尉、宗正、博士等官，对大夫以下的官吏予以裁减。把王国的行政权和官吏任免权收归中央。王国实际上变成和中央直接统辖的郡一样的地方政权。

武帝时，颁布“推恩令”，“作左官之律，设附益之法”等进一步打击诸侯王势力的政策，“诸侯惟得衣食租税，不与政事”④，不得过问封国政事，封土而不治民。随着诸侯王权力的被剥夺削减，汉初诸侯王割据局面结束。西汉中央政府同异姓诸侯王的斗争，削弱了原来的最高等级内部异姓贵族的社会地位。刘氏同姓诸侯王势力坐大，对中央构成威胁，于是削藩，打击皇室贵族，这一阶层在西汉初年一直是下行流动。《汉书·高五王传》赞曰：“自吴楚诛后，稍夺诸侯权，左官附益阿党之法设。其后诸侯唯得衣食租税，贫者或乘牛车。”⑤ 文、景时期，“（诸侯王）子孙骄益，忘其先祖之艰难，多陷法禁，殒命亡国，或亡子孙。讫于孝武后元之年，靡有孑遗，耗矣”。宣帝时览旧籍“诏令有司求其子孙，咸出庸保之中”，早已褪去皇亲国戚的诱人光环。成帝时，“復加恤问，稍益衰微，不绝如线”，“百余年间而袭封者尽。或绝失姓，或乏无主。朽骨孤于墓，苗裔流于道，生为愍隶，死为转尸”⑥。

政府政策、法令及其变化影响到社会等级变动，旧政权被颠覆，新

① （汉）司马迁：《史记》卷17《汉兴以来诸侯王年表》，中华书局1959年标点本，第802页。

② （汉）班固：《汉书》卷14《诸侯王表》，中华书局1962年标点本，第394页。

③ 同上书，第395页。

④ 同上。

⑤ （汉）班固：《汉书》卷38《高五王传》，中华书局1962年标点本，第2002页。

⑥ （汉）班固：《汉书》卷16《高惠高后文功臣表》，中华书局1962年标点本，第528、529页。

政权的建立，会有大规模的社会流动发生。西汉初年，为维护统治，削弱相权和宗室贵族的权力，原来的社会势力拥有者逐渐丧失或减少其固有的权力，产生向下的社会流动；通过改变选官制度和迁徙，调整与各社会阶层的关系，并在生活方式、车舆服饰以及赋税等方面以政策或法令规定各等级的社会地位。重农抑商，稳定了自耕农的地位，降低了手工业者和商人的地位。释奴令虽非解放所有奴隶，却在一定限度内提高了奴婢的社会地位。原来的统治者权力被剥夺，成为阶下囚，被统治者成为新政权的精英，为将拜相。国家政策下，赫赫战功有时成为覆灭的缘由，皇亲国戚则可以攀龙附凤；有人凭借军功获得政治、经济地位；流民和奴婢转为自耕农，拥有小块土地发展生产。主观上为巩固政权，恢复发展生产和安定社会秩序的政策，客观上利于社会下层地位的改善。

第三节 新朝和东汉官员地位的变化

经历了武帝时代的辉煌之后，西汉政权呈现出衰败的趋势。社会政治日趋黑暗，土地兼并日益剧烈，社会矛盾不断激化，外戚王莽借机“易姓改命”，代汉自立。

一 刘姓宗室从“中衰”到“中兴”

王莽末年，刘氏宗室的政治地位自然受到打压，社会地位下降，皇室身份因为改朝换代不复存在，比如刘般，为汉宣帝玄孙，楚孝王之后，其父纡“袭王封，因值王莽篡位，废为庶人”[①]。刘德子刘向“传至孙庆忌，复为宗正太常。薨，子岑嗣，为诸曹中郎将，列校尉，至太常。薨，传子，至王莽败，乃绝”[②]。从西汉后期开始，刘氏宗室不少人沦为平民，或习学长安，或勤于农事，与庶人无异。光武帝刘秀为长沙定王发之后，九岁为孤儿，由叔父抚养，好稼穑，后学于长安，王莽末年，“避吏新野，因卖穀于苑”。值得一提的是，刘秀与兄长交结天

① （南朝）范晔：《后汉书》卷39《刘般列传》，中华书局1965年标点本，第1303页。
② （汉）班固：《汉书》卷36《楚元王传》，中华书局1962年标点本，第1928页。

下雄俊，如刘秀兄伯升“好侠养士”，“素结轻客，必举大事”，他们这种力图复兴之心态以及相关的活动自然为新一轮的社会变革汇聚力量。随着政治形势的变化，“天下方乱，遂与定谋。于是乃市兵弩”[①]，刘氏宗室再度崛起，纷纷组织兵力举旗反莽。马彪先生指出，从王莽摄政开始到刘秀平定陇、蜀的30年间刘氏宗室经历曲折[②]。新朝建立，他们沦为“新莽统治下的二等臣民”，被夺官夺爵，甚至夺姓，不断被废为庶人；在推翻新朝的斗争中，他们又成为“领导力量”，使“刘氏复兴”的梦想成为现实，重新使刘姓成为国家的主人。

二　“退功臣进文吏”

在农民战争的硝烟中建立的东汉政权，是武将大臣的功劳。战争结束后，国家进入政治和经济的恢复和发展时期，对人才的需求发生改变。刘秀提出新的人才战略——“退功臣进文吏”，偃干戈，修文德。《后汉书·贾复传》记载：“（贾）复知帝欲偃干戈，修文德，不欲功臣拥众京师，乃与高密侯邓禹剽甲兵，敦儒学。”退功臣是这一人才战略的关键，具体做法：一是褒扬封侯。褒扬将帅的建朝之功，军权却被剥夺，给予尊崇的地位和优厚的经济待遇。建武二年（26）春正月，“封功臣皆为列侯，大国四县，余各有差”[③]，刘秀封功臣30余人为列侯，赐给食邑，如封“有谋谟帷幄，决胜千里”，“斩将破军，平定山西”之功的邓禹为鄼侯，食邑万户。建武十三年（37）夏四月，“功臣增邑更封，凡三百六十五人。其外戚恩泽封者四十五人”[④]。大封功臣365人，外戚、恩泽45人，大者数县，小者数百户，各得以享其衣食租税之利。之后，开国功臣“云台二十八将”及李通、窦融等人全部封侯，明帝继续推行褒扬功臣之策。二是奉朝请，不任吏职。“光武鉴前世之违，存矫枉之志，虽寇、邓之高勋，耿贾之鸿烈，分土不过大县数四，

---

① （南朝）范晔：《后汉书》卷1上《光武帝纪上》，中华书局1965年标点本，第1—3页。

② 马彪：《两汉之际刘氏宗室的“中衰”与“中兴”》，《北京师范大学学报》（社会科学版）1995年第5期。

③ （南朝）范晔：《后汉书》卷1下《光武帝纪下》，中华书局1965年标点本，第26页。

④ 同上书，第62页。

所加特进，朝请而已”[1]，“有功，辄增邑赏，不任以吏职，故皆保其福禄，终无诛谴者”。[2] 功臣不再拥有实权实职，朝廷有事时奉请入朝参与，其他时间居家静养。东汉初年的功臣除邓禹、李通、贾复三人奉诏参议国事，多数功臣优游享乐以度天年，能真正参与议政的很少。这一策略巧妙解决了功臣居功自傲，掣肘皇权和皇帝大权独揽的矛盾，“建武之世，侯者百余，若夫数公者，则与参国议，分均休咎”，其他功臣则“优以宽科，完其封禄，莫不终以功名延庆于后”[3]，较之西汉初年诛杀功臣之举高胜一筹。

退功臣的同时，天下俊贤，特别是那些不仕王莽新朝的儒学名士被任以官职。为了广进文吏，刘秀完善了西汉的察举制，建武六年（30）冬十月，诏公卿“举贤良、方正各一人”[4]。七年（31）夏四月，诏“公、卿、司隶、州牧举贤良、方正各一人”[5]。将每年一度的选举固定为制度，不少熟悉典章制度，深谙治国安民之术，求上进勤吏政的士人被充实到官僚机构。

“退功臣进文吏”，使旧有的权力拥有者——大批功臣，虽在官位，却失去了原有的政治地位，悄无声息中被剥夺了对资源和财富的占有量，造成事实上社会地位的降低，同时使一大批读书人进入仕途，分享了功臣们原有的特权和相应的政治、经济地位，社会流动温和地在东汉初年进行着。

三　诸侯王势衰

东汉一代，诸侯王势力在不断削弱。东汉初年的分封根据不同的对象分为两个阶段，从建武元年（25）到建武十一（35）年，封宗室叔侄兄弟为王，后由王降为侯，由侯降为公。建武十五年（39），封刘秀之子十人为公。两年后由公晋爵为王。两类对象，其政治行为受到严格

---

① （南朝）范晔：《后汉书》卷22《马武列传》，中华书局1965年标点本，第787页。

② 同上书，第785页。

③ 同上书，第787页。

④ （南朝）范晔：《后汉书》卷1下《光武帝纪下》，中华书局1965年标点本，第50页。

⑤ 同上书，第52页。

限制，刘秀诏有司申明阿附藩王法。更始子刘鲤结客杀刘盆子兄式侯刘恭，刘秀下诏收捕诸王宾客，千数人牵连致死。因刘鲤交结沛王刘辅，刘辅也坐系诏狱，三日乃出。此后，刘秀更严格限制诸王。东吴诸葛恪说："自光武以来，诸王有制，惟得自娱于宫内，不得临民，干预政事。其与交通，皆有重禁，遂以全安，各保福祚。"[①] 伴随诸王政治势力的削弱，食封也日益减少。永平十五年（72）"（明）帝案地图，将封皇子，悉半诸国。后见而言曰：'诸子裁食数县，于制不已俭乎？'帝曰：'我子岂与先帝子等乎？岁给二千万足矣'"[②]。中央对诸侯王的绝对控制，使其始终未形成与朝廷抗争的力量。

诸侯王的存在是国家的分裂势力，其权力一再被剥夺和削弱，荣耀的社会地位伴随封地的减少自然被降低。相反，自耕农的多少直接关系到国家盛衰强弱，国家会从政策上抑制豪强对土地的兼并，迁徙豪强，酷吏诛杀豪强，限制和降低豪强的社会势力，以保护自耕农的利益，通过限田限奴、赐爵、赐田等方式招抚流民稳定自耕农的地位。从巩固统治出发，两汉政府的政策调整客观上促成了上下阶层社会流动的出现。

不唯秦汉，整个古代社会，皇权都处于社会结构的核心，皇帝权力至高无上，甚至凌驾于法律之上。"君权神授"观念的宣传和提倡，国家政策的制定、出台、调整及改变都仰仗皇帝命令的颁布。各派社会力量、阶层和个人社会地位的提高或降低同样仰仗皇帝个人的意志。皇帝身边的各级官员，尤其是开国功臣们的命运，随着国家形势由战时转向建设更是起伏不定。异姓诸侯王割据、同姓王反叛、功臣集团嚣张共同对并不十分完善和稳固的皇权构成威胁，对分裂国家的力量，政策自然是倾向于打击削弱的。《汉书·杜周传》有段对话："客有谓周曰：'君为天下决平，不循三尺法，传以人主意指为狱'"，杜周回答："三尺法

① （晋）陈寿：《三国志》卷59《吴志·孙奋传》，中华书局1959年标点本，第1373页。

② （南朝）范晔：《后汉书》卷10上《皇后纪上》，中华书局1965年标点本，第410页。

安出哉？前主所是著为律，后主所是疏为令；当时为令，何古之法乎？”[①] 事物的决断并无统一标准，全部依靠“人主”的意旨。社会流动的发生和如何发生，流动到何种程度或限度完全依赖皇权。维护皇权的任何行为，都会受到提倡和赞赏，对维护皇权有利的阶层和个人，有机会实现向上的社会流动，相反侵犯皇权而不一定是违反法律的人都会受到惩罚。“田宅逾制，以强凌弱，以众暴寡”，“侵渔百姓，聚敛为奸”，“怒则任刑，喜则淫赏、烦扰刻暴，剥截黎元”，“选署不平，苟阿所爱，蔽贤宠顽”，“恃怙荣势，请托所监”。“阿附豪党，通行货赂”[②]，对皇权产生威胁的行为，会有一连串的政策和罪名予以打击，根本目的是消除对皇权的威胁，并非是要造福百姓。

皇帝是全国最大的土地所有者，可以随意赏赐土地，汉文帝赏赐幸臣邓通“钜万以十数，官至上大夫”，“赐通蜀严道铜山，得自铸钱，邓氏钱布天下，其富如此”[③]。汉景帝时梁孝王刘武与皇帝是同母兄弟，深得太后宠爱，“赏赐不可胜道。……府库金钱且百钜万，珠玉宝器多于京师”[④]；汉武帝以“钱千万，奴婢三百人、公田百顷，甲第，以赐姊”。又“赐汤沐邑，号修成君”[⑤]。汉昭帝时拜苏武为“典属国，秩中二千石，赐钱二百万，公田二顷，宅一区”[⑥]。占有土地的多少是社会地位高低的主要标志，政治地位的升降与土地财产的增减一致。皇帝按照官员职位的高低授给数量不同的土地，构成中国古代官本位思想的经济前提。

皇帝是政治权力的拥有者和分配者，其诏令制敕代表国家法律，随意任免官吏，调动军队，对任何人可以生杀予夺；皇帝可以根据自己的意愿，主宰任何阶层的富与贵。萧何，官拜相国，爵封列侯，一句话惹恼皇帝，被刘邦打入狱中。董贤因面目姣好，受哀帝宠爱，从小小的郎官升官封侯，“父子专朝，兄弟并宠，多受赏赐，治第宅，造冢圹，放

---

① （汉）班固：《汉书》卷60《杜周传》，中华书局1962年标点本，第2659页。

② （汉）班固：《汉书》卷19上《百官公卿表上》，中华书局1962年标点本，第742页。

③ （汉）班固：《汉书》卷93《佞幸传》，中华书局1962年标点本，第3722、3723页。

④ （汉）司马迁：《史记》卷58《梁孝王世家》，中华书局1959年标点本，第2083页。

⑤ （汉）班固：《汉书》卷97上《外戚传上》，中华书局1962年标点本，第3948页。

⑥ （汉）班固：《汉书》卷54《苏建传》，中华书局1962年标点本，第2467页。

效无极，不异王制，费以万万计，国家为空虚”①，整个家族既富且贵，哀帝一死，董贤在政治和经济上同时败亡，家产全部被抄，自杀而死。皇帝的意志是凌驾于法律之上，天下臣民必须绝对服从的意旨，是独一无二的皇权的代表。

皇权是皇帝所拥有的至高无上的、唯我独尊的、绝对的、处于权力之巅的权力，支配着中国整个社会，也决定着社会分层中各阶层的地位变化，是一切政策的出发点。皇权的实现，其高高在上的特权的维护以及政权的稳固需要一系列的政策保证和在一定时期的调整和理念的灌输。作为皇权统治下的社会阶层和个人，其社会地位的升降、命运的改变与皇权息息相关，只是皇帝刹那间的个人意志而已。可以鱼跃龙门，也可以鱼死网破。

① （汉）班固：《汉书》卷93《佞幸传》，中华书局1962年标点本，第3739页。

第三章　由民而官的主流途径
——接受教育

学习和接受教育虽非影响个体向上流动的唯一条件，却是非常重要的因素，对于职业的获得、经济收入的增加和社会地位、声望的提高意义重大。这一点已经为先秦时人所认识。《吕氏春秋·尊师》记载：

> 子张，鲁之鄙家也，颜涿聚，梁父之大盗也，学于孔子；段干木，晋国之大駔也，学于子夏；高何、县子石，齐国之暴者也，指于乡曲，学于子墨子；索虏参，东方之巨狡也，学于禽滑离。此六人者，刑戮死辱之人也。今非徒免于刑戮死辱也，由此为天下名士显人，以终其寿，王公大人从而礼之。此得之于学也。

《吕氏春秋·博志》载：

> 宁越，中牟之鄙人也，苦耕稼之劳，谓其友曰："何为而可以免此苦也？"其友曰："莫如学。学，三十岁则可以达矣。"宁越曰："请以十岁。人将休，吾将徙，不敢休；人将卧，吾将不敢卧。"十五岁而周威公事之。

即将刑戮之人可以受到王公大人的礼遇，从事耕稼之劳的中牟鄙人一番寒窗苦读后"周威公事之"皆"得之于学也"。

孟子"或劳心，或劳力，劳心者治人，劳力者治于人。治于人者食人，治人者食于人，天下之通义也"的言论可以这样理解，具备大量知识的劳心者，目标是"治人"，担负治理国家的重任，占据较高社会地位。受教育的程度相应成为评价社会等级与地位的标准，与政治权力的分配、社会地位和财富的占有密切相关，有了知识，有了权力和声望，财富也会接踵而至。潦倒之人接受教育，觅得机会跻身官贵行列，便高人一等。孟子传承千载的名言道出教育与社会流动的关系。

当然，接受教育并由此步入仕途并非汉代由民而官的唯一之途。细究之，除察举制外，辅助有征召制、上书言事、入物者补官、入财者得补郎等，还有为军功多者，大者封侯、为卿大夫，小者任郎吏；更有吏得入粟补官等途径。而且，同样是接受教育而后为官，汉代的仕宦途径也不同于唐宋以后的科举渠道。本章选取如此题目，是在汉代背景下，探讨教育对社会流动的作用，探讨秦汉教育政策、教育设施的变化对接受教育者以及对秦汉社会风气的影响。

第一节 教育的缘起与目的

人类社会产生之日起，教育活动便渗透在社会生产、生活的各个方面和角落，发挥着积累和传播知识，促进文化发展和繁荣，推动社会进步的作用，同时也为个人命运的改变提供途径和手段。文献记载和出土实物，都证明中国是世界上文化教育最先发达的国家之一。

一 教育的产生

教育起源于人类传授生产经验和社会生活经验的需要。对史前时代祖先的生产生活，我们更多依靠地下考古发现，原始人群的生活尽管相对简单，也需要教育后代制造和使用生产工具的方法，如何集体采集和狩猎，同毒蛇猛兽进行斗争维持生存，保证集体的生活与安全。氏族公社阶段，教育的获得变得更加有意识。生产上，要教育后代掌握比较先进的生产工具和技术；生活中，选举和讨论公共事务以及祭祀和宗教活动，熟悉本氏族的历史等相关内容；精神品质上，传承勇敢、热爱劳动、团结互助、关心老幼等内容。与后世的教育相较，当时的教育反映出如下特点：其一，教育对象只是年龄、性别和分工的差别，与阶级无关。其二，教育内容围绕生产劳动实践展开，如制造和使用生产工具以及其他生产经验等。其三，教育承担者是生产和生活经验丰富的老者，没有专门人员和专门场所。其四，教育手段通过语言、口耳相传和观察模仿。

伴随贫富分化，脑力劳动、体力劳动的分工，接受教育成为一部分人的特权。文字的出现为学校提供了学习材料和内容。远在四千年前的夏朝，已有类似学校的机关，称之为“校”；商代有了更成熟的文字，设立学校的条件更加成熟，称为“庠”。《汉书》记载“三代之道，乡里有教，夏曰校，殷曰庠，周曰序”[①]，证明最迟在商代已经有了学校和学校教育，学习关于祭祀、军事、乐舞和文字的知识技能。

西周时，王畿内的太学称为“辟雍”，诸侯国的太学称为“泮宫”，接收贵族子弟入学，庶民子弟被排除在校门之外。当时已经有了从中央到地方的比较连贯的学校体系以及以“礼、乐、射、御、书、数”为主要内容的中国最早的课程体系[②]。人类早期的教育都是进行生产和生活技能的传授，包括“六艺”——礼、乐、射、御、书、数基本上也属于行为技能，读书在教学活动中所占比例很小。“国之大事，在祀与戎”，学校教育就是把关于祭祀和作战的知识技能传授给后代。商周时期的学校为官府垄断，具备“学在官府”的特征，教师是政府的官吏。

春秋时代，社会动荡，教育剧变，士阶层崛起，私学作为崭新的教育形式应运而生。在民间私人开始讲学授徒，邓析在郑国聚徒讲习法律和诉讼，孔丘在鲁国讲习六艺，将儒家经典作为教学的主要内容。《荀子·劝学》中，将学习过程概括为“始乎诵《经》，终乎读《礼》”，被视为以读书为主要学习方式的开端[③]。

官学废弛过程中，典籍扩散，文化中心也在转移和形成中。春秋初期，周王室的文化影响最大。周襄王的宫廷内乱后，“司马氏世典周史。惠襄之间，司马氏去周适晋。晋中军随会奔秦，而司马氏入少梁。自司马氏去周适晋，分散，或在卫，或在赵，或在秦”[④]。周景王死后，

---

① （汉）班固：《汉书》卷88《儒林传》，中华书局1962年标点本，第3593、3594页。

② 俞启定、施克灿：《中国教育制度通史》（第一卷）先秦秦汉卷，山东教育出版社2000年版，第2页。

③ 同上书，第278页。

④ （汉）司马迁：《史记》卷130《太史公自序》，中华书局1959年标点本，第3285、3286页。

王子带着王室所藏典籍逃亡楚国，直接造成文化上的迁移，楚国成为当时的文化中心之一，影响了当时的文化和教育。

二　教育目的：学而优则仕

史前时代，教育目的是把前辈的生产技术和经验传授给后代。商周时期，祭祀和作战的知识技能成为学校教育的主要内容，这一时期的学校已经被官府垄断，教育目的开始向着培养国家需要的人才转化。春秋时期，孔子的教育思想以及自身的政治实践将这一目的理论化、明确化。

孔丘被后世称为“至圣先师，儒家宗匠”，祖先为宋国贵族，其曾祖迁到鲁时，已经失去贵族地位。孔子创设“私学”，为春秋战国时期的学术勃兴开创了道路。其教育思想包括教育对象、教学方法、培养目标等丰富内容。这里只选取和本文内容联系密切的教育对象和目的进行论述。

孔子开设“私学”，倡导“有教无类”，《论语·述而》说“自行束脩以上，吾未尝无诲焉”，交上一把干肉，就可以成为孔子的学生。但是能交起“束脩”的人，绝非所有社会成员。相对于“学在官府”而言，教育对象放宽，使中下层社会的子弟有可能通过“学而优则仕”的途径进入官僚系统，利于文化的教育和普及。

孔子认为教育的目的在于培养统治人才——士或君子。士是君子的初级阶段，君子是士发展提高的优秀者。孔子心中的“君子”是品德高尚又德才兼备、精通六艺之人。他把培养人作为实现其仁政、德治政治主张的一条途径，士和君子就是贤臣的后备力量。《论语·先进》说“先进于礼乐，野人也；后进于礼乐，君子也。如用之，则吾从先进”，先学习礼乐而后做官的是平民，有了官位而学习礼乐的是君子，如果选用，赞成选用先学习礼乐的人。贵族垄断教育的“学在官府”，受教育者都是未来的统治者，学与仕不分。这一点在汉代学校教育与选官制度的结合中继续贯彻。春秋时期，诸侯国国君争相养士，私学的创立满足了各诸侯国对士的需要，《论语·卫灵公》说“学也，禄在其中矣”，明确说明学习和接受教育的目的是做官。当然孔丘所说的“士”和“君子”在他那个时代除了对富贵名利的追求外，还有特定的目的和内容。

春秋末期，许多庶民通过接受教育，掌握学术而得仕进，甚至达到很高的职位，孔子的弟子多出身贫寒，战国时的卿相中庶人出身也占相当比例。孔子倡导“仕而优则学，学而优则仕”的培养目标，为学有专长的下层人士参与国家管理开辟了道路，同时主张出仕后还要不断学习，这是春秋后期社会下层人士参与国家政治生活的反映。在我国教育史和选官制度变革上，具有划时代的进步意义。自此“学而优则仕”成为士人的人生目标和努力方向。《汉书·儒林传》言“自武帝立五经博士，开弟子员，设科射策，劝以官禄”，道出汉代国家教育的内容以及教育为仕途之手段和目的的关系。宋真宗赵恒的《劝学诗》所言“富家不用买良田，书中自有千钟粟；安居不用架高堂，书中自有黄金屋；出门莫恨无人随，书中车马多如簇；娶妻莫恨无良媒，书中自有颜如玉；男儿若遂平生志，六经勤向窗前读”可以视为历代接受教育并通过教育获得富贵与荣耀地位，实现完美人生的经验之谈。无疑，无论传统社会还是现代社会，教育都是向上流动的推进器，发挥着为仕途铺路的作用，只是不同时代，教育内容不同罢了。“学而优则仕”从提出之日起，便是一种择优机制，一种筛选机制，更是一种社会流动的途径。

战国时期，士阶层获得较大发展。统治者从巩固政权，完成霸业出发，“养士”之风日盛。“招致诸侯宾客及亡人有罪者，皆归孟尝君。孟尝君舍业厚遇之，以故倾天下之士。食客数千人，无贵贱一与文等”[①]，这一政策为士阶层提供了更为广阔的社会基础。一时间，百家竞相登台，借私学宣传自己的主张，扩大影响。《孟子·滕文公上》记载，农家代表许行，躬耕自食，“徒数百人”；《孟子·滕文公下》记载，孟轲“后车数十乘，从者数百人，以传食于诸侯”。《战国策·齐策》记载“田骈在齐，资养千钟，徒百人”；从师者形成一股社会势力。稷下学宫成为当时学校教育的典范，千年传唱。

商鞅变法时，和愚民政策相伴随，禁止游学，《商君书·垦令》规

① （汉）司马迁：《史记》卷75《孟尝君列传》，中华书局1959年标点本，第2353、2354页。

定，“国之大臣诸大夫，博闻、辩慧、游居之事，皆无得为，无得居游于百县，则农民无所闻变见方。农民无所闻变见方，则知农无离其故事，而愚农不知，不好学问。则务疾农”。《韩非子·和氏》评价说：商鞅“燔《诗》、《书》而明法令，塞私门之请而遂公家之劳，禁游宦之民，而显耕战之士，孝公行之，主以尊安，国以富强”。商鞅之后，秦不断接受关东诸国游士，战国末年，吕不韦“以秦之强，羞不如，亦招致士，厚遇之，至食客三千人”[①]，会聚了持各家之言的大批学者，“士”阶层借助战国时期人才流动的社会环境，上升到更高的社会阶层，践行“学而优则仕”的经典信条。

清代赵翼在《廿二史札记》卷二“布衣将相之局”中指出：

> 自古皆封建诸侯各君其国，卿大夫亦世其官，成例相沿，视为固然。其后积弊日甚，暴君荒主，既虐用其民，无有底止，强臣大族又篡弑相仍，祸乱不已。再并而为七国，益务战争，肝脑涂地，其势不得不变。而数千年世侯世卿之局一时亦难剧变。于是先从在下者起。游说则范雎、蔡泽、苏秦、张仪等徒步而为相。征战则孙膑、白起、乐毅、廉颇、王翦等白身而为将。此已开后世布衣将相之例。

叙述西周时期世卿世禄制固定了人的出身与等级，限制个人才能的发挥，战国社会的动荡却为“在下者”创造了提高社会地位的机会。各诸侯国为了在战争中完成王霸之业，竞相招贤纳士，礼贤养士，所谓“招致宾客游士，欲以并天下”[②]，这一政策为士阶层提供了广阔的施展抱负的平台。新兴的知识分子阶层奔走游说，广交师友，扩大了学术影响，谋求荣华富贵，出则为将，入则为相，以自己的知识和学术为自己谋求了安身立命之所。顾炎武《日知录》“士何事条”条说：

> 春秋以后，游士日多。《齐语》齐桓公为游士八十人，奉以车

① （汉）司马迁：《史记》卷85《吕不韦列传》，中华书局1959年标点本，第2510页。

② （汉）司马迁：《史记》卷6《秦始皇本纪》，中华书局1959年标点本，第223页。

> 马衣裘，多其资币，使周游四方，以号天下贤士，而战国之君遂以士为轻重，文者为儒，武者为侠，呜呼，游士兴而先王之法坏矣！

文中的“游士”首先是，也必须是饱读诗书、满腹经纶并持一家之言的学者，政治地位不高，经济贫困，求取功名的欲望极其强烈。曾是魏相公孙痤家臣的商鞅“少好刑名之学”，入秦后说动了秦孝公，得到秦的高官——大良造。张仪本为魏人，学习权谋纵横之术，满腹韬略，推行“欲令魏先事秦而诸侯效之”[①] 的连横策略，两次为秦相；上蔡监门史举学生甘茂，入秦后做了秦武王的左丞相；范雎、蔡泽成为秦昭王的相国……这些本来很平凡的知识分子因为饱读诗书，要么作为政治、军事思想家，出谋划策；要么成为政治、军事实践家，奔走游说，为各国制定具体的政策、措施，直接处理各国的行政事务；要么培养子弟，周游列国，在特定的时代获取高官厚禄，完成“鱼跃龙门”的华丽蜕变和攀登。李斯应该是这些人中的代表和楷模。

李斯，“楚上蔡人也。年少时，为郡小吏”，《史记·李斯列传》记载“见吏舍厕中鼠食不洁，近人犬，数惊恐之”，而仓库里的老鼠悠然自得，“食积粟，居大庑之下，不见人犬之忧”。他感慨：“人之贤不肖譬如鼠矣，在所自处耳！”有感于“厕中鼠”和“仓中鼠”的不同际遇，李斯不甘寂寞，想干出一番事业来。于是辞去小吏，到齐国求学，拜荀卿为师，“乃从荀卿学帝王之术”。“学已成，度楚王不足事，而六国皆弱，无可为建功，欲西入秦。”经过对各国情况的分析和比较，他认为楚王无所作为，其他各国日暮西山，决定到秦国去。“斯闻得时无怠，今万乘方争时，游者主事。今秦王欲吞天下，称帝而治，此布衣驰骛之时而游说者之秋也。处卑贱之位而计不为者，此禽鹿视肉，人面而能强行者耳。故诟莫大于卑贱，而悲莫甚于贫困。久处卑贱之位，困苦之地，非世而恶利，自托于无为，此非士之情也。故斯将西说秦王矣。”[②] 李斯抓住群雄纷争、立功成名的好机

① （汉）司马迁：《史记》卷70《张仪列传》，中华书局1959年标点本，第2284页。

② （汉）司马迁：《史记》卷87《李斯列传》，中华书局1959年标点本，第2539、2540页。

会，为了摆脱卑贱与贫困，成就功名，利用所学到秦国去实现自己的愿望。

在秦国，李斯很快得到秦相吕不韦的器重，“不韦贤之，任以为郎”。他帮助秦王分析天下形势以及秦国实力的变化，“昔者秦穆公之霸，终不东并六国者，何也？诸侯尚众，周德未衰，故五伯迭兴，更尊周室。自秦孝公以来，周室卑微，诸侯相兼，关东为六国，秦之乘胜役诸侯，盖六世矣”，建议秦王抓住时机吞并六国，“夫以秦之强，大王之贤，由灶上骚除，足以灭诸侯，成帝业，为天下一统”。李斯的“成帝业”主张与秦王的想法不谋而合，“秦王乃拜斯为长史”，他又建议秦王离间各国君臣，“秦王拜斯为客卿”①。

秦王因“郑国案”下逐客令，李斯也在被逐之列。李斯援引秦国强大的史实论证客卿对于国家的重要性，秦王“复李斯官。卒用其计谋，官至廷尉。二十余年，竟并天下，尊主为皇帝，以斯为丞相”。李斯建议拆除郡县城墙，销毁民间的兵器；反对分封制，坚持郡县制；又主张焚烧民间收藏的《诗》《书》等百家语，禁止私学，以加强中央集权的统治。还参与制定了法律，统一车轨、文字、度量衡制度。“又巡狩，外攘四夷，斯皆有力焉。”②

李斯凭借所学，从一个小吏、长史、客卿直至丞相，斗转星移中从“厕中鼠”成为“仓中鼠”，并且成为“人上人”！命运发生了翻天覆地的改变，在辅佐秦王政统一六国和建设国家的事业中起了无可替代的作用，成为战国、秦时期“士”阶层依靠知识改变命运的典范，也证明环境对一个人的影响和塑造不可低估。

先秦时期的“士”阶层，怀揣治国驭邦之术，背负强烈的政治欲望，受到重用。《史记·魏世家》载，魏文侯十七年，魏文侯之子“子击逢文侯之师田子方于朝歌，引车避，下谒。田子方不为礼。子击因问曰：‘富贵者骄人乎？且贫贱者骄人乎？’子方曰：‘亦贫贱者骄人耳。夫诸侯而骄人则失其国，大夫而骄人则失其家。贫贱者，行不合，言不

① （汉）司马迁：《史记》卷87《李斯列传》，中华书局1959年标点本，第2540、2541页。

② 同上书，第2546、2547页。

用，则去之楚、越，若脱躧然，奈何其同之哉！’”[①] 田子方的行为似乎傲慢无礼，其回答正是对自己社会地位的肯定和对自身价值的认定。当然，士阶层也以自己的学术、思想和行为促进了社会文化的繁荣，他们的思想和实践也证明了教育的作用。

第二节　秦汉教育政策

先秦游学之士的人生证明了教育对于摆脱贫贱走向富贵的作用，为汉代知识分子改变命运树立了榜样，汉代更为优越的教育条件和更多的教育机会，察举征辟制的确立和推行，为他们提供了比先秦更有保障的求职途径和谋取仕途的动力，更多人置身学海，对知识和仕途的追求更加热衷，更加积极，更加执着。

一　秦朝教育政策

统一文字。伴随秦政权的统一，文化上统一文字，制定小篆作为标准文字，通用于公文法令。程邈根据当时民间流行的字体，整理出更为简便的新书体——隶书，作为日用文字在全国推广。湖北云梦睡虎地出土的秦简，证明秦朝的官方文书已经使用隶书。先秦古字经过这次整理，字体结构得以简化和定型，对推行政令、传播文化具有重要的促进作用。

“禁私学，以吏为师。”是秦政府为了禁止“以古非今”现象，便于法令得以顺利推行而制定的。李斯认为“诸生不师今而学古，以非当世，惑乱黔首……私学而相与非法教，人闻令下，则各以其学议之，入则心非，出则巷议，夸主以为名，异取以为高，率群下以造谤。如此弗禁，则主势降乎上，党与成乎下。禁之便”，规定民间私藏的诗书百家经书都要送到官府烧掉，“有敢偶语诗书者弃市。以古非今者族”，“若欲有学法令，以吏为师”[②]。

秦朝统治时间短促，“禁私学”效果并不明显，私学在各地秘密存

① （汉）司马迁：《史记》卷44《魏世家》，中华书局1959年标点本，第1838页。
② （汉）司马迁：《史记》卷6《秦始皇本纪》，中华书局1959年标点本，第255页。

在着，陈涉建立“张楚”政权后，“鲁诸儒持孔氏之礼器往归陈王”，汉高祖引兵围鲁时，“鲁中诸儒尚讲诵习礼乐，弦歌之音不绝”①。叔孙通率弟子百余人降汉，为刘邦制定朝议，拜为太常后，进言：“诸弟子儒生随臣久矣，与臣共为仪，愿陛下官之。”刘邦悉以为郎②。作为一种社会力量，教育的作用总会在不同时代，不同条件下，以不同形式表现出来。

二　汉代教育政策与学校规模

西汉建国之初，以道家的“清静无为”为治国指导思想。高祖不喜欢儒生，骂郦食其为“竖儒”③，文帝“好道家之学，以为繁礼饰貌，无益于治，躬化谓何耳，故罢去之”④，景帝时，窦太后好黄老之术。汉武帝即位之初，倾向儒术，赵绾、王臧都以文学为公卿，设立明堂，遣使将 80 多岁的《诗经》专家申公请到宫中。建元五年（前 136）专置五经博士，儒家的《诗》《书》《礼》《春秋》和《易》五种著作被尊崇为经。元光五年（前 130）诏令选举通过一经以上的官吏补考该经官位，用利禄奖励经术。元朔五年（前 124）开办太学，研究儒家经典，培养儒家治术人才。选拔人才方面，设置孝廉、秀才等科。从此，儒术成为利禄之途，学习儒术成为做官的必修之课。经学的繁荣，对于学校的发展以及教材的统一、思想的统一起了一定作用。东汉时，孝廉开始考经术，章帝元和二年（85）令郡国岁贡明经，表现了以经术试士的趋向。

尊儒以后，两汉的官学和私学空前发展起来，逐步建立了中央和地方学校制度，为以后历代的学校制度奠定基础。

（一）汉代官学的规模与特点

汉代已经形成学校教育的体系结构。按教育内容，分为以传授儒家经学为主体的普通教育和其他专门教育两大类。按办学途径分为官学和

① （汉）司马迁：《史记》卷 121《儒林列传》，中华书局 1959 年标点本，第 3116、3117 页。

② （汉）司马迁：《史记》卷 99《叔孙通列传》，中华书局 1959 年标点本，第 2724 页。

③ （汉）司马迁：《史记》卷 97《郦食其列传》，中华书局 1959 年标点本，第 2692 页。

④ （汉）司马迁：《史记》卷 23《礼书》，中华书局 1959 年标点本，第 1160 页。

私学两大类。

西汉初年经济的恢复发展为教育发展创造了物质条件，学校教育在汉武帝时代得以复苏和发展。汉武帝元朔五年（前124）设立太学，作为传授研究学问的最高学府，是汉代太学的开始。太学设于京师，《三辅黄图》记载西汉“太学在长安西北七里有市有狱”，取“大学在郊”之意。陆机的《洛阳记》记载“（东汉）太学在洛阳城南开阳门外，去宫八里，讲堂长十丈，广二丈”①。

太学的学生称“博士弟子”或“弟子”，东汉称“诸生”或“太学生”，生源很广，太常补送、郡国选举、考试、因父任入学，也吸纳贫困子弟入学。随着社会政治经济状况的变化和统治的需要，人数不断增加，从初设时的50人增至百人、千人乃至万人，东汉光武帝时“诸生横巷”。东汉时，樊准上书回顾“博士议郎，一人开门，徒众百数。化自圣躬，流及蛮荒，匈奴遣伊秩訾王大车且渠来入就学”②，匈奴遣子入学，是中国最早接受外邦留学生的记录。

各地有志于学的士人，只要条件允许都可以到太学。东汉“游太学”记载屡见于史籍。仅《儒林列传》《文苑列传》和《方术列传》中有张驯、孔熹、崔骃、任安、崔琦、高彪、唐檀和董扶等人。“游”即非派遣，为自发行为。仅举几例。陈寔，“少作县吏，常给事厮役，为都亭佐，而有志好学，坐立诵读。县令邓绍试与语，奇之，听受业太学”③，县令同意陈寔脱离亭佐之职到太学学习。庾乘，“少给事县廷为门士”，为县衙门卒，郭林宗认为他有学习天赋，“见而拔之，劝游学（宫）［官］，遂为诸生佣”。为诸生打杂，成就学业，“后能讲论，自以卑第，每处下座，诸生博士皆就雠问，由是学中以下座为贵”④，受到师生普遍尊重。还有两入太学者，范式“少游太学，为诸生，与汝南张劭为友”，“式仕为郡功曹”数年“后到京师，受业太学”⑤。

---

① 马端临：《文献通考》卷40《学校一》，中华书局1986年标点本，第381、384页。

② （南朝）范晔：《后汉书》卷32《樊宏列传》，中华书局1965年标点本，第1126页。

③ （南朝）范晔：《后汉书》卷62《陈寔列传》，中华书局1965年标点本，第2065页。

④ （南朝）范晔：《后汉书》卷68《郭符徐列传》，中华书局1965年标点本，第2229页。

⑤ （南朝）范晔：《后汉书》卷81《独行传》，中华书局1965年标点本，第2676、2678页。

也可以被地方举送到太学，兒宽“治《尚书》，事欧阳生。以郡国选诣博士，受业孔安国”①；终军“少好学，以辩博能属文闻于郡中。年十八，选为博士弟子。至府受遣（颜师古注：由郡遣诣京师）②；萧望之，“好学，治《齐诗》，事同县后仓且十年。以令诣太常受业”③；杨终“年十三，为郡小吏，太守奇其才，遣诣京师受业，习《春秋》”④。

家世卑微者多有所见。匡衡，“父世农夫”，“家贫，佣作以供资用”⑤。翟方进，“家世微贱”，“西至京师受经。母怜其幼，随之长安，织屦以给方进”⑥。王章，“为诸生学长安，独与妻居”，“章疾病，无被，卧牛衣中，与妻诀，涕泣”⑦。兒宽，“贫无资用，尝为弟子都养”⑧。桓荣，“少学长安，习《欧阳尚书》，事博士九江朱普。贫窭无资，常客佣以自给，精力不倦”⑨。公沙穆，“来游太学，无资粮，乃变服客佣，为（吴）祐赁舂”⑩。但是，生活的窘迫并不影响学习热情，兒宽，“时行赁作，带经而鉏，休息辄读诵”⑪。桓荣，“精力不倦，十五年不窥家园”⑫。王充受业太学，“家贫无书，常游洛阳市肆，阅所卖书，一见辄能诵忆，遂博通众流百家之言”⑬。

太学生常被官僚贵族斥为“穷巷陋儒”，《盐铁论·忧边》记载，昭帝时盐铁会议上，大夫抨击“欲以闾里之治，而况国家之大事，亦不几矣！发于畎亩，出于穷巷，不知冰水之寒，若醉而新寤，殊不足与言也”。见识浅陋，未见过世面，也反证太学生出身多贫寒，宣帝时贵

① （汉）班固：《汉书》卷58《兒宽传》，中华书局1962年标点本，第2628页。
② （汉）班固：《汉书》卷64《终军传》，中华书局1962年标点本，第2814页。
③ （汉）班固：《汉书》卷78《萧望之传》，中华书局1962年标点本，第3271页。
④ （南朝）范晔：《后汉书》卷48《杨终列传》，中华书局1965年标点本，第1597页。
⑤ （汉）班固：《汉书》卷81《匡衡传》，中华书局1962年标点本，第3331页。
⑥ （汉）班固：《汉书》卷84《翟方进传》，中华书局1962年标点本，第3411页。
⑦ （汉）班固：《汉书》卷76《王章传》，中华书局1962年标点本，第3238页。
⑧ （汉）班固：《汉书》卷58《兒宽传》，中华书局1962年标点本，第2628页。
⑨ （南朝）范晔：《后汉书》卷37《桓荣列传》，中华书局1965年标点本，第1249页。
⑩ （南朝）范晔：《后汉书》卷64《吴祐列传》，中华书局1965年标点本，第2100页。
⑪ （汉）班固：《汉书》卷58《兒宽传》，中华书局1962年标点本，第2628页。
⑫ （南朝）范晔：《后汉书》卷37《桓荣列传》，中华书局1965年标点本，第1249页。
⑬ （南朝）范晔：《后汉书》卷49《王充列传》，中华书局1965年标点本，第1629页。

戚霍山也讥讽“诸儒生多窭人子，远客饥寒，喜妄说狂言”[1]。《礼记·大学志》“礼，士大夫学于圣人、善人，祭于明堂，其无位者祭于太学”[2]，高官子弟有“任子制”的特权照顾，入太学的寥若星辰。

太学教学形式灵活，采用大班上课和高年级辅导低年级相结合，利于彼此交流与切磋。在校从博士学习外，允许在校外请教某经专家，对培养学生自学、钻研和活跃学术是有利的。

伴随阶级矛盾尖锐和外戚、宦官的擅权，太学生的政治运动日益高涨，宦官集团开办鸿都门学与太学对抗。专门招收豪强子弟，开设辞赋、小说和绘画等课程，毕业后予以高官厚禄，内任尚书、侍中，外任刺史和太守等职，优秀者封侯拜爵。它的设立，是统治集团内部争权夺利的结果。作为最早的专门文学艺术大学，客观上也推动了文化的发展和繁荣。

宫邸学是专门为樊、郭、阴、马四姓外戚子弟开办的，称“四姓小侯学”。目的是教育外戚子弟懂得君臣之义，服从统治；邓太后鉴于贵族子弟不学无术的通病，下诏和帝之弟济北王与河间王子弟，不计较性别，专门为5岁以上40余人以及邓氏近亲子孙开办学校，传习经书，对提高贵族的文化素养起了一定作用。

汉武帝时下令天下郡国皆立学校，平帝下令天下立官学。东汉明帝重视地方教育，郡国学校更加发达。刘太祥考察两汉文献，择其典型游学者，制成《汉代游学状况表》，列出106名游学者和他们的籍贯，指出从汉武帝之后，人数由前期的10人增加到44人，籍贯也由之前的中原一隅向四周扩展，明显形成几个中心：齐鲁、中原和巴蜀。游学的地方也由郡国向全国的政治、文化学术中心长安集中，44人中有32人是到长安求学的。东汉一代，范围继续扩大，游学者51人，来自全国三十多个郡国，酒泉、会稽、吴郡、岭南也出现了游学之士。游学地区是地方郡国和京师洛阳，以游学洛阳最多，37人，且主要是游太学[3]。官办学校和名士硕儒为游学之士提供了良好的教学设施和优秀师资，吸引

① （汉）班固：《汉书》卷68《霍光传》，中华书局1962年标点本，第2954页。

② （南朝）范晔：《后汉书》志第八《祭祀中》，中华书局1965年标点本，第3180页。

③ 刘太祥：《汉代游学之风》，《中国史研究》1998年第4期。

了众多的求学之人。

（二）汉代私学的昌盛

私学源于春秋时期，是在西周“学在官府”的废墟和“学术扩散”的新基石上兴起并得到发展的[①]。一般将孔子创办私学，作为最早创办私学的杰出代表。统一后的秦朝禁止私学，《史记·秦始皇本纪》记载“非秦纪皆烧之，非博士官所职，天下敢有藏诗、书、百家语者，悉诣守、尉杂烧之。有敢偶语诗书者弃市。以古非今者卒。吏见知不举者与同罪。令下三十日不烧，黥为城旦”[②]，禁令甚严，但国祚短促，二世而亡。西汉建立，相对宽松的文化政策，使得私学得以恢复发展，汉初学术的传授很大程度仰赖私学，《汉书·儒林传》载：“汉兴，言《易》自淄川田生；言《书》自济南伏生；言《诗》于鲁则申培公，于齐则辕固生，燕则韩太傅；言《礼》，则鲁高堂生，言《春秋》，于齐则胡毋生，于赵则董仲舒。”[③] 叙述了五经各学派之传授系统，各经在未立博士以前皆为私学教授。申公于文帝时以“为诗最精”为博士，而后失官归鲁，“退居家教，终身不出门……弟子自远方至受业者千余人”[④]。曹参“闻胶西有盖公，善治黄老言，使人厚幣请之。既见盖公，盖公为言治道贵清净而民自定，推此类具言之。参于是避正堂，舍盖公焉”[⑤]。田叔“学黄老术于乐钜公”[⑥]。晁错“学申、商刑名于轵张恢生所，与洛阳宋孟及刘带同师”[⑦]，法家也是私家传授。汉初承春秋战国之余蓄，儒家、黄老及法家等几大学派通过私家传授竞相传播，只是儒家思想在民间发展更为普遍，受业弟子不远千里投奔经师大儒。

官办学校的发展，私人讲学之风稍有衰见，但并未歇绝。如韦贤

① 俞启定、施克灿：《中国教育制度通史》（第一卷）：先秦秦汉卷，山东教育出版社2000年版，第93页。

② （汉）司马迁：《史记》卷6《秦始皇本纪》，中华书局1959年标点本，第256页。

③ （汉）班固：《汉书》卷88《儒林传》，中华书局1962年标点本，第3593页。

④ 同上书，第3608页。

⑤ （汉）班固：《汉书》卷39《曹参传》，中华书局1962年标点本，第2018页。

⑥ （汉）班固：《汉书》卷37《田叔传》，中华书局1962年标点本，第1981页。

⑦ （汉）班固：《汉书》卷49《晁错传》，中华书局1962年标点本，第2276页。

“兼通《礼》、《尚书》，以《诗》教授，号称‘邹鲁大儒’”[①]。夏侯始昌“通《五经》，以《齐诗》、《尚书》教授”[②]。薛广德“以《鲁诗》教授楚国，龚胜、舍师事焉”[③]。疏广“明《春秋》，家居教授，学者自远方至”[④]。孔光“为谏大夫，坐议有不合，左迁虹长，自免归教授”[⑤]。翟方进“经学明习，徒众日广，诸儒称之”[⑥]。凡此种种皆为私人讲学。

哀帝、平帝到王莽时期，时势所迫，作为乱世中的宁静之地，私家经学之风转而兴盛。大师之门受业者达数十万人。伏湛的父亲“为当世名儒，以《诗》授成帝，为高密太傅”，伏湛“少传父业，教授数百人……时仓卒兵起，天下惊扰，而湛独晏然，教授不废”[⑦]。刘茂“能习礼经，教授常数百人……会王莽篡位，茂弃官，避世弘农山中教授”[⑧]。刘昆“少习容礼。平帝时受《施氏易》于沛人戴宾……王莽世，教授弟子恒五百余人”[⑨]。索卢放“以《尚书》教授千余人”[⑩]。洼丹“世传《孟氏易》。王莽时，常避世教授，专志不仕，徒众数百人”[⑪]。王良“习《小夏侯尚书》。王莽时，寝病不仕，教授诸生千余人”[⑫]。桓荣“少学长安，习《欧阳尚书》，事博士九江朱普……至王莽篡位乃归。会朱普卒，荣奔丧九江，负土成坟，因留教授，徒众数百人。莽败，天下乱，荣抱其经书与弟子逃匿山谷，虽常饥困而讲论不辍，后复客授江淮间”[⑬]。夏恭“习《韩诗》、《孟氏易》，讲授门徒

① （汉）班固：《汉书》卷73《韦贤传》，中华书局1962年标点本，第3107页。

② （汉）班固：《汉书》卷75《夏侯始昌传》，中华书局1962年标点本，第3154页。

③ （汉）班固：《汉书》卷71《薛广德传》，中华书局1962年标点本，第3046页。

④ （汉）班固：《汉书》卷71《疏广传》，中华书局1962年标点本，第3039页。

⑤ （汉）班固：《汉书》卷81《孔光传》，中华书局1962年标点本，第3353页。

⑥ （汉）班固：《汉书》卷84《翟方进传》，中华书局1962年标点本，第3411页。

⑦ （南朝）范晔：《后汉书》卷26《伏湛列传》，中华书局1965年标点本，第893页。

⑧ （南朝）范晔：《后汉书》卷81《独行传》，中华书局1965年标点本，第2671页。

⑨ （南朝）范晔：《后汉书》卷79上《儒林列传上》，中华书局1965年标点本，第2550页。

⑩ （南朝）范晔：《后汉书》卷81《独行列传》，中华书局1965年标点本，第2674页。

⑪ （南朝）范晔：《后汉书》卷79上《儒林列传上》，中华书局1965年标点本，第2551页。

⑫ （南朝）范晔：《后汉书》卷27《王良列传》，中华书局1965年标点本，第932页。

⑬ （南朝）范晔：《后汉书》卷37《桓荣列传》，中华书局1965年标点本，第1249页。

常千余人。王莽末，盗贼纵横，攻没郡县，恭以恩信为众所附，拥兵固守，独安全”[①]。丧乱之际，大师硕儒们避匿山谷，安贫乐道，隐居不仕王莽政权，以讲学授徒为业，看似消极遁世，实则为弘扬学术、为培养人才而孜孜以求，热忱态度令后人钦佩。成千上万的弟子慕名而来，崇尚其学问和节操，归者如流。王莽时，陈留刘昆聚众讲学，教授弟子五百余人，王莽“以昆多聚徒众”将刘昆本人和其家属投入监狱[②]。王莽称帝，知识分子避世山林，隐姓埋名，“（卓）茂与同县孔休、陈留蔡勋、安众刘宣、楚国龚胜、上党鲍宣六人同志，不仕王莽时，并名重当时”[③]。《后汉书·逸民列传》：“汉室中微，王莽篡位，士之蕴藉义愤甚矣。是时裂冠毁冕，相携持而去者，盖不可胜数。”[④]

东汉初年，名流辈出，陈元、桓谭、杜林、郑兴、贾逵、卫宏等人皆为学者所宗，在王莽末年的乱世中潜心求学终有所成。寇恂、祭遵、冯异、贾复、耿弇、马援等名将通晓儒家经典，文武兼备。东汉之初的几位皇帝大崇儒学，私学更盛，讲学者遍及州里。每一宿儒门下授业以及著录者远胜西汉。丁恭“习《公羊严氏春秋》。学义精明，教授常数百人……诸生自远方至者，著录数千人，当世称为大儒。太常楼望、侍中承宫、长水校尉樊儵等皆受业于恭”[⑤]；魏应“习《鲁诗》。闭门诵习……教授山泽中，徒众常数百人……应经明行修，弟子自远方至，著录数千人”[⑥]；牟长“少习《欧阳尚书》……诸生讲学者常有千余人，著录前后万人”[⑦]；张兴“习《梁丘易》以教授……继而声称著闻，弟子自远方至者，著录且万人，为梁丘家宗”[⑧]；楼望“少习《严氏春

① （南朝）范晔：《后汉书》卷80《文苑列传》，中华书局1965年标点本，第2610页。

② （南朝）范晔：《后汉书》卷79上《儒林列传上》，中华书局1965年标点本，第2550页。

③ （南朝）范晔：《后汉书》卷25《卓茂列传》，中华书局1965年标点本，第872页。

④ （南朝）范晔：《后汉书》卷83《逸民列传》，中华书局1965年标点本，第2756页。

⑤ （南朝）范晔：《后汉书》卷79下《儒林列传下》，中华书局1965年标点本，第2578页。

⑥ 同上书，第2571页。

⑦ （南朝）范晔：《后汉书》卷79上《儒林列传上》，中华书局1965年标点本，第2557页。

⑧ 同上书，第2553页。

秋》……教授不倦，世称儒宗，诸生著录九千余人”[1]；蔡玄“学通五经，门徒常千人，其著录者万六千人”[2]；郑玄“家贫，客耕东莱，学徒相随已数百千人……弟子河内赵商等自远方至者数千”[3]。《后汉书·儒林传》论曰：“其耆名高义开门受徒者，编牒不下万人。”[4] 东汉私人讲学盛况很难一一征引。朱子方统计，讲师103人，籍贯隶属38郡国，证明当时私学分布的普遍。且一郡之中有多至十人者如陈留；有八人者如南阳；有七人者如汝南、扶风，可见各地之文化状况。讲师一般在本籍教授，有客居他地者如桓荣。《后汉书·班固传》之《两都赋》：“四海之内，学校如林，庠序盈门。”虽有歌功颂德之溢美，却也反映了时人向学、思学、慕学的盛况，令后世汗颜，动力来自何方？一句利禄使然恐有以偏赅全之嫌。

私人讲学中妇女授徒值得一提。班昭在和帝时任皇后和妃嫔的老师，兼通天文、算术和经术的邓太后出于她的门下；汉末文学家、书法家蔡邕之女蔡琰，博学有才辩，通音律，笔授曹操派来学习的男性官吏，开后世函授之先河。

官学与私学教授，为广大士人提供了宽广、多渠道的获取知识和扩大交往的机会，利于文化信息的沟通和交流，利于学术思想的精深研究，培养了大批人才，为发展学术文化创造了条件，对推动汉代学术文化的繁荣和发展起了积极作用；大量士子埋头学问，著书立说，利于社会思想和意识的统一，对社会的稳定是有利的。对士人而言，学校教育为他们积累文化素质，获取名声，谋取利禄和名位提供了方便。同时汉代选官制度为求学者提供了博取功名的诱饵，成为游学的动力。

（三）汉代教育政策与选官制度的结合

学校是培养人才的关键，也是实施教育的根本，董仲舒提出“推

---

① （南朝）范晔：《后汉书》卷79下《儒林列传下》，中华书局1965年标点本，第2580页。

② 同上书，第2588页。

③ （南朝）范晔：《后汉书》卷35《郑玄列传》，中华书局1965年标点本，第1207、1208页。

④ （南朝）范晔：《后汉书》卷79下《儒林列传下》，中华书局1965年标点本，第2588页。

明孔氏，抑黜百家。立学校之官，州郡举茂材孝廉”[①] 的具体措施，即兴办太学、实施选士、尊崇儒术 3 项内容。汉武帝元朔五年（前 124）诏书强调“导民以礼，风之以乐”，“其令礼官劝学，讲议洽闻，举遗兴礼，以为天下先”[②]。汉元帝初元二年（前 47）强调“国之将兴，尊师而重傅”[③]。汉章帝建初四年（79）十一月诏书强调“盖三代导人，教学为本”[④]，重教兴学成为汉代以及汉代以后的基本国策之一。汉武帝时正式设立太学，“令天下郡国皆立学校官”[⑤]，完成了官方学校体制的构建。汉武帝在文化教育政策以及选用官吏上主要采取以下措施：

第一，兴太学，置博士。汉武帝尊儒术，重儒经，置五经博士，尊儒家的《诗》《书》《礼》《易》《春秋》为经书。儒学成为打开利禄之门的敲门砖，经学成为汉代教育的主要内容。元朔五年（前 124）公孙弘建议汉武帝劝学兴礼，“为博士官置弟子五十人，复其身。太常择民年十八以上仪状端正者，补博士弟子……一岁皆辄课，能通一艺以上，补文学掌故缺；其高第可以为郎中，太常籍奏”[⑥]。博士弟子满一年后考试，通一经以上补文学掌故缺，特别优秀的做郎中。西汉以博士弟子入仕的有兒宽、朱云、萧望之、匡衡、翟方进以及王嘉等。昭帝时“增博士弟子员满百人，宣帝末增倍之”。元帝时设员千人，“郡国置五经百石卒吏”。成帝“增弟子员三千人”。至王莽时，“增元士之子得受业如弟子，勿以为员，岁课甲科四十人为郎中，乙科二十人为太子舍人，丙科四十人补文学掌故云”[⑦]。

太学是候补官员的出处所在，西汉匡衡、东汉杨伦都是由太学结业任郡文学的。《武荣碑》记载，“久游太学，藐然高厉，鲜于双匹。学优则仕，为州书佐”。《汉书·儒林传赞》称“自武帝立五经博士，开弟子员，设科射策，劝以官禄”[⑧]。《汉书·萧望之传》记载，“以令诣

---

① （汉）班固：《汉书》卷 56《董仲舒传》，中华书局 1962 年标点本，第 2525 页。
② （汉）班固：《汉书》卷 6《武帝纪》，中华书局 1962 年标点本，第 171、172 页。
③ （汉）班固：《汉书》卷 9《元帝纪》，中华书局 1962 年标点本，第 283 页。
④ （南朝）范晔：《后汉书》卷 3《章帝纪》，中华书局 1965 年标点本，第 137 页。
⑤ （汉）班固：《汉书》卷 89《循吏传》，中华书局 1962 年标点本，第 3626 页。
⑥ （汉）班固：《汉书》卷 88《儒林传》，中华书局 1962 年标点本，第 3594 页。
⑦ 同上书，第 3596 页。
⑧ 同上书，第 3620 页。

太常受业"，"以射策甲科为郎"。颜师古注："射策者，谓为难问疑义书之于策，量其大小署为甲乙之科，列而置之，不使彰显。有欲射者，随其所取得而释之，以知优劣。"[①] 将预先拟定的若干问题写在策上叫"策问"，应考者解答叫"对策"，"射"是揣摩、猜测的意思，将策问按等次划分为甲、乙两科分别排列，考生按照自己的程度或官方认定的程度定科，自己随意抽取并回答上面的问题，叫做"射策"，射策中甲科的补为郎官。如何武"诣博士受业，治《易》。以射策甲科为郎"[②]；翟方进"经博士受《春秋》。积十余年，经学明习，徒众日广，诸儒称之。以射策甲科为郎"[③]。匡衡"射策甲科，以不应令除为太常掌故，调补平原文学"[④]，内任掌故，外任文学，是太学生的一般出路。

太学生考试优秀者，太常造册上奏，可任郎官，宿卫宫廷侍奉君主。最低的郎中秩比三百石，但其价值不在官品而在职位。在皇帝身边"近水楼台"，染指权力中枢，参与政务，前途优越。董仲舒对策言"长吏多出于郎中、中郎"，西汉郎中一半可补为县令、长，超升则至谏大夫如刘向，甚至为郡守如京房。东汉郎中升迁之路更广，不乏补为博士者，如张玄、周防。《后汉书·虞诩传》载"台郎显职，士之通阶"，是令人羡慕的职位。《汉旧仪》记载："吏二千石以上视事满三年，得任同产一子为郎。"原来由高官弟子担任的官职现在对博士弟子优秀者开放。

汉武帝置博士弟子员后，博士传授经学，参加朝政，奉使巡察地方。博士任职一定年限后，可以迁补行政官员。博士之长，秦时称仆射，东汉称祭酒。《汉书·百官公卿表》记载："仆射，秦官，自侍中、尚书、博士、郎皆有……取其领事之号。"[⑤]《后汉书·百官志二》云："博士祭酒一人，六百石。本仆射，中兴转为祭酒。"[⑥] 博士俸禄初为四百石，宣帝时增加为比六百石，东汉为六百石，相当于县令。虽秩卑职

① （汉）班固：《汉书》卷 78《萧望之传》，中华书局 1962 年标点本，第 3272 页。
② （汉）班固：《汉书》卷 86《何武传》，中华书局 1962 年标点本，第 3481 页。
③ （汉）班固：《汉书》卷 84《翟方进传》，中华书局 1962 年标点本，第 3411 页。
④ （汉）班固：《汉书》卷 81《匡衡传》，中华书局 1962 年标点本，第 3331 页。
⑤ （汉）班固：《汉书》卷 19《百官公卿表》，中华书局 1962 年标点本，第 728 页。
⑥ （南朝）范晔：《后汉书》志 25《百官二》，中华书局 1965 年标点本，第 3572 页。

尊，却容易升迁，内迁可以任太常、侍中，外迁可为郡国守相，诸王太傅或刺史、州牧。立为博士并非所有人的最终目的，而是以此为跳板进入九卿或三公。西汉薛广德、贡禹、师丹、何武位至御史大夫，韦贤、张禹、匡衡官至丞相，东汉伏恭、刘弘至司空，鲁恭迁至司徒。西汉以博士入官的有贾谊（吴公荐为博士）、董仲舒、疏广、薛广德、彭宣、贡禹、韦贤、夏侯胜、辕固、后苍、韩婴、胡毋生、严彭祖、江公。以太常掌故入官：晁错（以文学充）；以博士弟子入官有息夫躬、兒宽、终军、朱云、眭弘（明经）、萧望之（射策甲科）、匡衡（射策甲科）、马宫（射策甲科）、翟方进（射策甲科）、何武（射策甲科）、王嘉（射策甲科）、施雠、房凤（射策乙科）、召信臣（射策甲科）。东汉以博士入官的有蔡茂、承宫、郎顗、曹褒、卢植、戴凭、欧阳歙、牟长、杨伦及魏应等人。

能拜为博士，是士的最佳出路了。公孙弘以贤良征为博士，师丹"州举茂才，复补博士"①，平当"以明经为博士"②。鲍宣上书："故大司空何武、师丹、故丞相孔光，故左将军彭宣，经皆更博士，位皆历三公。"③ 按达到的官品看，西汉升至三公的，为丞相者蔡义、公孙弘、韦贤、匡衡、张禹、平当、孔光、翟方进；为御史大夫者薛广德、禹贡、彭宣和为大司空的师丹，东汉有鲁恭（司徒）、伏恭和刘弘（司空）。按升迁的官职，据张汉东的《论秦汉博士制度》统计，汉代博士178人，初迁可考者50人，其中直升九卿者4人，任郡守、尉、诸侯王国相、太傅者15人，任诸大夫、侍中者18人，任刺史、州牧者5人，按官秩划分，秩比二千石以上者36人，八百石以上者8人，即超迁者占88%，官运亨通。博士的地位和待遇，直升中央要职和郡国行政长官的前程，强烈吸引每一位士人发奋苦读。

第二，重选举，广取士，贤良有才的官吏子弟和平民子弟都可被选为官吏，察举作为一项选官制度明确下来。公元前196年，汉高祖刘邦下令从郡国推举有治国才能的贤士大夫。《汉书·文帝纪》载，文帝前

① （汉）班固：《汉书》卷86《师丹传》，中华书局1962年标点本，第3503页。
② （汉）班固：《汉书》卷71《平当传》，中华书局1962年标点本，第3048页。
③ （汉）班固：《汉书》卷72《鲍宣传》，中华书局1962年标点本，第3090页。

元二年（前178）下诏“举贤良方正能直言极谏者”[①]；十五年（前165）“诸侯王公卿郡守举贤良能直言极谏者”[②]。汉武帝时期，察举发展为比较完备的选官制度。以儒术取士，将汉文帝时“贤良”“孝廉”之选明文规定下来，《汉书·武帝纪》记载建元元年（前140）冬十月，“诏丞相、御史、列侯、中二千石、二千石、诸侯相举贤良方正直言极谏之士”[③]。凡列侯、丞相、刺史、守、相等推举，经过考核，任以官职。取消财产限制。其二为“征召”，征召有一定能力但不肯出仕者，皇帝召见，确有才能者授予官职。

察举征辟制的推行成为获知求仕的激励和促进，杜乔、高彪、张武和戴封举孝廉，李业和魏应举明经，范式举茂才，魏朗为公府所辟。得到最高统治者欣赏，立刻擢升。以上选官制度，辅之以“公车上书”之制，即天下吏民上书言事，有可取者，即以其所长授以官职，终军就因为上书言事，被武帝看中，拜为谒者，给事中。

西汉文化教育迅速发展，选官取士也开始制度化，有了比较明确的标准，经学成为汉代教育的主要内容为后世继承。西汉元帝时，儒学被奉为统治思想。东汉初年，光武帝多次征召天下俊贤，完善西汉以来的察举制。建武六年（30）诏令“公卿举贤良方正各一人”[④]。七年又诏“公、卿、司隶、州牧举贤良方正各一人”[⑤]，三公和监察御史司隶州牧举茂才各一人，将每年一度的选举固定为制度。政策的明确化、固定化也为士人入仕明确了方向。通经的多少成为衡量授以官职大小的主要依据。儒生由汉初的只通一经发展为兼通几经乃至通五经，从此，儒家学说主宰了两千多年的正统教育，影响深远。

读书与为官、与财富、与社会地位的改善紧密相关。夏侯胜授经时对诸生说：“士病不明经术；经术苟明，其取青紫如俯拾地芥耳。”[⑥] 精通经术意味着政治、经济财富的获得，意味着政治、经济权力的拥有。

---

① （汉）班固：《汉书》卷4《文帝纪》，中华书局1962年标点本，第116页。

② 同上书，第127页。

③ （汉）班固：《汉书》卷6《武帝纪》，中华书局1962年标点本，第155、156页。

④ （南朝）范晔：《后汉书》卷1《光武帝纪》，中华书局1965年标点本，第50页。

⑤ 同上书，第52页。

⑥ （汉）班固：《汉书》卷75《夏侯胜传》，中华书局1962年标点本，第3159页。

韦贤、韦玄成父子皆以明经位至丞相，其家乡邹鲁一带谚语："遗子黄金满籯，不如一经。"[①] 邹鲁作为儒学发祥地，西汉初年叔孙通来此地征召儒生入朝，两名弟子拒绝，理由是"公所事者且十主，皆面谀以得亲贵。今天下初定，死者未葬，伤者未起，又欲起礼乐。礼乐所由起，积德百年而后可兴也。吾不忍为公所为。公所为不合古，吾不行。公往矣，无傛我！"[②] 如此重礼乐的地方在百余年后竟公然谈起读书与富贵的关系，其他地方的观念可想而知。进入仕途，就意味着声望和财富以及来自社会其他阶层的认可和仰慕。知识和教育提高了读书人的社会地位和社会身份，并形成巨大的吸引和刺激的动力，给出身贫寒的下层之士创造了社会流动的机会和方式，搭建起下层通往上层社会的桥梁，即便很窄，也充满希望，他们对此乐此不疲。同时这一桥梁似乎缩短了等级间的距离，弱化了社会等级的不合理性，社会等级间的差异悄无声息间弱化，只是因为不同等级间的成员有了国家政策认可的循环途径，人人都向着高一个阶梯攀爬，而不去思考人分为三六九等是否合理，也保证了统治集团的活力和生机。

班固指出："自武帝立五经博士，开弟子员，设科射策，劝以官禄，讫于元始，百有余年，传业者寖盛，支叶蕃滋，一经说至百余万言，大师众至千余人，盖利禄之路然也。"[③]《后汉书》云："怀禄以图存者，仕子之恒情。"[④] 光武帝时以治《欧阳尚书》的桓荣"为少傅，赐以辎车、乘马。荣大会诸生，陈其车马、印绶"，说道："今日所蒙，稽古之力也，可不勉哉！"[⑤]

第三节　孜孜以求的利禄之路

汉代，儒学成为统治思想，儒家五经成为教育的主要内容，经学成

---

① （汉）班固：《汉书》卷 73《韦玄传》，中华书局 1962 年标点本，第 3107 页。

② （汉）司马迁：《史记》卷 99《叔孙通列传》，中华书局 1959 年标点本，第 2722 页。

③ （汉）班固：《汉书》卷 88《儒林传》，中华书局 1962 年标点本，第 3620 页。

④ （南朝）范晔：《后汉书》卷 44《邓张徐张胡列传》，中华书局 1965 年标点本，第 1512 页。

⑤ （南朝）范晔：《后汉书》卷 37《桓荣列传》，中华书局 1965 年标点本，第 1251 页。

为取官食禄的工具。教育与选官制度紧密结合，激励更多人以饱满的热情投入经学的学习和研究，为成为“治人”的“劳心者”和政治权力的掌握者孜孜以求。汉代的教——学——官的链条上呈现出如下的画面：大批为官或隐居教授的名师硕儒，成就斐然，而作为弟子门生的学子们寒窗苦读，刻苦不倦，长途跋涉拜访名师，精进学术，广植人脉；门生故吏，师生互为提携，可圈可点。

一 渊博人师

汉代私学发达，涌现出一批经师大儒，一面做官，一面收录弟子，或在罢官归乡后自立“精舍”办学授徒，为不能进入官学的学生精进学业提供方便。伏生、申公、叔孙通、公孙弘、董仲舒、夏侯胜、薛广、韦贤、疏广、丁宽、施雠、孟喜、梁丘贺等，莫不教授生徒。加之利禄诱惑，读书上进之人日增。学生人数多至万六千人者，少亦数百人。如刘昆在平帝时“受《施氏易》于沛人戴宾”，“王莽世，教授弟子恒五百余人……拜骑都尉。诏赐洛阳邸舍，以千石禄其终身”[①]；洼丹“世传《孟氏易》。王莽时，常避世教授，专志不仕。徒众数百人。建武初，为博士”，后为大鸿胪[②]。

有的讲学者成为教授，如西汉的韦贤、夏侯始昌、疏广、薛广德以及东汉的桓荣、薛汉、丁恭、范升、张兴、甄宇、周泽、杜抚、杨仁、牟融、阳鸿、鲁丕、程曾、高凤、挚恂、蔡玄、杨秉、窦武、郑玄、卢植、任安等皆因教授扬名而后被征召或荐举入仕。有身为官员依旧讲授不辍者：孔光“自为尚书，止不教授，后为卿，时会门下大生讲问疑难，举大义云”[③]，董钧“累迁五官中郎将，常教授门生百余人”[④]。丁恭、魏应、牟长、张兴、楼望等都是在官同时讲授。

《汉书·儒林传》赞曰：“一《经》说至百余万言，大师众至千余

① （南朝）范晔：《后汉书》卷79上《儒林列传上》，中华书局1965年标点本，第2549、2550页。

② 同上书，第2551页。

③ （汉）班固：《汉书》卷81《孔光传》，中华书局1962年标点本，第3364页。

④ （南朝）范晔：《后汉书》卷79下《儒林列传下》，中华书局1965年标点本，第2577页。

人"[①]，《汉书·艺文志》注引桓谭《新论》云："秦近君能说《尧典》，篇目两字之说至十余万言；但说'曰若稽古'三万言。"[②] 汉代经师以善说为贵由是可见。又如匡衡能说《诗》，诸儒之语曰"无说《诗》，匡鼎来；匡说《诗》，解人颐"[③]。光武时"令群臣能说经者更相诘难，义有不通，则夺其席以益通者，（戴）凭遂重坐五十余席。故京师为之语曰：'解经不穷戴侍中。'"[④] 这样的政策对儒生也是激励和鞭策。汉代私塾讲学状况和经师的博学跃然纸上。

有的人博学诸长，问学非一，司马谈"学天官于唐都，受《易》于杨何，习道论于黄子"[⑤]；夏侯胜"少孤，好学，从（夏侯）始昌受《尚书》及《洪范五行传》，说灾异。后事蔄卿，又从欧阳氏问。为学精熟，所问非一师也"[⑥]；萧望之"治《齐诗》，事同县后仓且十年。以令诣太常受业，复事同学博士白奇，又从夏侯胜问《论语》、《礼服》"[⑦]；卫宏"从曼卿受学，因作《毛诗序》……后从大司空杜林更受《古文尚书》"[⑧]；张酺"少从祖父充受《尚书》，能传其业。又事太常桓荣。勤力不怠，聚徒以百数"[⑨]，淳厚笃实的学风，涌现了大批名士硕儒，经学大师。

《诗》分鲁、齐、韩三家传授。申公弟子王臧，景帝时为太子少傅，武帝时得到重用。弟子为博士者如孔安国、周霸、夏宽、鲁赐、缪生、徐偃、阙门庆忌等十余人，"其治官民皆有廉节称。其学官弟子行虽不备，而至于大夫、郎、掌故以百数"，弟子中"瑕丘江公尽能传之，徒众最盛。及鲁许生、免中徐公，皆守学教授"[⑩]。《齐诗》起源于

① （汉）班固：《汉书》卷88《儒林传》，中华书局1962年标点本，第3620页。

② （汉）班固：《汉书》卷30《艺文志》，中华书局1962年标点本，第1724页。

③ （汉）班固：《汉书》卷81《匡衡传》，中华书局1962年标点本，第3331页。

④ （南朝）范晔：《后汉书》卷79上《儒林列传上》，中华书局1965年标点本，第2554页。

⑤ （汉）司马迁：《史记》卷130《太史公自序》，中华书局1959年标点本，第3288页。

⑥ （汉）班固：《汉书》卷75《夏侯胜传》，中华书局1962年标点本，第3155页。

⑦ （汉）班固：《汉书》卷78《萧望之传》，中华书局1962年标点本，第3271页。

⑧ （南朝）范晔：《后汉书》卷79下《儒林列传下》，中华书局1965年标点本，第2575页。

⑨ （南朝）范晔：《后汉书》卷45《张酺列传》，中华书局1965年标点本，第1528页。

⑩ （汉）班固：《汉书》卷88《儒林传》，中华书局1962年标点本，第3608页。

辕固，弟子萧望之官至前将军；匡衡善说诗，官至丞相。匡衡授《诗》于师丹、伏理及满昌，师丹官至大司空。伏理子伏湛光武帝时任大司徒，自欧阳高传尚书，至欧阳歙“八世皆为博士”[①]，光武帝时欧阳歙官至大司徒[②]。林尊师事欧阳高，为博士，“授平陵平当、梁陈翁生”，“欧阳有平、陈之学”，平当为博士，哀帝时官至丞相，“受九江朱普公文、上党鲍宣，普为博士，宣司隶校尉”[③]。陈翁生授殷崇，龚胜；殷崇任博士，龚胜任光禄大夫。桓荣师事朱普，光武帝时入授太子（明帝）《尚书》，拜博士，太常。明帝即位后，其子桓郁入授太子（章帝）经，复入教授和帝，任太常。桓郁之子桓焉又入授安帝，顺帝为皇太子，桓焉为太子少傅，迁太傅。桓氏祖孙三代，历任东汉前期六位皇帝的老师。桓氏门生，如丁鸿，有“殿中无双丁孝公”的美誉，官至司徒，门徒“远方至者数千人”[④]。张酺“少从祖父充受《尚书》……聚徒以百数”，在明帝时以《尚书》教授于四姓小侯学，入授皇太子，和帝时官至太尉[⑤]。有“关西孔子杨伯起”美誉的杨震“受《欧阳尚书》于太常桓郁，明经博览”，安帝时官至太尉[⑥]。

夏侯胜为大夏侯学始师，“少孤，好学，从始昌授《尚书》及《洪范五行传》”[⑦]，说灾异，注重以经术施以政务，弟子黄霸官至丞相，《汉书·循吏传》载“自汉兴，言治民，以霸为首”，弟子周堪“与孔霸俱事大夏侯胜。霸为博士，堪译官令，论于石渠，经为最高，后为太子少傅”[⑧]。孔霸子孔光在王莽辅政时任平帝太傅，徙为太师。

汉代尊师重教风气浓厚。皇帝的老师，所获得的尊崇更是令人神往的。扬雄在《法言·问明》中说“呱呱之子，各识其亲；譊譊之学，

---

① （南朝）范晔：《后汉书》卷79上《儒林列传上》，中华书局1965年标点本，第2555页。

② 同上书，第2556页。

③ （汉）班固：《汉书》卷88《儒林传》，中华书局1962年标点本，第3604页。

④ （南朝）范晔：《后汉书》卷37《桓荣列传》，中华书局1965年标点本，第1264页。

⑤ （南朝）范晔：《后汉书》卷45《张酺列传》，中华书局1965年标点本，第1528、1532页。

⑥ （南朝）范晔：《后汉书》卷54《杨震列传》，中华书局1965年标点本，第1759、1763页。

⑦ （汉）班固：《汉书》卷75《夏侯胜传》，中华书局1962年标点本，第3155页。

⑧ （汉）班固：《汉书》卷88《儒林传》，中华书局1962年标点本，第3604页。

各习其师”，将学术继承关系与血缘关系并提。皇帝不会把自己的老师当成普通臣子对待，《礼记·学记》中有“大学之礼，虽诏于天子无北面，所以尊师也”。汉明帝对桓荣“尊以师礼”“乘舆尝幸太常府，令荣坐东面，设几杖，会百官骠骑将军东平王苍以下及荣门生数百人，天子亲自执业，每言辄曰‘大师在是’”，“荣每疾病，帝辄遣使者存问，太医相望于道”，“帝幸家问起居，入街下车，拥经而前，抚荣垂涕，赐以床茵、帷帐、刀剑、衣被，良久乃去”，“荣卒，帝亲自变服，临丧送葬，赐冢茔于首山之阳”①。明帝因此成为尊师的典范名留青史，桓荣也因无上的尊荣激励后来者。韦贤、萧望之、张禹、孔光均以教授过君主而备受尊崇，官至极品。张禹为成帝时丞相，有师傅恩，不失时机向成帝提出“老臣有四男一女，爱女甚于男。远嫁为张掖太守萧咸妻，不胜父子私情，思与女相近”。上即时徙萧咸为弘农太守②，萧咸因为岳父张禹为皇帝的老师，从偏远的张掖太守徙弘农太守。又拜张禹“未有官”的少子黄门给事中。

学生做了高官，给予老师高于普通人的礼遇。于定国为廷尉，“迎师学《春秋》，身执经，北面备弟子礼”③；谒焕曾是汝南廖扶的学生，后来官至汝南太守，“未到，先遣吏修门人之礼，又欲擢扶子弟”④。龚舍桃李满天下，归乡里，“郡二千石吏初到官皆至其家，如师弟子之礼”⑤。汉碑中常见有弟子门生量力出丧葬及建碑用度。《鲁峻碑》阴刻出资者 42 人，门生 37 人，门生出资占到总数的 82.9%。

经学大师的涌现及其言传身教对于一定区域内的社会风尚、民风民俗产生潜移默化的影响。楼望“陈留雍丘人也。少习《严氏春秋》。操节清白，有称乡闾”⑥。杜抚“少有高才。受业于薛汉，定《韩诗》章

---

① （南朝）范晔：《后汉书》卷 37《桓荣列传》，中华书局 1965 年标点本，第 1253 页。

② （南朝）范晔：《后汉书》卷 54《杨震列传》，中华书局 1965 年标点本，第 1781 页。

③ （汉）班固：《汉书》卷 71《于定国传》，中华书局 1962 年标点本，第 3042 页。

④ （南朝）范晔：《后汉书》卷 82 上《方术列传上》，中华书局 1965 年标点本，第 2720 页。

⑤ （汉）班固：《汉书》卷 72《龚舍传》，中华书局 1962 年标点本，第 3084 页。

⑥ （南朝）范晔：《后汉书》卷 79 下《儒林列传下》，中华书局 1965 年标点本，第 2580 页。

句。后归乡里教授。沉静乐道，举动必以礼。弟子千余人”[①]。这样的道德教化功能远比烦琐说教更有效，孙期隐居大泽中奉养老母的同时传授经典，“家贫，事母至孝，牧豕于大泽中，以奉养焉。远人从其学者，皆执经垄畔以追之，里落化其仁让。黄巾贼起，过期里陌，相约不犯孙先生舍”[②]；蔡衍“少明经讲授，以礼让化乡里。乡里有争讼者，辄诣衍决之，其所平处，皆曰无怨”[③]；郑玄“自徐州还高密，道遇黄巾贼数万人，见玄皆拜，相约不敢入县境”[④]。王莽末，包咸在归乡途中被赤眉军捉住，“遂见拘执。十余日，咸晨夜诵经自若，贼异而遣之。因住东海，立精舍讲授”[⑤]。义愤填膺的起义军也会被经师们的人格魅力和对经典的虔诚所感化，可见当时儒学的影响力。经师与儒学相辅相成，经学成就了大师，大师传播了儒学，儒学使大师声名远播。

二　勤奋学子

学生发奋攻读坚持不懈者屡见于汉代史籍。董仲舒“三年不窥园”，颜师古注：“虽有园圃，不窥视之，言专学也。”[⑥] 王充的《论衡·儒增》对“三年不窥园”提出质疑，“仲舒虽精，亦时解休。解休之间，犹亦游于门庭之侧，能至门庭，何嫌不窥园菜？闻用精者，察物不见，存道以亡身；不闻不至门庭，坐视三年，不及窥园也”。《后汉书·何休传》有“覃思不窥门，十有七年”[⑦] 之说，表达内容上似乎有些夸张，但主旨在于表达读书人的用心用神，努力与勤奋、刻苦，不必专注于史家的咬文嚼字，而应看到这样的精神对后来读书者的激励。

环境的艰辛，即便家庭困苦、条件恶劣但并不影响学子对知识的渴

① （南朝）范晔：《后汉书》卷79下《儒林列传下》，中华书局1965年标点本，第2573页。

② （南朝）范晔：《后汉书》卷79上《儒林列传上》，中华书局1965年标点本，第2554页。

③ （南朝）范晔：《后汉书》卷67《党锢列传》，中华书局1965年标点本，第2208页。

④ （南朝）范晔：《后汉书》卷35《郑玄列传》，中华书局1965年标点本，第1209页。

⑤ （南朝）范晔：《后汉书》卷79下《儒林列传下》，中华书局1965年标点本，第2570页。

⑥ （汉）班固：《汉书》卷56《董仲舒传》，中华书局1962年标点本，第2495页。

⑦ （南朝）范晔：《后汉书》卷79下《儒林列传下》，中华书局1965年标点本，第2583页。

望和热情。朱买臣家贫“常艾薪樵，卖以给食”[①]，妻子弃他而去，依旧矢志不移；《西京杂记》卷二记载，匡衡少时勤学，当地一位大户家的藏书很多，匡衡表示愿意为他家无偿做工，唯一条件是“愿得主人书遍读之”，“勤学而无烛，邻居有烛而不逮，衡乃穿壁引其光，以书映光而读之”；兒宽“受业孔安国。贫无资用，尝为弟子都养，时行赁作，带经而鉏，休息而读诵”[②]，夏侯胜、黄霸身陷囹圄“系再更冬，讲论不怠”[③]。

刘秀“当兵马之务，手不释卷”[④]，路温舒放羊时，“取泽中蒲，截以为牒，编用写书”[⑤]；曹褒“少笃志，有大度”，“昼夜研精，沉吟专思，寝则怀抱笔札，行则诵习文书，当其念至，忘所之适”[⑥]；承宫“年八岁为人牧豕”，路过徐子盛之私塾，“乐其业，因就听《经》，遂请留门下，为诸生拾薪。执苦数年，勤学不倦”[⑦]；王充“家贫无书，常游洛阳市肆，阅所卖书，一见辄能诵忆，遂博通众流百家之言”[⑧]；刘梁“宗室子孙，而少孤贫，卖书于市以自资”[⑨]；吴祐，父亲曾是南海太守，丧父后，“常牧豕与长垣泽中，行吟经书。遇父故人，谓曰：‘卿二千石子而自业贱事，纵子无耻，奈先君何?’祐辞谢而已，守志如初。……以光禄四行迁胶东相”[⑩]；公沙穆游太学时，“无资粮，乃变服客傭，为祐赁舂”，两人“遂共定交于杵臼之间”[⑪]；申屠蟠“家贫，傭为漆工”[⑫]，深受当时士人郭太和蔡邕器

---

① （汉）班固：《汉书》卷64《朱买臣传》，中华书局1962年标点本，第2791页。

② （汉）班固：《汉书》卷58《兒宽传》，中华书局1962年标点本，第2628页。

③ （汉）班固：《汉书》卷75《夏侯胜传》，中华书局1962年标点本，第3157页。

④ （晋）陈寿：《三国志》卷54《吴书·吕蒙传》注引《江表传》，中华书局1959年标点本，第1275页。

⑤ （汉）班固：《汉书》卷51《路温舒传》，中华书局1962年标点本，第2367页。

⑥ （南朝）范晔：《后汉书》卷35《曹褒列传》，中华书局1965年标点本，第1201、1202页。

⑦ （南朝）范晔：《后汉书》卷27《承宫列传》，中华书局1965年标点本，第944页。

⑧ （南朝）范晔：《后汉书》卷49《王充列传》，中华书局1965年标点本，第1629页。

⑨ （南朝）范晔：《后汉书》卷80《文苑列》，中华书局1965年标点本，第2635、2639、2640页。

⑩ （南朝）范晔：《后汉书》卷64《吴祐列传》，中华书局1965年标点本，第2099页。

⑪ 同上书，第2100页。

⑫ （南朝）范晔：《后汉书》卷53《申屠蟠列传》，中华书局1965年标点本，第1751页。

重；邴原“十一而丧父，家贫，早孤。邻有书社，原过其旁而泣。师问曰：‘童子何悲？’原曰：‘孤者易伤，贫者易感。夫书者，必皆具有父兄者，一则羡其不孤，二则羡其得学，心中恻然而为涕零也。’师亦哀原之言而为之泣曰：‘欲书可耳！’答曰：‘无钱资。’师曰：‘童子苟有志，我徒相教，不求资也。’于是遂就书。一冬之间，诵《孝经》、《论语》”①。孤苦无依的生存状态，读书的愿望却强烈难耐。

为了读书，家贫可以经商，刘梁卖书自给，张楷卖药自给，“家贫无以为业，常乘驴车至县卖药”②；可以耕稼务农，郑玄“家贫。客耕东莱，学徒相随已数百千人”③，徐稺“家贫，常自耕稼，非其力不食”④；可以养猪如孙期、承宫和吴祐；可以受人雇佣去打工如申屠蟠、公沙穆。曾经的贫寒和从事过贱业并不会影响将来的前途，多被举荐而任以官职。上文提到的刘梁“桓帝时，举孝廉，除北新城长……特召入拜尚书郎，累迁”⑤；公孙弘是牧猪者，被推为贤良文学，拜博士，成为汉代第一个无爵拜相之人，“公孙弘起徒步，数年至丞相，开东阁，延贤人与谋议，朝觐奏事，因言国家便宜”⑥。东海人匡衡，“父世农夫，至衡好学，家贫。庸作以供资用”，以儒学显名后，历任博士、光禄大夫、太子少傅、光禄勋、御史大夫，直至丞相，封乐安侯⑦。其子匡威也以明经为九卿，“家世多为博士者”⑧成为当地世族。申屠蟠，先后被太尉和大将军征辟，后来被朝廷征为博士，未就职⑨。东海兰陵人萧望之，“家世以田为业，至望之，治《齐诗》。事同县后仓且十

① （晋）陈寿：《三国志》卷11《魏志·邴原传》，中华书局1959年标点本，第350、351页。

② （南朝）范晔：《后汉书》卷36《张楷列传》，中华书局1965年标点本，第1243页。

③ （南朝）范晔：《后汉书》卷35《郑玄列传》，中华书局1965年标点本，第1207页。

④ （南朝）范晔：《后汉书》卷53《徐稺列传》，中华书局1965年标点本，第1746页。

⑤ （南朝）范晔：《后汉书》卷80《文苑列》，中华书局1965年标点本，第2639、2640页。

⑥ （汉）班固：《汉书》卷64《严助传》，中华书局1962年标点本，第2775页。

⑦ （汉）班固：《汉书》卷81《匡衡传》，中华书局1962年标点本，第3331—3346页。

⑧ 同上书，第3347页。

⑨ （南朝）范晔：《后汉书》卷53《申屠蟠列传》，中华书局1965年标点本，第1751—1754页。

年”，“又诣太常受业”，终成著名经师。后举家迁于杜陵，成为关中显赫世族。子育、咸、由均为高官，“家至吏二千石者六七人”[①]。广川名儒董仲舒，相江都、胶西二国，以高官徙茂陵，“子及孙皆以学至大官”[②]。韦贤，鲁人，“号称邹鲁大儒”，徙平陵，其子玄成复徙杜陵，父子相继以明经登位，韦贤父子皆以明经而位至丞相。故邹鲁谚曰：“遗子黄金满籯，不如一经。”[③] 平当原籍梁国下邑县，祖父以高资徙平陵。至平当始为儒生，“以明经为博士，公卿荐当论议通明，给事中”[④]。贫寒儒生以明经而跃居高位，依恃经学世代显赫，大姓豪族子弟习经而为名门望族。

邴原后来在辽东教授，“一年中往归原居者数百家，游学之士，教授之声，不绝”，后为魏太祖（曹操）辟为司空掾[⑤]。读书条件越是不具备，越是激发读书的渴望以及对来之不易读书机会的把握，不绝于耳的教授之声恰是前辈读书精神的继承和延续。

桓荣的教授，虽遇乱世或困厄而不辍。事博士九江朱普，为师奔丧后，“因留教授，徒众数百人。莽败，天下乱。荣抱其经书与弟子逃匿山谷，虽常饥困而讲论不辍，后復客授江淮间”[⑥]。桓荣“初遭仓卒，与族人桓元卿同饥戹，而荣讲诵不息”，遭到元卿嗤笑：“但自苦气力，何时復施用乎？”及桓荣为太常，元卿叹曰：“我农家子，岂意学之为利乃若是哉！”[⑦] 显宗即位，“尊以师礼，甚见亲重”[⑧]。范晔感慨：“伏氏自东西京相袭为名儒，以取爵位。中兴而桓氏尤盛，自荣至典，世宗其道，父子兄弟代作帝师，受其业者皆至卿相，显乎当世。”[⑨] 昔日桓荣的讲诵不辍换来了今日的尊荣，急功近利，缺少操守与坚持的元卿望

① （汉）班固：《汉书》卷78《萧望之传》，中华书局1962年标点本，第3271、3289、3291页。

② （汉）班固：《汉书》卷56《董仲舒传》，中华书局1962年标点本，第2525页。

③ （汉）班固：《汉书》卷73《韦玄传》，中华书局1962年标点本，第3107页。

④ （汉）班固：《汉书》卷71《于当传》，中华书局1962年标点本，第3048页。

⑤ （晋）陈寿：《三国志》卷11《魏书·邴原传》，中华书局1959年标点本，第350、351页。

⑥ （南朝）范晔：《后汉书》卷37《桓荣列传》，中华书局1965年标点本，第1249页。

⑦ 同上书，第1252页。

⑧ 同上书，第1253页。

⑨ 同上书，第1261页。

尘莫及。

读书与年龄大小无关。东汉初，南阳宛人任延“年十二，为诸生，学于长安，明《诗》、《易》、《春秋》，显名太学”，后任武威太守，“自掾史子孙，皆令诣学受业，复其徭役。章句既通，悉显拔荣进之。郡遂有儒雅之士”[①]。东汉邓禹“年十三，能诵《诗》，受业长安”[②]。主父偃“学长短纵横术，晚乃学《易》、《春秋》、百家之言……家贫，假贷无所得，北游燕、赵、中山”[③]。公孙弘“家贫，牧豕海上。年四十余，乃学《春秋》杂说”[④]。丙吉“本起狱法小吏，后学《诗》、《礼》，皆通大义”[⑤]，后居相位。眭弘“少时豪侠，斗鸡走马，长乃变节，从嬴公受《春秋》。以明经为议郎，至符节令”[⑥]。即便不务正业、游手好闲之徒在妻子的鼓励下也能“改邪归正”，如“少为博徒，不理操行”的许升在妻子规劝后“寻师远学，遂以成名”[⑦]。乐羊子在妻子断杼的激励下，外出游学“遂七年不反”[⑧]。乐羊子妻因此成为夫君的道德名师及引导丈夫的典范。十几岁的少年，四十几岁的中年，少年时的顽劣，青壮年的翻然醒悟都可以学有所成。汉代经师对学术的执着，汉代学子求学中的勤奋令后世莫及。流动型和进取型的社会，精神品质的养成至关重要，恒定的精神内核与价值观必不可少，应该让社会成员时刻感觉到希望所在，并为之不懈努力。从这个意义上讲，功利的目标便于培养社会成员的奋斗精神和刻苦品质。

三　游学经历

汉代私学蓬勃发展，学子在接受蒙学教育之后自主择师，登门求教。御史大夫张忠准备聘请颍川孙宝教授其子，遭到拒绝，却接受了张

① （南朝）范晔：《后汉书》卷76《循吏列传》，中华书局1965年标点本，第2460、2463页。

② （南朝）范晔：《后汉书》卷16《邓禹列传》，中华书局1965年标点本，第599页。

③ （汉）班固：《汉书》卷64《主父偃传》，中华书局1962年标点本，第2798页。

④ （汉）班固：《汉书》卷58《公孙弘传》，中华书局1962年标点本，第2613页。

⑤ （汉）班固：《汉书》卷74《丙吉传》，中华书局1962年标点本，第3145页。

⑥ （南朝）范晔：《后汉书》卷75《眭弘列传》，中华书局1965年标点本，第3153页。

⑦ （南朝）范晔：《后汉书》卷84《列女传》，中华书局1965年标点本，第2795页。

⑧ 同上书，第2793页。

忠聘请的主簿一职，解释说："高士不为主簿，而大夫君以宝为可，一府莫言非，士安得独自高？前日君男欲学文，而移宝自近。礼有来学，义无往教；道不可诎，身诎何伤？"① 西汉末年，郭宪"少师事东海王仲子。时王莽为大司马，召仲子，仲子欲往。宪谏曰：'礼有来学，无有往教之义。今君贱道畏贵，窃所不取。'"② 东汉时，太守黄谠准备召包咸教授其子，遭到拒绝，咸曰："礼有来学，而无往教。"结果，太守"遣子师之"登门拜师求学③。学问精深的经师们恪守师道尊严，学子们为获得学问只好背井离乡，或诣京师游太学，或不远千里追随名师。突破汉代严密户籍制度的限制和地域界限，往来穿梭。翟方进"经博士受《春秋》，积十余年，经学明习，徒众日广，诸儒称之"④。程曾"受业长安，习《严氏春秋》，积十余年，还家讲授。会稽顾奉等数百人常居门下"⑤。

精舍建立在经师家乡，或避世隐逸的山水胜地，经师们兼教授学业、研习与著书于一体，开门授徒。李固"少好学，常步行寻师，不远千里"⑥；景鸾"少随师学经，涉七州之地"⑦；范冉"奉檄迎督邮，冉耻之，乃遁去。至南阳，受业于樊英。又游三辅，就马融通经，历年乃还"⑧。《后汉书·儒林列传》中如魏应"隐居山泽中，徒众常数百人"，"弟子自远方至，著录数千人"⑨ 的记载屡屡可见。

学子们游学历时若干年，而且人数颇为壮观，形成两汉时期浩浩荡

① （汉）班固：《汉书》卷77《孙宝传》，中华书局1962年标点本，第3257页。

② （南朝）范晔：《后汉书》卷82上《方术传上》，中华书局1965年标点本，第2708页。

③ （南朝）范晔：《后汉书》卷79下《儒林列传下》，中华书局1965年标点本，第2570页。

④ （汉）班固：《汉书》卷84《翟方进传》，中华书局1962年标点本，第3411页。

⑤ （南朝）范晔：《后汉书》卷79下《儒林列传下》，中华书局1965年标点本，第2581页。

⑥ （南朝）范晔：《后汉书》卷63《李固列传》，中华书局1965年标点本，第2073页。

⑦ （南朝）范晔：《后汉书》卷79下《儒林列传下》，中华书局1965年标点本，第2572页。

⑧ （南朝）范晔：《后汉书》卷81下《独行列传下》，中华书局1965年标点本，第2688页。

⑨ （南朝）范晔：《后汉书》卷79下《儒林列传下》，中华书局1965年标点本，第2571页。

荡的游学大军。史籍明确记载西汉经师教授生徒达数百乃至千人，东汉包括著录弟子则有上万人者如蔡玄、张兴、牟长；门徒千人者有魏应、徐房、李子云、牟纡、杨伦、钟皓、王良、杨厚等。经师们籍贯分布全国，据郝建平的博士论文中《两汉私家教授分布表》统计，西汉的私家教授分布42郡国，占到全国郡国的40%以上，东汉分布54郡国，占全国郡国总数的50%强。东汉在西汉的基础上，全国的边远地区也开设施教区域。西北的安定、敦煌，西南的犍为，东南的江夏、九江、丹阳，南方的南海等过去的荒蛮之地也有了经学思想的流布①。拜师求学者的脚步踏遍两汉州山大川。这一现象与东汉以后，官方考试以通经门数定等级有关系，促使学生更多掌握经籍，从多师，习数经，以取得竞争优势。《后汉书·儒林列传》的人物中，徐樨少为诸生，学《严氏春秋》《京氏易》《欧阳尚书》；任安少游太学，受《孟氏易》，兼通数经，又从同郡杨厚学图谶；孙期少为诸生，习《京氏易》《古文尚书》；杜乔少为诸生，习《京氏易》《欧阳尚书》《韩诗》；唐檀少游太学，习《京氏易》《韩诗》《严氏春秋》等。如此广泛地学习，必然要多方拜师，而不局限于太学。

游学的经历，是拜师求学、接受教育获得文化知识的过程，师从经学大师，精通儒家经典，为以后的发展奠定坚实的文化基础。萧望之诣太学受业，事博士白奇，“又从夏侯胜问《论语》、《礼服》”②；包咸“少为诸生，受业长安，师事博士右师细君，习《鲁诗》、《论语》”③。张禹“至长安学，从沛郡施雠受《易》，琅邪王阳、胶东庸生问《论语》，既见多知，可令学经”④。

更为关键的是，游学中广泛的拜师求学活动以及与当朝官员和社会名流形成师承关系。教育与仕途紧密结合，精通经典只是具备了专业素质的条件，有人推荐才能仕途通畅。所以，游学和入太学学习也是结师交友、扩大社会交往、谋求名利的过程。学业上的师生和学友，官场上

① 郝建平：《论教育与两汉社会的整合》，博士学位论文，南开大学，2004年。

② （汉）班固：《汉书》卷78《萧望之传》，中华书局1962年标点本，第3271页。

③ （南朝）范晔：《后汉书》卷79下《儒林列传下》，中华书局1965年标点本，第2570页。

④ （汉）班固：《汉书》卷81《张禹传》，中华书局1962年标点本，第3347页。

的考核、举荐与提携都是步入仕途的“人脉”。不从博士学习，师从政界要员殊途同归，如杨伦“少为诸生，师事司徒丁鸿”①，符融“游太学，师事少府李膺”②。

学子与政界要员，学术上承袭，政治上荣辱与共相互倚重，被征聘或辟为僚属，举荐为孝廉明经进而踏入仕途。薛广德为御史大夫萧望之所举，施雠为少府梁丘贺所举，牟长为大司空宋弘所辟，赵咨为大司农陈豨所举，周防为太尉张禹所荐，“杨仲桓等五人，各从家拜博士”③，则是作为博士的上司太常杨震举荐的。东汉刘秀麾下的文臣武将，多是在长安游学时结识，同学成为战场上的战友，政治舞台上的同僚。鲁恭连任司徒，郭丹被大司马吴汉辟为僚属，官至司徒。马融为大将军邓骘征召，任校书郎，官至南郡太守。

能结识河南尹李膺一度成为学人的荣耀。郭林宗“身长八尺，容貌魁伟，褒衣博带，周游郡国”④，游学洛阳时，“始见河南尹李膺，膺大奇之，遂相友善，于是名震京师。后归乡里，衣冠诸儒送至河上，车数千两。林宗唯与李膺同舟而济，众宾望之，以为神仙焉”⑤。郭林宗“始入京师，时人莫识，（符）融一见嗟服，因以介于李膺，由是知名”⑥。孔融十岁随父亲诣京师，时河南尹李膺“以简重自居，不妄接士宾客，敕外自非当世名人及与通家，皆不得白。融欲观其人，故造膺门。语门者曰：‘我是李君通家子弟。’门者言之。膺请融，问曰：‘高明祖父尝欲仆有恩旧乎？’融曰：‘然。先君孔子与君先人李老君同德比义，而相师友，则融与君累世通家。’”众坐莫不叹息⑦。郭林宗、孔融借以出名。

仇览在太学时，“同郡符融有高名，与览比宇，宾客盈室”，仇览

① （南朝）范晔：《后汉书》卷79上《儒林列传上》，中华书局1965年标点本，第2564页。

② （南朝）范晔：《后汉书》卷68《符融列传》，中华书局1965年标点本，第2232页。

③ （南朝）范晔：《后汉书》卷54《杨震列传》注引谢承书，中华书局1965年标点本，第1761页。

④ （南朝）范晔：《后汉书》卷68《郭太列传》，中华书局1965年标点本，第2225页。

⑤ 同上。

⑥ 同上书，第2232页。

⑦ （南朝）范晔：《后汉书》卷70《孔融列传》，中华书局1965年标点本，第2261页。

“常自守，不与融言”，符融不解，问：“与先生同郡壤，邻房牖。今京师英雄四集，志士交结之秋，虽务经学，守之何固?”仇览正色相告：“天子修设太学，岂但使人游谈其中?”符融肃然起敬，将此事告诉郭林宗，二人正式拜见仇览。终夜畅谈。① 鲁恭“（年）十五，与母及（弟）丕俱居太学，习《鲁诗》，闭户讲诵，绝人间事，兄弟俱为诸儒所称，学士争归之”②。太学生广泛交往是很正常的事，“英雄四集，志士交结之秋”，即便如仇览、鲁恭最后还是要交往的，若仅仅为闭门苦读的话，就没有必要来太学了。

汉代师生有学术上的继承关系，更有政治上的依存关系。教师得志，学生得到拔擢。叔孙通为汉高祖制定朝仪后上言，“诸弟子儒生随臣久矣，与臣共为仪，愿陛下官之”。高祖悉以为郎③。桓荣为明帝师，“其都讲生八人补二百石，其余门徒多至公卿”④。桓荣最初出名也是因为弟子何汤以《尚书》授太子，得到光武帝赏识，问其师何人，何汤据实以告。光武帝召见，令说《尚书》，遂得到重用。反过来弟子的学识被赏识，老师也可以被连带重用。王式的弟子唐长宾、褚少孙应博士弟子选，“诣博士，抠衣登堂，颂礼甚严。试诵说，有法，疑者丘盖不言。诸博士惊问何师，对曰事式。皆素闻其贤，共荐式。诏除下为博士”⑤。老师弟子之间互相援引为官，钟兴“少从少府丁恭受《严氏春秋》。恭荐兴学行高明”，光武帝召见拜为郎中，稍迁左中郎将，封关内侯。钟兴推辞“臣师丁恭”，不能跃居老师之前，光武帝“于是复封恭”⑥。恪守师法家法的汉代社会，寻求名师尤其重要。也有例外，孔光居公辅位前后十七年，两任御史大夫、丞相，教授弟子也很多，“其弟子多成就为博士大夫者，见师居大位，几得其助力，光终无所荐举，至或怨之”⑦，弟子们的想法和怨恨反证当时社会弟子借助位居高位的

① （南朝）范晔：《后汉书》卷76《循吏列传》，中华书局1965年标点本，第2481页。

② （南朝）范晔：《后汉书》卷25《鲁恭列传》，中华书局1965年标点本，第873页。

③ （汉）司马迁：《史记》卷99《叔孙通列传》，中华书局1959年标点本，第2724页。

④ （南朝）范晔：《后汉书》卷37《桓荣列传》，中华书局1965年标点本，第1253页。

⑤ （汉）班固：《汉书》卷88《儒林传》，中华书局1962年标点本，第3610页。

⑥ （南朝）范晔：《后汉书》卷79下《儒林列传下》，中华书局1965年标点本，第2579、2580页。

⑦ （汉）班固：《汉书》卷81《孔光传》，中华书局1962年标点本，第3364页。

老师之力得到举荐的事情极为普遍。

“门生故吏”即仕途上的引荐拔擢，而游学经历提供和创造的就是这样的人脉基础。汉武帝表章六经之后，伴随儒学传授和举荐儒生为官，门生故吏日渐增多，“汉代儒家宗师讲学、亲授业者、转相授业者和不授业而只登上名录者皆可称门生或弟子”，而并非欧阳修所说“汉世公卿各自教授常数百人，其亲授业者为弟子，转相授业者为门生”[①]。《后汉书·儒林传》所载的门生和弟子很难严格区分，张兴“弟子自远至者，著录且万人”，魏应“弟子自远方至者著录数千人”，董钧，永平初为博士，“迁五官中郎将，常教授门生百余人”。其中有亲自教授者，统称为门生。著录弟子人数更为可观。张玄为弘农文学迁陈仓县丞，诸儒服其多通，著录千余人。丁恭为谏议大夫封关内侯又为少府，诸生自远方至者著录数千人。牟长拜博士迁河内太守，诸生讲学者常有千余，而著录者前后万人。张兴拜太子少傅，汉明帝数访问经术，遂声称著闻，弟子自远方至者著录且万人。楼望为侍中越骑校尉，后历迁至左中郎将，世称儒宗，诸生著录者九千余人。蔡玄学通《五经》，为议郎，迁侍中，出为弘农太守，门徒千人，而著录者万六千人。这种风气尤其流行于东汉。成千上万的著录弟子，目的其实也很明确——读书是方式，与掌权的官吏结识进而谋取一官半职是目的。徐幹在《中论·谴交篇》中云“有策名于朝，而称门生于富贵之家者，比屋有之。为之师而无以教，弟子亦不受业”，道出了著录弟子的心声。汉代，私家教授徒众盛况空前，但真正及门受业的大多数百人或千人，如此人数已然人满为患，所以有时候在教授过程中，在教授方法上让高业弟子转相传授，董仲舒时即已如此，“弟子传以久次相受业，或莫见其面”。师古曰：言新学者但就其旧弟子受业，不必亲见仲舒。东汉马融“门徒四百余人，升堂进者五十余生”，“弟子以次相传，鲜有入其室者”[②]，故郑玄“在门下，三年不得见”[③]。如此众多的学生，又缺少现代能容纳数百成千人的大讲堂，难以保证质量，学生的程度也参差不齐。对于

① 杨生民：《汉代社会性质研究》，北京师范学院出版社 1993 年版，第 47 页。

② （南朝）范晔：《后汉书》卷 60 上《马融列传》，中华书局 1965 年标点本，第 1972 页。

③ （南朝）范晔：《后汉书》卷 35《郑玄列传》，中华书局 1965 年标点本，第 1207 页。

著录弟子而言，这些似乎并不重要。

“故吏”是官僚旧时属吏，东汉以后，州牧、刺史的掾属由自己征辟，被征辟者主要是官员的故吏。《孔宙碑阴题名》中，因碑文残缺，六十二人姓名可见，“其称弟子者十，门生者四十三人，故吏者八人，故民者一人”。《刘宽碑》载，后汉太尉刘宽死后，故吏李谦、门生殿包曾为其各立一碑。《杨震碑阴题名真迹》载，“后汉杨震碑阴题名者一百九十人，其余磨灭不完者又十余人。余家所录汉碑阴题名颇多，或称故吏、门生、弟子，或称从事、曹掾之类。一百九十余人分别有河东、河南、博陵、中山、魏郡、勃海等二十多个郡国”。《后汉书·袁绍传》记载，汝南袁氏“树恩四世，门生、故吏偏于天下”。察举、征辟制的实行，门生故吏结成一种广泛牢固的社会关系和集团，在政治上需要主吏的提携，委身于宗师或官僚才有可能被举荐和征辟，尤其外戚宦官擅权的东汉后期，正常的入仕途径被阻塞以后更需要强固的关系来依靠和保障。贾逵受到皇帝宠信，其“皆拜逵所选弟子及门生为千乘王国郎，朝夕受业黄门署，学者皆欣欣羡慕焉”[①]。

“故吏”与“门生”现象，包括因同一年份举孝廉，即孝廉“同岁”结成的私人关系而互相提携，都反映了秦汉时期官僚政治的不成熟，容易受到私人关系或非行政手段的渗透和侵蚀，但对两汉社会的政治影响不容忽视，东汉袁绍正是凭借“门生故吏遍天下”的政治优势，成为汉末动乱中的大军阀。

政治斗争中互相提携，政治迫害中互相牵连。王莽杀吴章“弟子千余人，莽以为恶人党，皆当禁（固）[锢]，不得仕宦。门人尽更名他师”[②]；博士焦永“以事被考，诸弟子皆以通关被系”[③]；东汉“党锢之祸”时，“党人门生故吏父子兄弟，其在位者，免官禁锢，爰及五属”[④]。赵翼《廿二史札记》卷二《长官服丧》中说：“汉制三公得自置吏，刺史得置从事，二千石得辟功曹。掾吏不由尚书选受，为所辟者

① （南朝）范晔：《后汉书》卷36《贾逵列传》，中华书局1965年标点本，第1239页。

② （汉）班固：《汉书》卷67《云敞传》，中华书局1962年标点本，第2927页。

③ （南朝）范晔：《后汉书》卷43《乐恢列传》，中华书局1965年标点本，第1477页。

④ （南朝）范晔：《后汉书》卷67《党锢列传序》，中华书局1965年标点本，第2189页。

即同家臣，故有君臣之谊。”公孙瓒为上计吏，太守刘君因犯罪徙日南，公孙瓒为其送行说“昔为人子，今为人臣，当诣日南。日南多瘴气，恐或不还，便当长辞坟茔”[①]，故吏与主官的关系已然成为政治臣属关系。

政治上的祸福相倚，教师一旦有难，弟子竭力相救。博士范升下狱，弟子杨政袒露其身，以箭贯耳，抱着范升的儿子守候道旁，感动了光武帝，“乞杨生师”[②]。李固被大将军梁冀诬陷下狱，“门生勃海王调贯械上书，证固之枉，河内赵成等数十人亦要鈇锧诣阙通诉，太后明之，乃赦焉”[③]。欧阳歙因贪赃千余万下狱，弟子礼震奔赴京师，自系上书：“歙门单子幼，未能传学，身死之后，永为废绝，上令陛下获杀贤之机，下使学者丧师资之益。乞杀臣身以代歙命。”[④] 如此勇气和感人之举远非利益驱动可以解释。

门生与宗师，是传授学问与掌握知识的关系，但功利心使然，作秀者不乏其人。一些本非学者的权贵附庸风雅，发展个人势力也广收门徒，那些拜门求师者为寻求靠山，谋求进仕之图也乐意归附。和帝时御史中丞周紆（yū）奏劾外戚窦瓌“学无经术，而妄构讲舍，外招儒徒，实会奸桀”[⑤]。东汉窦宪“使门生齎书诣寿，有所请托，寿即送诏狱”[⑥]；光和中，“黄门令王甫使门生于郡界辜榷官财物七千余万，彪发其奸，官之司隶”[⑦]。请托之风，贿赂之行盛行于官场。

四 区域文化

学习和教育，影响社会地位的高低，政治权力的获得。汉代官学设立，私学发展，教育政策、选官制度的革新虽然并不能改变阶级对立的

---

① （南朝）范晔：《后汉书》卷 73《公孙瓒列传》，中华书局 1965 年标点本，第 2358 页。

② （南朝）范晔：《后汉书》卷 79 上《儒林列传上》，中华书局 1965 年标点本，第 2552 页。

③ （南朝）范晔：《后汉书》卷 63《李固列传》，中华书局 1965 年标点本，第 2087 页。

④ （南朝）范晔：《后汉书》卷 79 上《儒林列传上》，中华书局 1965 年标点本，第 2556 页。

⑤ （南朝）范晔：《后汉书》卷 77《酷吏列传》，中华书局 1965 年标点本，第 2495 页。

⑥ （南朝）范晔：《后汉书》卷 29《郅恽列传》，中华书局 1965 年标点本，第 1033 页。

⑦ （南朝）范晔：《后汉书》卷 54《杨震列传》，中华书局 1965 年标点本，第 1786 页。

格局，但是给读书人向上流动的希望，起到模糊阶级界限、稳定统治的作用。并且给整个社会带来生机，对于改变社会风气，提高社会的文明程度起到一定作用。大规模、大范围、长时间的游学经历，对全国，尤其是区域间的文化交流融合有积极影响。

大批人才的产生，推动了各家学术的传播，利于区域性文化的形成。“郭太字林宗，太原界休人也。家世贫贱，早孤”，“就成皋屈伯彦学，三年业毕，博通坟籍。善谈论，美音制。乃游于洛阳，始见河南尹李膺，膺大奇之，遂相友善，于是名重京师……周游郡国……遂闭门教授，弟子以千数”①。由贫贱少年一举成为天下名士，成为士人学习的楷模。一生从事的教授和识拔人才的活动，对家乡文化发展促进很大。自此，太原一带文化发展起来，经曹魏至西晋，一直人才辈出，久盛不衰②。宋燕鹏指出“并州文化的显著发展是在东汉晚期，与太原名士郭太的影响有很大关系”③。

人数众多、远道而来的弟子集中在受业区，其对衣食住行的要求和消费会对当地市场的繁荣和经济的发展起到促进作用。张霸“博览五经。诸生孙林、刘固、段著等慕之，各市宅其傍，以就学焉”④。熙熙攘攘的求学大军中对经济的拉动作用最大的非张楷的弟子莫属了。张楷由于精通《严氏春秋》《古文尚书》，“门徒常百人。宾客慕之，自父党夙儒，偕造门焉，车马填街，徒从无所止，黄门及贵戚之家，皆起舍巷次，以候过客往来之利”。后来隐居弘农山，“学者随之，所居成市，后华阴山南遂有公超市（张楷字公超）”⑤。学子们活动于大泽、海边和山谷，所到之处生机无限。杨伦“讲授于大泽中，弟子至千余人”⑥，郎颉“少传父业，兼明经典，隐居海畔，延致学徒常数百人”⑦，承宫

① （南朝）范晔：《后汉书》卷68《郭太列传》，中华书局1965年标点本，第2225、2226页。

② 卢云：《汉晋文化地理》，陕西人民出版社1991年版，第85页。

③ 宋燕鹏：《籍贯与流动：北朝文士的历史地理学研究》，河北大学出版社2011年版，第20页。

④ （南朝）范晔：《后汉书》卷36《张霸列传》，中华书局1965年标点本，第1241页。

⑤ 同上书，第1243页。

⑥ （南朝）范晔：《后汉书》卷79上《儒林列传上》，中华书局1965年标点本，第2564页。

⑦ （南朝）范晔：《后汉书》卷30《郎颉列传》，中华书局1965年标点本，第1053页。

"遭天下丧乱，遂将诸生避地汉中"[1]，桓荣在新莽末年"抱其经书与弟子逃匿山谷，虽常饥困而讲论不辍，后复客授江淮间"[2]。经师们的活动和门徒的追随利于整个社会文化水平的提高。

汉代的文化教育政策，选官制度的变革，学子有机会依靠经学步入仕途，并产生一批研究经学的学者名流，促进了整个社会文化学术的发展以及区域性文化的形成。教授门徒过程中，促成小型市场的形成。教育对于社会资源的分配、社会分层的确立以及个人地位的改变意义重大。

《论语·卫灵公》载"学也，禄在其中矣"，是孔子的经验之谈，班固言"传业者寖盛，支叶蕃滋，一经说至百余万言，大师众至千余人，盖禄利之路然也"[3]，利禄驱使下，出现了精通各家经典的博学之人，登上仕途。班固又说"自孝武兴学，公孙弘以儒相，其后蔡义、韦贤、玄成、匡衡、张禹、翟方进、孔光、平当、马宫及当子晏咸以儒宗居宰相位，服儒衣冠，传先王语，其酝藉可也，然皆持禄保位，被阿谀之讥。彼以古人之迹见绳，乌能胜其任乎!"[4] 宋代苏辙在《栾城集·私试进士策问》中也指出："西汉自孝武之后崇尚儒术，至于哀平，百余年间，士之以儒生进用，功业志气可纪于世者，不过三四。"东汉中后期呈现出"博士倚席不讲，儒者竞论浮丽，忘謇謇之忠，习浅浅之辞"[5]，儒学仕进后的弊端以及学子孜孜以求的目的达到后呈现的怠惰溢于言表。四十多岁开始学习《春秋》的公孙弘入朝为官后，处处迎合汉武帝，久居相位，打击汲黯、董仲舒，政治上难有大的作为。日夜苦读，皓首穷经追求的就是步入仕途以后的如此行为？

再者，并非所有人都有条件接受教育，受教育的起点不同，终点各异，接受教育的人并非都有机会进入仕途。能成为"治人"者的只是成千上万游学之人中的凤毛麟角，无缘仕进之人，只好觅营生度日。李郃游太学，通五经，委身于县署幕门候吏。孔嵩告老还乡后，找了份新

① （南朝）范晔：《后汉书》卷27《承宫列传》，中华书局1965年标点本，第944页。

② （南朝）范晔：《后汉书》卷37《桓荣列传》，中华书局1965年版，第1249页。

③ （汉）班固：《汉书》卷88《儒林传》，中华书局1962年标点本，第3620页。

④ （汉）班固：《汉书》卷81《匡张孔马传》，中华书局1962年标点本，第3366页。

⑤ （南朝）范晔：《后汉书》卷32《樊宏列传》，中华书局1965年标点本，第1126页。

野县阿里街卒的差事，还奉命侍奉前来视察的荆州刺史——昔日同窗范式。

> 孔嵩，家贫亲老，乃变名姓，佣为新野县阿里街卒。（范）式行部到新野，而县选嵩为导骑迎式。式见而识之，呼嵩，把臂谓曰："子非孔仲山邪？"对之叹息，语及平生。曰："昔与子俱曳长裾，游（集）［息］帝学，吾蒙国恩，致位牧伯，而子怀道隐身，处于卒伍，不亦惜乎！"嵩曰："侯嬴长守于贱业，晨门肆志于抱关。子欲居九夷，不患其陋。贫者士之宜，岂为鄙哉！"式敕县代嵩，嵩以为先佣未竟，不肯去。嵩在阿里，正身厉行，街中子弟皆服其训化。遂辟公府……官至南海太守。①

刻苦求学者并非全部可以觅得一官半职，如孔嵩这样后来能为官府所辟，在众多游学者之中依旧寥寥。

第四节　思想意识与汉代社会流动

——以董仲舒对"学而优则仕"的践行为例

"学而优则仕"，作为社会筛选机制，是社会流动阶梯的一种。汉武帝时代，董仲舒践行先秦儒家"学而优则仕"的思想，将人才培养和量才授官制度化，为西汉择优筛选机制的推行创建了竞争环境，搭建起寒门学子上行流动的阶梯并指出前进方向。学习与功名利禄相联系的主张，影响了汉代读书人的价值取向，培养了社会成员勤勉刻苦的精神品质。思想家的思想对社会的影响往往超出其初衷和所处时代，对社会流动的规模和速度产生影响，促使社会结构发生变化。

前辈的著作和文章，多是探讨社会流动的表现和类型，而对制约和影响社会流动的因素则很少提及。社会学理论中，通常将社会结构性质的封闭与开放、经济和社会的发展程度、教育的普及与发展以及家庭背

① （南朝）范晔：《后汉书》卷81《独行列传》，中华书局1965年标点本，第2678、2679页。

景作为影响社会流动规模和速度的重要因素，也将地震、火山爆发以及干旱等自然灾害引起的空间流动与人口和资源的重新分配作为影响因素之一罗列在内。就汉代而言，历久不衰的等级制度、严格且日益完善的户籍制度以及国家政策的调整都曾对不同阶层社会地位的升降产生影响。但是，在具体时代背景下，某一种新思想的产生或旧思想的变革对社会流动的规模和速度产生影响，从而影响社会结构变化的视角往往被研究者忽略。在关于历史发展动力的理论研究中，也并不排除意识形态在整个历史发展过程中所产生的影响和作用。易言，包括政治家或思想家的政治主张或思想倡导在内的意识形态会在自觉或不自觉中对社会流动形成一种推动力，由此导致国家政治和社会风气的变化。董仲舒对“学而优则仕”思想的阐发便起到了如此作用。对董仲舒的研究，前人侧重其政治哲学思想、政治伦理思想、大一统的政治思想、“天人三策”思想、天道观、德主刑辅以及生态思想等内容，对其“学而优则仕”的主张则鲜有提及。因此，从思想意识对社会流动的推动这一角度进行分析，不仅可以丰富对董仲舒思想的研究，更可以独辟蹊径，多角度了解汉代社会流动及实现途径。

董仲舒是汉武帝时代的风云人物。他的“天人合一”思想以及为维护当时社会秩序的理论已经深深嵌入那个时代，深刻影响了当时社会的发展，并对后世中国的社会政治结构与文化产生深远影响。拙文不揣浅陋，结合西汉政治状况探究董仲舒关于人才培养和官员选用的主张对西汉士人社会流动途径以及后世的影响。

一 兴学养士，使人才的培养制度化

伴随周室衰微，私学广泛兴起并担负起人才培养的社会责任，促成百家争鸣局面的形成。秦汉时代，社会政治的一统呼唤思想和教育内容的统一，官学取代私学顺理成章。为顺应时势之需，董仲舒认为秦亡的教训在于废德教而专任刑罚，主张王道之行，众圣辅德，才能教化大行，天下和洽。故此提出移风易俗，兴太学，置明师，素养士以求贤，此举主要为统治者选拔人才。

董仲舒建议汉武帝行德治，“夫万民之从利也，如水之走下，不以教化堤防之，不能止也。是故教化立而奸邪皆止者，其堤防完也；教化废而奸邪并出，刑罚不能胜者，其堤防坏也。古之王者明于此，是故南面而治天下，莫不以教化为大务”①。要行德治“立教化”，就必须“立太学”“设庠序”，用“仁”“义”“礼”等内容教育百姓，明确提出兴太学、置明师、求贤士等一系列关于教育和人才培养的主张。

太学养士，置明师。董仲舒阐发了实现王道的必由之路：“立太学以教于国，设庠序以化于邑，渐民以仁，摩民以谊，节民以礼，故其刑罚甚轻而禁不犯者，教化行而习俗美也。”② 王道理想的实现，必须实行诗书礼乐的儒学教育。董仲舒解答汉武帝“求贤未获”的问题时，认为“夫不素养士而欲求贤，譬犹不琢玉而求文采也。故养士之大者，莫大乎太学。太学者，贤士之所关也，教化之本原也”③，“常玉不琢，不成文章；君子不学，不成其德”④，因此建议：“兴大学，置明师，以养天下之士。数考问以尽其材，则英俊宜可得矣。”⑤ 平时不注重人才培养，却要得到贤能之人，好比不雕琢玉石却想要得到文采一样的天方夜谭。董仲舒既讲出设立太学的目的和意义，也讲出了培养和选拔太学生的方法——数考问。必须请高明的教师培养从全国各地选拔来的学员，用不同形式的考试方式，激发他们的各种才能。董仲舒在《春秋繁露·玉杯》中指出：“善为师者，既美其道，有慎其行，齐时早晚，任多少，适疾徐，造而勿趋，稽而勿苦，省其所为而成其所湛，故力不劳而身大成。此之谓圣化。”“美道”即对六艺的深刻理解、“慎行”是行为处处符合三纲五常的要求，对教师的专业水平、举止修为和思想修养提出明确要求，以保证所教学生的政治立场和学习效果。此外，教学要因人而异，根据学生的实际情况适时、适度、适量地施以不同的教育内容。他在《春秋繁露·为人者天》中进一步指出：“先之以博爱，教以仁也；难得者，君子不贵，教以义也；虽天子，必有尊也，教以孝也；必有先也，教以弟也。”仁、义、孝、悌等德育教育是太学生学习的主要内容。太学的考试制度使“学

① （汉）班固：《汉书》卷56《董仲舒传》，中华书局1962年版，第2503页。
② 同上。
③ 同上书，第2510页。
④ 同上书，第2512页。
⑤ 同上。

而优则仕”的教育目的制度化。太学的设立，对国家而言，为官员的培养和选拔储备了人才。政府从太学中选择成绩优异的学生授予官职，以充实统治机构。对经过太学“雕琢”的学生而言，儒学入仕，是将来进入仕途的基础和保障，太学阶段的学习为将来通过考试进入仕途创造条件和机会。

董仲舒主张京师办太学、地方办庠，认为“立大学以教于国，设庠序以化于邑”①。不仅是学校教育，而且要有社会教育，甚至允许私人办学，所谓“至武帝时，乃令天下郡国皆立学校官”②。至武帝元朔五年（前124），丞相公孙弘根据董仲舒在京师设太学的建议，劝学兴礼，“置五经博士”确立儒学的指导思想地位，为儒士参政开辟了一条通道。所谓“其令礼官劝学，讲议洽闻，举遗兴礼，以为天下先。太常其议予博士弟子，崇乡党之化，以励贤才焉。丞相弘请为博士置弟子员，学者益广”③。后来中央太学与地方郡国学校得到长足发展。平帝时，太学生达万余人。太学生人数的增加充分表明董仲舒的主张为读书人打开向上流动的大门，促使汉代社会流动规模的扩大。

公孙弘是第一个以读经博得相位的儒生。“公孙弘以《春秋》白衣为天子三公，封以平津侯。天下之学士靡然向风矣。”④ 董仲舒是因对策步入为官者行列的又一人。《汉书·董仲舒传》记载：“董仲舒，广川人也。少治《春秋》，孝景时为博士。下帷讲诵，弟子传以久次相授业，或莫见其面。盖三年不窥园，其精如此。进退容止，非礼不行，学士皆师尊之。武帝即位，举贤良文学之士前后百数，而仲舒以贤良对策焉。”⑤ “及仲舒对册，推明孔氏，抑黜百家。立学校之官，州郡举茂材孝廉，皆自仲舒发之。”⑥ 公孙弘与董仲舒的经历对当时及以后的士人的命运都产生过重大影响，史家常将二人相提并论，只是对国政施加影响的途径和效果不尽相同，如设立五经博士，董仲舒是“发之”的发

① （汉）班固：《汉书》卷56《董仲舒传》，中华书局1962年标点本，第2503页。
② （汉）班固：《汉书》卷89《循吏传》，中华书局1962年标点本，第3626页。
③ （汉）班固：《汉书》卷8《武帝纪》，中华书局1962年标点本，第172页。
④ （汉）司马迁：《史记》卷121《儒林列传》，中华书局1959年标点本，第3118页。
⑤ （汉）班固：《汉书》卷56《董仲舒传》，中华书局1962年标点本，第2495页。
⑥ 同上书，第2525页。

起人，而公孙弘是具体操作者。臧振先生则指出，武帝时儒学大兴，乃时势使然，不应归诸某一个人。仲舒之对策有推波助澜的作用，但不应理解为首创者。至于班固“皆自仲舒发之”一语中“发”字，不应理解为“发明”，而应理解为“发挥”①。

二　量才授官，使官员选拔正规化

吏治的清明是推行德治的关键，各级官吏在德治实施中扮演着特殊且重要的角色。董仲舒指出：“今之郡守、县令，民之师帅，所使承流而宣化也；故师帅不贤，则主德不宣，恩泽不流。”② 官吏是民之表率，也是国家德治方略的具体宣传者和贯彻者，汉之时政“长吏多出于郎中、中郎，吏二千石子弟选郎吏，又以富訾，未必贤也”③，“累日以取贵，积久以致官，是以廉耻贸乱，贤不肖浑殽，未得其真”④。现任官吏的晋升依据是“累日积久”，下级郎吏多为高官与富家子弟，缺少对其德才与文化品质的考察，势必造成官场黑暗。

董仲舒认为造成“廉耻贸乱，贤不肖浑淆”现实弊病的主要原因在于现行的讲究门第、讲究资历的官僚制度，主张改革吏治，选举任贤；太学养士求贤、用贤，明确官员选拔的标准，太学培养的人员必须是各郡县推荐的贤才。董仲舒在《对策》中建议：“使诸列侯、郡守、二千石各择其吏民之贤者，岁贡各二人以给宿卫，且以观大臣之能；所贡贤者有赏，所贡不肖者有罚。”⑤ 汉统治者将荐贤制度化，实行荐举制度，举孝廉，举贤良，举明经之士。推荐孝子、廉吏、读书明理和品德高尚者到中央，由皇帝直接出题考试，或由专门机构负责接收审查。规定官位在二千石以上者，每年要推荐一定数量的人才供朝廷选用，荐者与被荐者要负连带责任，彼此的制约以保证所举荐官员的贤与能。

对官吏的任用，他主张：“毋以日月为功，实试贤能为上，量材而

---

① 臧振：《董仲舒的历史命运》，《陕西师范大学学报》（哲学社会科学版）1999年第2期。

② （汉）班固：《汉书》卷56《董仲舒传》，中华书局1962年标点本，第2512页。

③ 同上。

④ 同上书，第2513页。

⑤ 同上。

授官，录德而定位，则廉耻殊路，贤不肖异处矣。”① 量材授官思想，并非董仲舒首倡。战国时期的李悝为打击拥有世袭特权的旧势力便已提出，只是在若干年的执行中，选官制度演变为重门第，讲资历，似为历代选官用人的常犯通病。董仲舒则将道德和才能，而不是工作年限的长短作为选官的依据，促使各级官吏尽心竭虑，尽职尽责。当然，董仲舒诸多主张的出发点是为了维护汉室统治，不论是对民众的道德教化还是人才培养和官员选拔，董仲舒都把精通儒家经典视为最高标准，“使汉朝由崇尚黄老之学逐渐变为崇尚儒家思想，使学术由诸子百家争鸣转化为汉代的经学，使儒家学说由民间师徒私相传授转化为官学”②，在全社会营造了一个以儒家经典为最高行为准则的氛围，开创了儒家理论步入政治殿堂的历史，对汉代政治生活产生了重要的指导作用，也对以后的中国社会产生了深刻影响。

三　学优为官，择优和筛选机制的影响

“学而优则仕”在春秋时期只是儒家的主张，董仲舒的建言献策被汉武帝不同程度地采纳，将其变为制度，正式开启士人通往仕途的大门，然而，他本人“学而优”之后的仕途并不顺畅。据周桂钿考订，董仲舒活了 90 余岁③，李英华将他的一生分为 3 个阶段④：60 岁以前，治学、讲学与著述；61 岁至 72 岁，“三对天子策”与“两任骄王相”以及“中废为大夫”；72 岁左右至去世，“疾免居家”，“及去位归居，终不问家产业，以修学著书为事”⑤。

董仲舒一生三个阶段，从事两项事业——学和仕。学而优则仕，两任相国之后，董仲舒的政治生涯基本结束。他在仕途的政绩，《汉书》评价说：“凡相两国，辄事骄王，正身以率下，数上疏谏争，教令国

---

① （汉）班固：《汉书》卷 56《董仲舒传》，中华书局 1962 年版，第 2513 页。

② 秦进才、宋燕鹏：《河北影响中国的 100 件事》，河北美术出版社 2013 年版，第 47 页。

③ 周桂钿：《董学探微》，北京师范大学出版社 1989 年版，第 5—9 页。

④ 李英华：《董仲舒“三维一体”的政治哲学理念及其现代意义》，《衡水学院学报》2013 年第 6 期。

⑤ （汉）班固：《汉书》卷 56《董仲舒传》，中华书局 1962 年标点本，第 2525 页。

中，所居而治。”[①] 董仲舒“去位归居”之后，偶尔也能为皇帝所记起，《汉书·董仲舒传》称：“仲舒在家，朝廷如有大议，使使者及廷尉张汤就其家而问之，其对皆有明法。”[②] 《汉书·叙传》也说：“抑抑仲舒，再相诸侯，身修治国，致仕悬车，下帷覃思，论道属书。谠言访对，为世纯儒。”[③]

仕不达再学。董仲舒因对策入仕，本应在政坛施展抱负，却两次被贬，晚年以修学著书为业，其原因非本文考察范围。然而，“学而优则仕”的思想在不经意的流布中，对社会的影响更加久远、更加宽泛。这一思想在适应统治者需要时，曾经对一个阶层的命运产生影响，儒士沿着学而优则仕的通道进入官僚阶层，为汉代读书人指出一条光明大道——通过熟读儒家经典而出人头地，光耀门楣。自此，儒家学者往往掌权为宰相。即“自孝武兴学，公孙弘以儒相，其后蔡义、韦贤、玄成、匡衡、张禹、翟方进、孔光、平当、马宫及当子晏以儒者居宰相位，服儒衣冠，传先王语”[④]。人才辈出，“汉之得人，于兹为盛，儒雅则公孙弘、董仲舒、兒宽……其余不可胜纪”[⑤]。

董仲舒以经学入仕的主张深刻影响了汉代及后世学风，匡衡凿壁借光的故事一直激励后人勤勉发奋。汉代画像砖的出土，为后人了解汉代生产生活、制度、风俗和思想观念提供直观鲜活的资料，而四川是画像砖出土比较集中的地区。成都市郊和德阳县出土的画像砖《传经讲学》[⑥] 是蜀郡传经讲学的绝妙写照，更是汉代学习风气的高度浓缩。老师榻上讲述，学生虔诚肃穆，毕恭毕敬倾听，即便蓄有胡须的老者依然端坐讲堂，凝神静听。汉代史籍中更是不乏学生发奋攻读坚持不懈直至功成名就的记载。出身的贫贱，家庭的困苦，乱世中的困厄以及年龄的大小都不能成为学子们懈怠和放弃读书的借口。

---

① （汉）班固：《汉书》卷56《董仲舒传》，中华书局1962年标点本，第2525页。

② 同上。

③ （汉）班固：《汉书》卷100下《叙传》，中华书局1962年标点本，第4255页。

④ （汉）班固：《汉书》卷81《匡张孔马传》，中华书局1962年标点本，第3366页。

⑤ （汉）班固：《汉书》卷58《公孙弘卜式儿宽传》，中华书局1962年标点本，第2634页。

⑥ 刘志远、余德章、刘文生：《四川汉代画像砖与汉代社会》，文物出版社1983年版，第99、100页。

董仲舒对兴学养士举贤的主张，影响了汉代读书人的价值取向——学习与功名利禄的获得相伴随，其影响绵延至今。班固说："自武帝立五经博士，开弟子员，设科射策，劝以官禄，讫于元始，百有余年，传业者寖盛，支叶蕃滋，一经说至百余万言，大师众至千余人，盖禄利之路然也。"[①] 学习和接受教育虽非影响个体向上流动的唯一条件，却对职业的获得、经济收入的增加和社会地位、声望的提高意义重大。后世发现汉代士大夫的墓室、壁画、画像石、画像砖上，常有这样的图画：一株大树下，有人张弓射猴，或射雀、鹊[②]。《礼记·射义》记载："故天子之大射，谓之射侯。射侯者，射为诸侯也。射中则得为诸侯，射不中则得不得为诸侯。""猴"与"侯"同音，"雀、鹊"与"爵"音近，取其射爵、射侯以富贵之意。如此图画表明汉代人对谋求高官厚禄的热衷，而这种热衷恰恰成为汉代学子勤奋苦读的动力。当然，"仕"成为读书人毕生追求的目标和事业，读书以做官为目的的教育理念影响了古代社会很长时间，不利于思想和学术文化的发展。抛开对名利的追求，学子坚定的志学追求和勤奋刻苦的精神值得后世借鉴，这样的学风对提高全民文化素质大有裨益。"学而优则仕"作为一种社会筛选机制，选拔学习成绩优秀的、胜其任的人使其获得适合其能力和素质的地位是筛选目标，董仲舒对这一思想的践行则为这一机制的推行创建了竞争环境，搭建了实现目标的阶梯并指出了前进方向。

与春秋战国时期相较，汉代社会流动的实现途径日益规范和制度化，但社会流动的速度、方向、方式和程度仍受到户籍、等级以及国家政策制度的限制和制约。政策制度的出台，如汉初的鼓励垦荒、安抚流民和迁徙豪族的措施，无疑使社会流动途径更加畅通，为奴婢和自耕农个人及其家族的向上流动开辟了道路；察举制的推行，为接受教育者搭建了跻身仕途的桥梁。当然，农民反抗和政权更迭也造就了一大批布衣将相；以婚姻为手段，也曾经提高了个人的社会地位，改变了家族命运……自然，思想领域的革新，通过最高权力拥有者的推行，也会形成

① （汉）班固：《汉书》卷88《儒林传》，中华书局1962年标点本，第3620页。

② 邢义田：《汉代画像中的"射爵射侯图"》，载台湾《"中研院"历史语言所集刊》，第71本第1份，又见《中国社会科学文摘》2000年第5期。

对社会流动的一股推动力，形成对读书人发奋攻读求取功名的莫大激励！恰如许倬云所说："新的价值观念修正或取代了旧的价值观念，传统词汇也获得了完全不同的含义。"① "这些概念的变化，可能帮助了战国时期的人们在心理上更容易适应巨大的社会流动，另一方面，社会流动也助长了意识形态的重塑。"② 这种"帮助"和"助长"，同样适用于汉代社会。几乎与时代无关，外因通过内因发生作用，诸多社会流动途径体现了人类对高位移的永恒追求，社会流动和人类的内心紧密相联，是人类对生存目标的追求。

① 许倬云：《中国古代社会史论——春秋战国时期的社会流动》，广西师范大学出版社2006年版，第168页。

② 同上书，第207页。

第四章　由民而官的辅助途径
——婚姻

婚姻是人类社会普遍存在的现象，不论是古希腊、古罗马的典籍《历史》《罗马史》，抑或是古代中国的《诗经》和《左传》中都可以找到关于婚姻的记载和论述。婚姻不仅解决了人类的繁衍问题，更与人们的社会生活密切相关。通过婚姻，脱离一个群体进入另一个群体，从熟悉的旧环境迁入陌生的新环境，改变旧有的社会政治地位和经济文化生活环境。社会地位较低的女子或男子实现了向上的社会流动，进入较高社会阶层，即所谓上婚，反之为下婚。人往高处走，水往低处流。本部分准备通过对秦汉不同阶层和不同性别人群的婚姻状况分析综合，了解当时的社会流动情况，展示秦汉丰富多彩、有血有肉的历史画卷。

第一节　婚姻含义及作用的理论探讨

《易・系辞》言："天地氤氲，万物化醇。男女构精，万物化生。"气生天地，婚姻使人类得以延续，这是人类对婚姻的最早理解。《易・序卦》云：有天地然后有万物，有万物然后有男女，有男女然后有夫妇，有夫妇然后有父子，有父子然后有君臣，有君臣然后有上下，有上下然后有礼仪，"夫妇人伦之始，王化之端"[①]，指出了社会发展与进化阶段，更指出了男女缔结婚姻在宗法、伦理与社会关系中的地位。按此顺序和观点，婚姻为人类社会之始，有了婚姻，才产生家庭，形成社会以及社会关系。

---

① （南朝）范晔：《后汉书》卷62《荀淑列传》，中华书局1965年标点本，第2052页。

一　婚姻的含义

婚姻关系的正常缔结及婚后生活的稳定，是天下治平的一个重要标志。《淮南子·原道训》论证说，“道”及于人间，就会造成“父无丧子之忧，兄无哭弟之哀。童子不孤，妇人无孀”的太平盛世。《汉书·礼乐志》载，“婚姻之礼废，则夫妇之道苦，而淫辟之罪多”①，汉武帝说“盖闻导民以礼，风之以乐。婚姻者，居室之大伦也”②，将男女间的婚姻视为人类生活的新起点，而将婚姻的礼制，看作社会纲纪的首要。班固的《两都赋》谈及刘秀稳定家庭关系的行为“且夫建武之元，天地革命，四海之内，更造夫妇，肇有父子，君臣初建，人伦之始，斯乃伏羲氏之所以基皇德也”。李贤谓“言光武更造夫妇如伏羲之时也”③，都说明了婚姻、家庭是社会和人伦的基础所在。

何为“婚姻”？陈鹏在《中国婚姻史稿》中指出，男女嫁娶，结为夫妇，称曰婚姻。婚姻一语，依经传及字书诠解，约而分之，其义有四。一指婿与妇而言；二指夫妇结合之关系而言；三指婿与妇之父母而言；四指婿妇两家及亲党而言。……男女一经嫁娶，二姓便成婚姻，故婚姻复为两家亲党之称。综而言之，嫁娶基于婿妇，故婚姻之初义为婿与妇，婿与妇以礼嫁娶，好合而成夫妇，故婚姻之礼，好合之际，亦称婚姻。又婚姻“依父母之命”，结“二姓之好”。故婿与妇之父母及亲党复相谓为婚姻。四者含义虽殊，而源实基于男女之嫁娶。抑有进者、男女嫁娶，结成夫妇，何以称为婚姻，汉儒以嫁娶之礼，行于昏时，故谓之婚，女子因而成妻，故谓之姻，并引用《白虎通·嫁娶篇》“婚姻者，何谓也，昏时行礼，故谓之婚也，女子因而成妻，故谓之姻。诗丰篇郑注：男以昏时迎女，女因男而来，嫁谓女适夫家，娶谓男往娶女。论其男女之身，谓之嫁娶，指其好合之际，谓之婚姻。（中略）婚姻之名，本生于此”④。

---

① （汉）班固：《汉书》卷22《礼乐志》，中华书局1962年标点本，第1028页。

② （汉）班固：《汉书》卷88《儒林传》，中华书局1962年标点本，第3593页。

③ （南朝）范晔：《后汉书》卷40《班彪列传》，中华书局1965年标点本，第1360、1362页。

④ 陈鹏：《中国婚姻史稿》，中华书局1990年标点本，第1、3页。

二　婚姻的目的

陈鹏指出婚姻的目的“约而分之有三，曰祭祀，曰继嗣，曰内助”。前二者即《礼记·昏义》所言“婚姻者，合二姓之好，上以事宗庙，下以继后世”，所谓“妻者齐也，治内职也”，“妻之职守，在于持事，而持事之范围，限于家庭之内。故俗称妻为“内助”。“内助之责，首曰蚕桑，盖‘男耕女织’，乃中国古代男女分工之法，自后妃以下至于庶人妻子，均以蚕桑为主要职务。”[①] 陈顾远在《中国婚姻史》中指出婚姻在不同时期的目的不同，“支配婚姻之动机，依社会学家言，初以经济居先，生殖次之，恋爱又次之；次以生殖居先，经济次之，恋爱仍次之；最后始以恋爱居先，生殖次之，经济再次之”[②]，但又说“中国自周以来，宗法社会既已成立，聘娶形式视为当然，于是婚姻目的遂以广家族繁子孙为主，而经济关系之求内助反居其次”[③]。看来，传统意义上缔结婚姻的目的，提高男方或女方社会地位的意图要置于家族的延续之后，首先规定对家族的义务，即以婚姻为保持和延续家族的手段，其次规定了女方在家庭中的地位。

芬兰人类学家韦斯特马克在其《人类婚姻史》中定义：婚姻，通常被作为一种表示社会制度的术语。因此，可以给它下这样一个定义：得到习俗或法律承认的一男或数男与一女或数女相结合的关系。并包括他们在婚配期间相互具有的以及他们对所生子女所具有的一定的权利和义务[④]。《中国历代婚姻与家庭》则指出“我们现在一般把男女两性的结合，而且这种结合还形成了为当时社会制度所确认的夫妻关系称为婚姻”[⑤]，从社会制度角度解读婚姻的内涵。

至于把婚姻当作改变和提高社会地位的途径，具体始于何时，因涉及可意会不愿言传的心理变化，加之父母和亲族的介入，估计不便精确

① 陈鹏：《中国婚姻史稿》，中华书局 1990 年标点本，第 9 页。

② 陈顾远：《中国婚姻史》，上海书店 1984 年版，第 6 页。

③ 同上书，第 7 页。

④ ［芬兰］韦斯特马克：《人类婚姻史》（第一卷），王亚南译，商务印书馆 2002 年版，第 26 页。

⑤ 顾鉴塘、顾鸣塘：《中国历代婚姻与家庭》，中共中央党校出版社 1991 年版，第1 页。

考究；从汉代朱买臣的妻子因其衣食无着，便离婚改嫁，可以推测，当时的女子对婚姻已经有改善生活的愿望和要求，当然也和个体对爱情和幸福的理解和要求不同有关，卓文君逃婚嫁给家徒四壁的司马相如却毫无怨言，卖酒做起小生意竟也觉得幸福！因地区、时代和民族差异，所以要想确切考证这一观念的出现时间，恐怕很难。

第二节　秦汉婚俗

婚姻是构成家庭、家族乃至亲族产生的基础，是人类自身社会化发展最基本的形式，因此，婚姻俗制的传承和发展便成为社会关系中至关重要的内容。了解和研究不同时期的婚姻形态和习俗，对了解各代的历史和社会发展有重要作用。

一　秦汉婚俗的类型

婚姻是社会风俗和伦理关系的重要表象。汉代婚俗在历史发展阶段中有其自身的特点。婚姻形式除了自由婚外，还有：

买卖婚，男方用大量财物换取女方。

表亲婚，汉人称“重婚”。姑舅表亲婚在汉代上层社会相当普遍。形式有：同辈间互为婚姻，汉武帝为胶东王时，娶姑妈长公主嫖之女陈阿娇为妻；不同辈分为婚，惠帝张皇后是鲁元公主女儿，舅父与外甥女结为夫妻；吕后将侄孙女配给高祖之子赵王刘恢为妻，为表叔娶表侄女。近亲结婚，危害后代，降低身体素质。

变换婚，双方父母各以其女交换为子婚，或男子各以其姊妹或女儿交换为妻的婚姻形式。西汉郑崇“本高密大族，世与王家相嫁娶”①。汉武帝立卫青姐卫子夫为皇后，而卫青娶武帝姐姐平阳公主为妻。东汉明帝、章帝及其子孙多与功臣耿况的后代互为婚姻都属此类。

招养婚，即“入赘”，招男子入女家为婿，贾谊言“家贫子壮则出赘”②。社会地位低，为人轻视。

---

① （汉）班固：《汉书》卷77《郑崇传》，中华书局1962年标点本，第3254页。

② （汉）班固：《汉书》卷48《贾谊传》，中华书局1962年标点本，第2244页。

劫夺婚，汉代北部边疆地区的乌桓族极为盛行，《后汉书·乌桓列传》载："其嫁娶则先略女通情，或半岁百日，然后送牛马羊畜，以为聘币。婿随妻还家，妻家无尊卑，旦旦拜之，而不拜其父母。为妻家仆役，一二年间，妻家乃厚遣送女。居处财物一皆为办。"① 男方先掠女同居半年或百日后，再送牛、马、羊至女家，作为聘礼。男方随女至女家，给女家服役一二年。之后，女家送一份厚礼给女儿，包括住宅，结婚用品一律由女方负责。

指腹婚，父母为在母胎中的子女缔结婚约的婚姻形式，《后汉书·贾复传》记载，贾复在镇压河北农民起义时，被义军击伤，伤势严重，刘秀说"闻其妇有孕，生女邪，我子娶之，生男邪，我女嫁之，不令其忧妻子也"② 便是。

转房婚，也称收继婚。子弟在父兄死后，娶庶母或寡嫂为妻。盛行在以游牧为主的少数民族中。乌桓"其俗妻后母，报寡嫂"③，汉与匈奴和亲后，宗室女子嫁给单于为阏氏，多以此种婚姻形式转房。

逆缘婚，即"妻姊妹"或"夫兄弟"。汉景帝王皇后与妹妹先后入宫，嫁给景帝。赵飞燕姊妹同嫁成帝，俱为婕妤。东汉明帝纳马援三女。明帝曾纳阎章二妹为贵人。曹操三个女儿入宫。还有长辈与晚辈同入后宫，顺帝永建三年（128）梁商之女妠和姑姑同入宫，立为贵人。共妻制也属于此类。史载，汉宣帝时，燕赵间"三男共娶一女"，九江郡一带"淮南王异国中民家有女者，以待游士而妻之，故至今多女而少男"④。《汉书·地理志》云："初燕太子丹宾养勇士，不爱后宫美女，民化以为俗，至今犹然。宾客相过，以妇侍宿，嫁娶之夕，男女无别，反以为荣。后稍颇止，然终未改。"⑤

西汉时代燕地残存的这种婚俗，现代人类学称之为"借妻"。卢云认为，这种婚俗不仅存在于燕地，卫、楚、齐、晋等地也广泛存在⑥。

---

① （南朝）范晔：《后汉书》卷 90《乌桓列传》，中华书局 1965 年标点本，第 2979 页。
② （南朝）范晔：《后汉书》卷 17《贾复列传》，中华书局 1965 年标点本，第 665 页。
③ （南朝）范晔：《后汉书》卷 90《乌桓列传》，中华书局 1965 年标点本，第 2979 页。
④ （汉）班固：《汉书》卷 28《地理志》，中华书局 1962 年标点本，第 1668 页。
⑤ 同上书，第 1657 页。
⑥ 卢云：《汉晋文化地理》，陕西人民出版社 1991 年版，第 257、258 页。

春秋战国时期，这一婚俗有新的发展和需要。王公贵族常向宾客开放后宫，将之作为笼络宾客士人的手段。《史记·田敬仲完世家》记载，齐国田成子为发展自己的势力，“田常乃选齐国中女子长七尺以上为后宫，后宫以百数，而使宾客舍人出入后宫者不禁。及田常卒，有七十余男”①。燕国太子丹为了让荆轲刺杀秦王，“车骑美女恣荆轲所欲，以顺适其意”②。汉武帝后，儒家文化发展传播，有力排斥着原始婚俗，谢承的《后汉书》记载：“范延寿为宣帝时廷尉。时燕赵之间，有三男共娶一妻，生四子，长，各求离别，争财分子，至闻于县。县不能决断，谳之于廷尉。于是延寿决之，上言以为男子贵信，女子贵贞，今三男一妻，悖逆人伦，比之禽兽，生子属其母，于是以四子并付母，尸三男于市，奏免郡太守、令长等，切让三老，无帅化之道，天子遂可其言。”③此举打击了燕地存在的原始习俗，但是，依靠“婚姻”手段拉拢盟友的方式却一直保留下来。

“奔女”与“奔婚”，一种区域色彩非常鲜明的文化习俗，司马迁称之为“奔”，盛行于赵、郑、中山一带。《史记·货殖列传》记载：“今夫赵女郑姬，设形容，揳鸣琴，揄长袂，蹑利屣，目挑心招，出不远千里，不择老少者，奔富厚也。”④《汉书·地理志》云：“赵、中山……女子弹弦跕躧，游媚富贵，遍诸侯之后宫。”⑤《盐铁论·毁学》：“郑妪不择远近……皆为利禄也。”容貌姿颜兼备的青年女子凭借歌舞伎乐，不远千里周游各地，游媚富豪权贵，乃至皇帝，以便充作后宫妻妾。

赵、郑、中山的习俗脱胎于先秦时期的“奔婚”，《左传》昭公十九年，“楚子之在蔡也，郹阳封人之女奔之，生太子建”。《国语·周语上》韦昭注曰：“奔，不由媒氏也。”《列女传》卷6《辨通传》：“父母在内，使妾不受父母之教而随大王，是奔女也。”作为原始的婚

① （汉）司马迁：《史记》卷46《田敬仲完世家》，中华书局1959年标点本，第1885页。

② （汉）司马迁：《史记》卷86《刺客列传》，中华书局1959年标点本，第2531页。

③ 周天游：《八家后汉书辑注》，上册第7页，《太平御览》卷231并引，周天游据之互校增补。

④ （汉）司马迁：《史记》卷129《货殖列传》，中华书局1959年标点本，第3271页。

⑤ （汉）班固：《汉书》卷28《地理志》，中华书局1962年标点本，第1655页。

姻习俗，在春秋时受到限制，《礼记·内则》“聘则为妻，奔则为妾”，奔女受到歧视。在赵、郑、中山一带保留，与该地发达的歌舞女伎之业结合，发展为以歌舞伎乐游媚富贵，谋求王公贵族妻妾之位的风气。战国末期，秦、楚、赵三国王后都出自邯郸歌舞女伎，特别是楚考烈王之后李氏，曾与其兄李园由赵地千里迢迢奔至吴地，以容貌取悦权贵，“于是李园乃进其女弟，即幸于春申君”，后来“楚王召入幸之”①，李园妹妹先做楚相春申君的小妾，后入于考烈王后宫。西汉时，一些官僚妻妾是赵地女子，中郎将杨恽妻子是精通琴瑟的赵女，杨恽在《报会宗书》中说：“家本秦也，能为秦声。妇，赵女也，雅善鼓瑟。”② 魏其侯窦婴也以赵地女子为妾，“拥赵女”③，邯郸人梁蚡欲将女儿献易王④，江充将“善鼓琴歌舞”的妹妹嫁给赵太子丹⑤，中山人李延年把“妙丽善舞”的妹妹献给汉武帝，所谓“北方有佳人，绝世而独立，一顾倾人城，再顾倾人国。宁不知倾城与倾国，佳人难再得！”⑥ 这位倾国倾城的佳人便是赵地女子的杰出代表——汉武帝一度宠爱有加的李夫人。以上事例说明不少燕赵女子在外地成婚，这一风气无疑影响了当地男女性别的比例失调。直到东汉前期，燕赵女子外流的现象才得以缓解。

女子依靠歌舞伎乐取悦王公，自主婚姻奔富贵的心理延续下来，以婚姻为手段追求富贵，奔嫁权势。秦地女子私奔的风气盛行。嬴政即位以后，运用法律手段清除原始婚俗。据《睡虎地秦墓竹简·语书》记载，南郡太守下令县、道啬夫（县令、长），“以道教民，去其淫避（僻），除其恶假，而使之之于为善也”，“乡俗淫失（逸）之民不止，是即法（废）主之明法，而长邪避（僻）淫失（逸）之民”。《史记·秦始皇本纪》“夫为寄豭，杀之无罪，男秉义程。妻为逃嫁，

① （汉）司马迁：《史记》卷78《春申君列传》，中华书局1959年标点本，第2396页。

② （汉）班固：《汉书》卷66《杨恽传》，中华书局1962年标点本，第2896页。

③ （汉）司马迁：《史记》卷107《魏其武安侯列传》，中华书局1959年标点本，第2840页。

④ （汉）班固：《汉书》卷53《景十三王传》，中华书局1962年标点本，第2414页。

⑤ （汉）班固：《汉书》卷45《江充传》，中华书局1962年标点本，第2175页。

⑥ （汉）班固：《汉书》卷97《外戚传上》，中华书局1962年标点本，第3951页。

子不得母，咸化廉清”[①]，索隐释“寄豭”，言“夫淫他室，若寄豭之猪也”[②]。秦国和秦王朝的措施对消除原始婚俗和婚俗的遗留起了很大作用。

汉代的婚姻习俗呈现出复杂性和多样性。尽管尚遗留某些原始婚俗，但是稳定的一夫一妻制度已占据主导地位。本文正是在这一前提下分析秦汉时的婚姻与社会流动。贵妇、一般官宦之家、农家女子及其他平民女子以及宫女、家妓、奴婢都在考察之列，只是在写作中并未严格区分这些女子的身份地位。关于民间的婚姻情况，秦朝史籍记载比较少。

二 汉代官贵多蓄妻妾

婚姻，是人类社会发展到一定阶段才出现的社会现象。根据19世纪摩尔根提出的婚姻进化观念和当代民族学和文化人类学的研究成果，人类经过了群婚、对偶婚进入一夫一妻的婚姻形态（根据现代民族学研究资料，血缘婚和普那鲁亚婚作为单独的家庭形式从未存在过）。事实上一夫一妻多妾制在很长一段时间存在，而且汉代一夫一妻制与进入阶级社会的其他民族的一夫一妻制一样，上至皇帝，下至统治阶级的一般成员在正妻之外，有名目繁多的“妾”罢了。皇帝正妻即皇后之外，还有“昭仪”“婕妤”“美人”等称呼的妻子，其他成员除正妻之外还有“小妻”“旁妾”“辅妾”“小妇”等称呼的妻子。居延边塞屯戍的士卒正妻之外的妻子称为“辅妻”，如：

吞胡队隧长张彭祖符　　辅妻南来年十五岁　　29.2[③]

妻妾数目的多寡本身和男子的经济和社会地位的高低成正比[④]。皇

① （汉）司马迁：《史记》卷6《秦始皇本纪》，中华书局1959年标点本，第262页。

② 同上书，第263页。

③ 谢桂华、李均明、朱国炤：《居延汉简释文合校》，北京文物出版社1987年版，第44页。

④ 关于汉代的婚姻形式，彭卫的《汉代婚姻形态》（三秦出版社1988年版，第212—213页）引经据典专门陈说。

族男性所纳妻妾最多，《礼记·昏义》记载“古者天子之后，立后宫，三夫人，九嫔，二十七世妇，八十一御妻，以听天下之内治”，“王者立后，三夫人，九嫔，二十七世妇，八十一女御，以备内职焉”①。可见，先秦时期的最高统治者拥有的妻妾数目远远高于普通人。直至东汉，天子后宫数目一直没有明确定制。秦始皇后宫数目庞大，《史记·秦始皇本纪》载，“乃令咸阳之旁二百里内宫观二百七十复道，甬道相连，帷帐钟鼓美人充之”②，直到刘邦入关，所见“妇女以千数”③。秦始皇子女有二三十名，足见其后宫妇女数量。汉武帝时“又多取好女至数千人，以填后宫”④，“王莽败……宫女数千，备列后庭”⑤，汉桓帝“多内幸，博采宫女至五六千人，及驱役从使，復兼倍于此”⑥。汉代后宫人数处于不断上升趋势。《后汉书·陈蕃传》言：“食肉衣绮，脂油粉黛，不可资计。”

诸侯王也是多蓄妻妾，《汉书·景十三王传》载，中山靖王刘胜“为人乐酒好肉，其子有百二十余人”⑦，推测其正妻和妃子当不少于三四十人。《汉书·武五子传》载燕王刘旦自杀，“后夫人随旦自杀者二十余人”⑧，昌邑王刘贺有“妻十六人”⑨。《盐铁论·散不足》则记载诸侯妻妾“以百数”。高级官吏也是妻妾满室，在经济凋敝的西汉初年，丞相张苍“妻妾以百数”⑩，武帝时丞相田蚡“后房妇女以百数”⑪，西汉后期史丹“后房妻妾数十人”⑫，宦官也不甘示弱，“嫱媛、侍儿、歌童、舞女之玩，充备绮室”⑬。

西汉时期进步思想家的言论，反映了社会上层多蓄妻妾的社会现

---

① （南朝）范晔：《后汉书》卷10《皇后纪》，中华书局1965年标点本，第397页。
② （汉）司马迁：《史记》卷6《秦始皇本纪》，中华书局1959年标点本，第257页。
③ （汉）班固：《汉书》卷40《张良传》，中华书局1962年标点本，第2026页。
④ （汉）班固：《汉书》卷72《贡禹传》，中华书局1962年标点本，第3070页。
⑤ （南朝）范晔：《后汉书》卷11《刘玄列传》，中华书局1965年标点本，第470页。
⑥ （南朝）范晔：《后汉书》卷10《皇后纪》，中华书局1965年标点本，第445页。
⑦ （汉）班固：《汉书》卷53《景十三王传》，中华书局1962年标点本，第2425页。
⑧ （汉）班固：《汉书》卷63《武五子传》，中华书局1962年标点本，第2759页。
⑨ 同上书，第2768页。
⑩ （汉）司马迁：《史记》卷96《张丞相列传》，中华书局1959年标点本，第2682页。
⑪ （汉）班固：《汉书》卷52《田蚡传》，中华书局1962年标点本，第2380页。
⑫ （汉）班固：《汉书》卷82《史丹传》，中华书局1962年标点本，第3379页。
⑬ （南朝）范晔：《后汉书》卷78《宦者列传》，中华书局1965年标点本，第2510页。

状。董仲舒曾应用“天人感应说”提出男子不应多蓄妻妾，鲁定公二年，鲁国“雉门及两观灾”则是鲁定公广蓄妻妾，“奢僭过度”，“淫于女乐”行为不端引起上天责罚的结果[①]。《盐铁论·散不足》中也有贤良文学针对“诸侯（妾）百数，中者侍御，富者盈室”社会时弊的鞭挞，并把其与这一现象造成的社会后果联系起来，导致男女比例失调，影响社会稳定，“是以女或旷怨失时，男或放死无匹”，从研究社会问题的角度分析，比董仲舒利用“天人感应”来论述更深刻、有力。

生活于元帝时期的贡禹，广泛接触过社会现实，极力反对统治阶层广蓄妻妾。认为汉代皇帝后宫的宫女数以千计，诸侯、官吏、富豪竞相效仿，作为最高统治者的皇帝应该对社会上男子的这一行为负主要责任。“诸侯妻妾或至数百人，豪富吏民畜歌者至数十人，是以内多怨女，外多旷夫……其过自上生，皆在大臣循故事之罪也。”[②] 还把多蓄妻妾与整个社会的婚姻结构联系起来抨击，导致“内多怨女，外多旷夫”，影响婚嫁，皇帝应该“审查后宫，择其贤者留二十人，余悉归之”[③]。东汉桓、灵时期，后宫妃嫔、宫女人数达五六千之多。刘瑜指出，“今女嬖令色，充积闺帷，皆当盛其玩饰，冗食空宫，劳散精神，生长六疾。此国之费也，生之伤也”[④]，从后宫女子众多对国家造成的浪费进行分析，广蓄妻妾不仅仅是“家务”，更是“国务”！

从皇帝到官僚妻妾成群，对希望通过婚姻改变命运的妇女是一种吸引、一种动力。当然也造成家庭矛盾不断，影响到下层人民的婚嫁，造成妇女在家庭中的地位以及妇女整体社会地位的下降，统治阶级的人口增殖要远远高于被统治阶级数量的畸形状况。

第三节　汉代女性以婚姻为途径的上行流动

社会等级广泛而普遍的存在，社会地位的不同，职业的差异，必然在婚姻的等级结构上有所反映，汉代打破了先秦时期严格的等级婚

---

① （汉）班固：《汉书》卷 27《五行志》，中华书局 1962 年标点本，第 1329 页。
② （汉）班固：《汉书》卷 72《贡禹传》，中华书局 1962 年标点本，第 3071 页。
③ 同上书，第 3072 页。
④ （南朝）范晔：《后汉书》卷 57《刘瑜列传》，中华书局 1965 年标点本，第 1855 页。

姻制度，也没有两晋南北朝门阀政治空前严格的士庶界限。但是经济地位、政治地位和社会地位相当是择偶的主要标准，“等级性是阶级社会中婚姻关系的重要特征，也是汉代婚姻关系形成时的重要前提”①。

等级、血统、门第和出身是任何时代衡量社会地位的价值尺度和要素，不同时代比重不同。汉代婚姻的等级性特征彭卫有过翔实的描述，并且指出“以阶级划分为其根本的等级，尊卑和亲疏的划分广泛存在于两汉社会”。贾谊言“古者圣王制为等列，内有公卿大夫士，外有公侯伯子男，然后有官师小吏，延及庶人，等级分明，而天子加焉，故其尊不可及也”②。表现在婚姻上，王充的《论衡·骨相篇》言“富贵之男娶得富贵之妻，女亦得富贵之男”，既然“富贵”，当是经济地位和政治地位相当的家庭；外戚“嫁女欲配侯王，取妇眄睨公主”，出身并不一定高贵的外戚总是希望通过婚姻能使自己的家族高人一等；官员期望与帝室联姻，王莽、曹操为实现自己将来一掌天下的抱负，将女儿嫁与皇帝；官员之间互为婚姻也是蔚然成风。以上种种皆是由于社会等级的存在，作为统治集团的等级，通过婚姻避免社会地位下降，最起码不至于出现向下流动。反过来，这样的婚姻结合又使等级制更加巩固。而被统治阶层的成员尽管彼此间结为婚姻，不乏攀结高门者。同时，皇帝选民女入宫的制度也在形成，民女的社会地位不受门户限制，商贾乃至乐伎皆有入宫的可能，为女子身份的改变提供少许机会，尤其在西汉时期。

一　嫁与帝王，光耀门楣

帝王的婚姻、家庭是文化的特殊表现，同时反映一定的观念和心理。“汉兴，因秦之号，帝母称皇太后，祖母称太皇太后，適称皇后，妾皆称夫人。又有美人、良人、八子、七子、长使、少使之号焉。至武帝制婕妤，娙娥、傛华、充依、各有爵位，而元帝加昭仪之号，凡十四

① 彭卫：《汉代婚姻形态》，三秦出版社 1988 年版，第 22 页。

② （汉）班固：《汉书》卷 48《贾谊传》，中华书局 1962 年标点本，第 2254 页。

等云。”[①] 汉代继承秦后宫的妻妾名号，又屡有增设。“自武、元之后，世增淫费，至乃掖庭三千，增级十四。”[②] 不论秦汉或以后朝代，用后宫佳丽三千来形容并不为过。

有条件或有机缘接近皇帝的女性将入宫封妃、称后视为人生际遇改善的希望和机会。《汉书·外戚传》中，自高祖至汉元帝的 22 位后姬中，出身下层的 16 人。十几位女性自微贱而荣登皇后、皇太后宝座，对自身及对整个家族带来的影响和实际的利益、地位都是颠覆性的。但是，在争奇斗艳的百花丛中，能脱颖而出的只是凤毛麟角，却给无数女性以明确的努力方向和极大的鼓舞。《史记·外戚世家序》记载：“夫妇之际，人道之大伦也。礼之用，唯婚姻为兢兢……甚哉，妃匹之爱，君不能得之于臣，父不能得之于子，况卑下乎？既驩合矣，或不能成子姓；能成子姓矣，或不能要其终，岂非命也哉？”[③] 能够进宫伴驾，光耀门庭是不少女性梦寐以求的。一个女子社会地位的改变，使外戚家族的政治权力和社会地位全方位提升，迅速进入社会最高层。通过婚姻进入后宫的女子，其家族一跃跻身高层，女子被封后，父兄子侄就可以封侯。母亲也有受封机会。相应的，外戚家的父亲和兄弟便可以担任如丞相或大将军之类的重要官职。当然，该女子的政治地位和在家族中的影响力也是全新的。

汉代不乏为达到个人目的，利用女儿的婚姻作为晋升途径之人。《汉书·外戚传》载，汉昭帝 11 岁时以年仅 6 岁的上官氏为后，因为上官氏祖父上官桀、父亲上官安企图与皇帝联姻控制昭帝；王莽和曹操可谓利用婚姻，将女儿嫁给皇帝达到政治目的的典范。哪怕是有名无实的皇帝，事实上，他们需要的正是这样的皇帝，便于驾驭操控，大权独揽。王莽“欲依霍光故事，以女配”[④]，当时平帝只有 9 岁。女儿被立为皇后后，王莽身价骤然提升，人称“安汉公”，“宰衡”位在三公之上，操纵国家大权，之后代汉建立新朝。当然，女子 6 岁为后，男子 9

① （汉）班固：《汉书》卷 97 上《外戚传上》，中华书局 1962 年标点本，第 3935 页。

② （南朝）范晔：《后汉书》卷 10 上《皇后纪上》，中华书局 1965 年标点本，第 399 页。

③ （汉）司马迁：《史记》卷 49《外戚世家》，中华书局 1959 年标点本，第 1967 页。

④ （汉）班固：《汉书》卷 97《外戚传》，中华书局 1962 年标点本，第 4009 页。

岁娶妻也成为汉代的最低婚龄，政治原因使然。曹操“进三女宪、节、华为夫人，聘以玄纁束帛五万匹”，“并拜为贵人”，“立节为皇后”[①]，献帝成为他手中的傀儡。曹操死后，儿子曹丕逼献帝禅让，曹丕建魏。两个事件皆开始于攀龙附凤，终于黄袍加身。联姻不但改变了个人地位，还改变了国家政权的主人。

男尊女卑，服从父亲、长幼有序这样的道德规范在女子地位变化后发生逆转，她可以训斥兄长甚至改变或纠正父亲的某些做法。马太后对族人的要求非常严厉，“如有纤介，则先见严恪之色，然后加谴。其美车服不轨法度者，便绝属籍，遣归田里”。“初，太夫人葬，起坟微高，太后以为言，兄廖等及时减削。”[②] 邓太后的哥哥邓骘发觉儿子邓凤行为不法，“畏太后，遂髡妻及凤以谢”[③]。窦太后的哥哥窦宪行为不法，“太后怒，闭宪于内宫”，“宪惧诛，自求击匈奴以赎死”[④]。王禁的嫡妻李氏曾被王禁离弃，若干年后，李氏女儿王政君做了皇后，“令禁还李亲”[⑤]，命令父亲将早先改嫁时已寡居的母亲接回来。

彭卫考察了汉代帝后妃 75 人，其中，西汉皇帝后妃出身微贱者占 46%，而东汉出身微贱者只占到 17%[⑥]。东汉皇后出身中地位最低的要数灵帝何皇后，“家本屠者，以选入掖庭”[⑦]，立为皇后。西汉官员选拔中，门第不作为主要考虑因素，妻妾的选择也不以门第为严格界限，为出身微贱的妇女提供少许地位上升机会，当然只是极少数丽容秀貌、能歌善舞且有机会接近皇帝的女性才能有此殊荣。

后妃容貌娟丽恩宠有加时，亲朋戚友鸡犬可以升天，色衰爱弛时，横祸丛生！婚姻可以达到提高政治地位、攫取权力之目的，故而后、妃

---

① （南朝）范晔：《后汉书》卷 10 下《皇后纪下》，中华书局 1965 年标点本，第 455 页。

② （南朝）范晔：《后汉书》卷 10 上《皇后纪上》，中华书局 1965 年标点本，第 413 页。

③ （南朝）范晔：《后汉书》卷 16《邓禹列传》，中华书局 1965 年标点本，第 616 页。

④ （南朝）范晔：《后汉书》卷 23《窦融列传》，中华书局 1965 年标点本，第 813、814 页。

⑤ （汉）班固：《汉书》卷 98《元后传》，中华书局 1962 年标点本，第 4018 页。

⑥ 彭卫：《论汉代婚姻关系的构成》，《学术月刊》1985 年第 10 期。

⑦ （南朝）范晔：《后汉书》卷 10 下《皇后纪下》，中华书局 1965 年标点本，第 449 页。

之间的刀光剑影屡见于史籍。最典型的莫过于成帝时期，赵飞燕姐妹入宫后，接连害死成帝妃子所生子女，使“金殿玉室”的后宫笼罩在恐怖、猜疑的气氛中，加剧了社会矛盾，加重了朝政的混乱。《汉书·外戚传》载，孝宣霍后“母显，既使淳于衍阴杀许后，显因为成君衣补，治入宫具，劝光内之，果立为皇后”[①]。

后宫，一个女人的天地，春光旖旎，却危机四伏。最接近至尊权力的地方，看似华丽无比，流光溢彩，却不知有多少的暗潮汹涌，惊心动魄。这里的战争，不见血腥，不见硝烟，却更为惨烈。挣扎与权谋，欲望与无奈，人性与毁灭，一切都被推向极致。宫廷如职场，不进则退。是为了权势，还是不甘落于人后，抑或只是为了自保。唯有努力向上爬，这是她们唯一的方向，即便只是瞬间的荣耀。虽然这个过程，无比心酸，只因早已身不由己。以色侍君并不长久，却是吸引帝王的首要条件。一群美貌温婉的女子肩负着家族的使命，一时得宠的直接结果是光耀门楣。不论过去的生活环境，接受教育的程度和品质如何，伴随一个女性受宠而来的是女方整个家族的得势以及外戚专权局面的出现，依托女主而形成的外戚集团多会经历荣辱兴衰。

后妃与皇帝的结合是政治的结合，它的存在受政治的制约，同时对政治产生影响。外戚除在经济上享有支配封国食邑“衣食租税”的特权外，和宗室一样政治上享有封侯、封爵的权利。高祖到景帝，宗室被封为诸侯王的46人[②]，王子封侯27人[③]，外戚封侯25人[④]，不少外戚家族煊赫。西汉成帝母王太后家族，“乘朱轮华毂者二十三人，青紫貂蝉充盈幄内，鱼鳞左右。大将军秉事用权，五侯骄奢僭盛，并作威福……尚书九卿州牧郡守皆出其门，筦执枢机，朋党比周”[⑤]。汉桓帝时梁冀前后受封达3万户，两个弟弟和儿子各万户，“冀一门前后七封侯，三皇后，六贵人，二大将军，夫人、女食邑称君者七人，尚公主者

① （汉）班固：《汉书》卷97上《外戚传上》，中华书局1962年标点本，第3968页。

② （汉）班固：《汉书》卷14《诸侯王表》，中华书局1962年标点本，第406、409、418页。

③ （汉）班固：《汉书》卷15《王子侯表》，中华书局1962年标点本，第427—435页。

④ （汉）班固：《汉书》卷18《外戚恩泽侯表》，中华书局1962年标点本，第679—685页。

⑤ （汉）班固：《汉书》卷36《楚元王传》，中华书局1962年标点本，第1960页。

三人，其余卿、将、尹、校五十七人……穷极满盛，威行内外，百僚侧目，莫敢违命，天子恭已而不得有所亲豫”。获罪自杀后，“所连及公卿列校刺史二千石死者数十人，故吏宾客免黜者三百余人，朝廷为空”，抄没家资，“收冀财货，县官斥卖，合三十余万万，以充王府，减天下租税之半”①。其拥有的政治势力以及攫取的财富可见一斑。外戚在法律上也享有特权。《周礼·秋官》载“八辟丽邦法”，对八种人包括亲、故、贤、能、功、贵、勤、宾不能由法官定罪，需经朝议，奏君主裁决，酌情减免。第一条“议亲”，范围包括宗室亲戚。

外戚因为椒房之亲或色衰爱弛或政治斗争的殃及带来的兴衰荣辱多见于史籍。《后汉书·皇后纪》追溯太后摄政及外戚专权肇自秦宣太后，论曰：“自古虽主幼时艰，王家多衅，必委成冢宰，简求忠贤，未有专任妇人，断割重器。唯秦芈太后（号宣太后）始摄政事，故穰侯权重于昭王，家富于嬴国。汉仍其谬，知患莫改。”②

不论出身贵贱，只要嫁与帝王家便成为皇亲国戚。就西汉外戚而言，高祖时吕氏，文帝时薄氏、窦氏，景帝时王氏，武帝时卫氏、李氏、赵氏，宣帝时王氏、许氏，元帝时王氏、傅氏，成帝时赵氏，“其始皆由贱妇而起”，通过与皇室的婚姻，“由至微而体至尊”，成为皇亲国戚，从权力的边缘逐渐走到中心，影响甚至主宰国家的运行机制，外戚集团一荣俱荣，一损俱损。

刘邦起兵后，劳作田间的吕氏“兄二人皆为列将，从征伐”③，刘邦称帝后获封王侯，《史记·吕太后本纪》记载，吕后先后封吕台、吕产、吕禄、吕台之子吕通为王，吕台、吕产两人还分掌南、北二军，又封吕氏昆弟子六人为列侯，权势骤增。

汉文帝的生母薄太后家族一人封侯。汉景帝之母窦太后家族三人为侯。窦太后堂兄弟之子窦婴以军功封为魏其侯，为丞相，“封为魏其

---

① （南朝）范晔：《后汉书》卷34《梁统列传》，中华书局1965年标点本，第1185、1186、1187页。

② （南朝）范晔：《后汉书》卷10上《皇后纪上》，中华书局1965年标点本，第400、401页。

③ （汉）班固：《汉书》卷97上《外戚传上》，中华书局1962年标点本，第3937页。

侯。游士宾客争归之。每朝议大事，条侯、魏其，列侯莫敢与亢礼”[1]。汉武帝之母王太后借重长公主之力立为皇后，其兄王信封为盖侯，同母异父弟田蚡、田胜被封为武安侯和周阳侯，田蚡又为丞相。史载“蚡新用事，卑下宾客，进名士家居者贵之，欲以倾诸将相。上所填抚，多蚡宾客计策”[2]，田蚡为相后，越发骄横。“当是时，丞相（蚡）入奏事，语移日，所言皆听。荐人或起家至二千石，权移主上。”以致武帝说：“君除吏尽未？吾亦欲除吏。”[3]

赵翼在《廿二史札记·武帝三大将皆由女宠》中谈到，卫青、霍去病、李广利“三大将皆出自淫贱苟合，或为奴仆，或为倡优，徒以嬖宠进，后皆成大功为名将，此理之不可解者也。且卫媪一失节仆妇，生男为大将军。生女，长君孺，嫁公孙贺，官至丞相；次少儿，生去病，又嫁陈掌，亦为詹事；小女子夫，且为皇后。而去病异母弟光，又因去病入侍中，后受遗辅政，封博陆侯，为一代名臣。其始皆由贱妇而起”[4]。

武帝卫皇后母亲是平阳公主的家童，因卫子夫的关系，整个家族进入统治阶层的最上层，荣华富贵震天下。元狩元年（前 122）四月丁卯，卫子夫所生皇长子刘据被册封为太子。之后，平阳公主下嫁做自己的弟媳。卫氏家族的富贵荣华臻于高峰，“生男无喜，生女无怒，独不见卫子夫霸天下！”[5] 原始出身并不重要，嫁入皇室便加官晋爵。高祖、文、景时期，恪守“非刘氏不王，若有亡功非上所置而侯者，天下共诛之”[6] 的祖训，外戚封侯相当谨慎。武帝时外戚获封人数增加，皇太后同母弟田蚡封武安侯，田胜为周阳侯，李夫人兄李广利为贰师将军、海西侯，皇后弟卫青以击匈奴有功封长平侯，拜大司马大将军，“青三子在襁褓中，皆为列侯。及皇后姊子霍去病亦以军功为冠军侯，至大司马骠骑将军。青为大司马大将军。卫氏支属侯者五人”[7]。

---

① （汉）班固：《汉书》卷 52《窦婴传》，中华书局 1962 年标点本，第 2376 页。

② 同上书，第 2378 页。

③ （汉）班固：《汉书》卷 52《田蚡传》，中华书局 1962 年标点本，第 2380 页。

④ （清）赵翼：《廿二史札记》卷二《武帝三大将皆由女宠》，王树民校证，中华书局 1984 年标点本，第 51 页。

⑤ （汉）司马迁：《史记》卷 49《外戚世家》，中华书局 1959 年标点本，第 1983 页。

⑥ （汉）班固：《汉书》卷 18《外戚恩泽侯表》，中华书局 1962 年标点本，第 678 页。

⑦ （汉）班固：《汉书》卷 97 上《外戚传上》，中华书局 1962 年标点本，第 3950 页。

汉昭帝时，霍光受武帝遗诏为大将军辅佐少主，领尚书事，“政事壹决于光”[①]。原来位高权重的丞相成为摆设。史载：田千秋“居丞相位，谨厚有重德……终不肯有所言”[②]。田千秋之后的丞相杨敞、蔡义都是霍光任命，听命于大将军。朝中大臣不敢违命，唯恐招来杀身之祸。

上官安的女儿被立为皇后，自己受封桑乐侯，后迁车骑将军，日益骄淫，言行无忌，“与我婿饮，大乐！”权势日盛。当“光时休沐出，桀辄入代光决事”[③]，希望代霍光而专权，结果引发一场未遂的政变，被霍光消灭，霍光威震全国。昭帝成年后，还是委政于霍光，终昭帝一朝，皆由他主政。

汉宣帝皇后许氏一门被封侯的一共 3 人。皇后霍氏一门封侯者 4 人。皇后王氏，其父奉光被封为邛成侯，其兄被封为安平侯，其弟为关内侯，另有列侯 2 人。

成帝时，太后王政君执政，其兄王凤为阳平侯，同母弟王崇为安成侯。河平二年（前 27），成帝“悉封舅谭为平阿侯，商成都侯，立红阳侯，根曲阳侯，逢时高平侯。五人同日封，故世谓之‘五侯’”。以后又封王音、王莽，太后妹之子为安阳侯、新都侯、定陵侯，总计王氏一门“侯者凡十人”[④]。王政君“历汉四世为天下母，飨国六十余载，群弟世权，更持国柄，五将十侯，卒成新都”[⑤]，外戚集团靠着皇后、太后的权势专权主政，大封王氏兄弟为侯，王莽当权得益于此。

东汉皇后出身中地位最低的要数灵帝何皇后，父亲被封爵，“光和三年，立为皇后。明年，追号后父真为车骑将军、舞阳宣德侯，因封后母兴为舞阳君”[⑥]，异母兄何进在何皇后还是贵人时“拜进郎中，再迁虎贲中郎将，出为颍川太守”。何氏被立为皇后后，“拜侍中、将作大匠、河南尹。中平元年……以进为大将军”[⑦]。

---

① （汉）班固：《汉书》卷 68《霍光传》，中华书局 1962 年标点本，第 2932 页。

② （汉）班固：《汉书》卷 66《田千秋传》，中华书局 1962 年标点本，第 2886 页。

③ （汉）班固：《汉书》卷 68《霍光传》，中华书局 1962 年标点本，第 2934 页。

④ （汉）班固：《汉书》卷 98《元后传》，中华书局 1962 年标点本，第 4018，4026 页。

⑤ （汉）班固：《汉书》卷 98《元后传》班彪语，中华书局 1962 年标点本，第4035 页。

⑥ （南朝）范晔：《后汉书》卷 10 下《皇后纪下》，中华书局 1965 年标点本，第 449 页。

⑦ （南朝）范晔：《后汉书》卷 69《何进列传》，中华书局 1965 年标点本，第 2246 页。

封侯，是政治地位的象征。自武帝以后，帝舅皆封侯。平恩侯许广汉“以皇太子外祖父昌成君侯，五千六百户”[①]；平昌节侯王无故、乐昌共侯王武“以帝舅关内侯，六百户”[②]；邛成共侯王奉光“以皇后父关内侯，二千七百五十户”[③]；博望顷侯许舜“以皇太子外祖父同产弟长乐卫尉有旧恩侯，千五百户”；乐成敬侯许延寿“以皇太子外祖父同产弟侍中关内侯有旧恩侯，千五百户”[④]；阳安侯丁明“以帝舅侯，五千户”[⑤]。获封的外戚数量众多，形成较大规模的向上流动。“自宣、元、成、哀外戚兴者，许、史、三王、丁、傅之家，皆重侯累将，穷贵极富，见其位矣，未见其人也。阳平之王多有材能，好事慕名，其势尤盛，旷贵最久。”[⑥]

东汉对外戚的赏赐远远高于西汉，窦氏“赏赐恩宠，倾动京师”，“自祖及孙，官府邸第相望京邑，奴婢以千数，于亲戚、功臣中莫与为比”，“赏赐租禄，赀累巨亿”，“兄弟亲信，并侍宫省，赏赐累积，贵宠日盛”[⑦]。

外戚通常担任官职。西汉时，外戚家族成员吕产、窦婴、田蚡和王商官至丞相。官位为家族带来了财富、权力和声望，整个家族的地位骤然升起，其神奇远超海市蜃楼带来的神秘与难以置信。皇帝瞬间意志的改变和对女色的好恶完全可以改变外戚的命运。

骤然间降落与瞬间升起一样让人感到不可思议和难以接受。班固说：“序自汉兴，终于孝平，外戚后庭色宠著闻二十有余人，然其保位全家者，唯文、景、武帝太后及邛成后四人而已……其余大者夷灭，小者放流。”[⑧] 任宣对已经失势的外戚霍禹说：“（外戚盛衰）各自有时，今许、史自天子骨肉，贵正宜耳。大司马欲用是怨恨，愚以为不可。”[⑨]

---

① （汉）班固：《汉书》卷18《外戚恩泽侯表》，中华书局1962年标点本，第696页。

② 同上书，第697页。

③ 同上书，第698页。

④ 同上书，第700页。

⑤ 同上书，第710页。

⑥ （汉）班固：《汉书》卷82《王商传》，中华书局1962年标点本，第3382页。

⑦ （南朝）范晔：《后汉书》卷23《窦融列传》，中华书局1965年标点本，第807、808、811、812页。

⑧ （汉）班固：《汉书》卷97下《外戚传下》，中华书局1962年标点本，第4011页。

⑨ （汉）班固：《汉书》卷68《霍光传》，中华书局1962年标点本，第2953页。

高后死，吕产被杀于郎中府吏厕中，吕更始被斩。“太尉周勃、丞相陈平、朱虚侯刘章等共诛产、禄，悉捕诸吕男女，无少长皆斩之。”①以摧枯拉朽之势粉碎吕氏集团。武帝时，盛极一时的外戚魏其侯窦婴被弃市渭城。宣帝时，霍光死，家人图谋毒杀太子，联合霍氏诸婿昆弟谋反，败露被诛。“云、山、明友自杀，显、禹、广汉等捕得。禹腰斩，显及诸女昆弟皆弃市。唯独霍后废处昭台宫。与霍氏相连坐诛灭者数千家。”② 霍云、霍山和范明友畏罪自杀，霍禹被腰斩，霍显及其他子弟都被斩首弃市，霍氏外戚家族彻底覆灭。哀帝崩，王莽使人举奏丁氏、傅氏罪恶，“丁、傅既败，孔乡侯晏将家属徙合浦，宗族皆归故郡”③，丁氏、傅氏子弟皆免官，徙归故里。

赵冀对两汉外戚的结局专门陈述：“两汉以外戚辅政，国家既受其祸，而外戚之受祸亦莫如两汉者。”④ 章怀注谓：“高帝吕后，产、禄谋反诛；惠帝张后，废；文帝母薄太后，弟昭被杀；文帝窦后，弟子婴诛；景帝薄后、武帝陈后，俱废；武帝卫后，自杀；昭帝母赵太后，赐死；昭帝上官后，家族诛；宣帝祖母史良娣，以巫蛊死（卫太子未称帝，史氏家族并未以外戚干政致祸）；宣帝母王夫人，弟子商下狱死；霍后，废，家亦破；元帝王后，弟子莽篡位，伏诛；成帝许后，赐死；赵后，废，自杀；哀帝祖母傅太后，家属徙合浦；平帝母卫姬，家属诛。”⑤ 西汉从汉高祖到平帝，二十余家外戚，保全者只有景帝王后，宣帝许后、王后，哀帝母丁氏四家。触目惊心的比例！

> 东汉后家，惟光武郭后、阴后家皆无祸……明帝马后戒饬外家，以王氏五侯及田蚡、窦婴为戒，故马廖兄弟虽封侯，而退居私第，迄无祸败。章帝窦后，其兄宪以谋不轨诛。和帝阴后被废，其父纲自杀，家属徙日南。邓后终身称制，亦约束外家，兄骘等忠谨

---

① （汉）班固：《汉书》卷97上《外戚传上》，中华书局1962年标点本，第3940页。

② （汉）班固：《汉书》卷68《霍光传》，中华书局1962年标点本，第2956页。

③ （汉）班固：《汉书》卷97下《外戚传下》，中华书局1962年标点本，第4004页。

④ （清）赵翼：《廿二史札记校证》卷3《两汉外戚之祸》，王树民校证，中华书局1984年标点本，第67页。

⑤ 同上。

> 无过，然后崩后骘等俱被谗死，一门七人皆死非其罪。安帝阎后，兄显及弟景、耀、晏，俱以谋立外藩诛，后亦迁离宫。顺帝梁后，兄冀以弑逆诛。桓帝梁后以忧死。邓后被废，从父万世，从兄会（应为邓后之侄），皆下狱死。窦后以父武谋诛宦官，为宦官所害，后亦迁南宫。灵帝母董后，兄子重为何进所收，自杀。灵帝宋后，废，以忧死，父兄皆诛。何后，兄进谋诛宦官，亦为宦官所害，后又为董卓所弑。献帝伏后，为曹操所弑。曹后，随帝废为山阳公夫人。①

东汉外家，只有阴后、郭后、马后三家得以保全，其余不是被杀，就是自杀；不是被废，就是被幽死。政治斗争之惨烈可见一斑。而斗争的主角和发起者无疑是曾经有机会进入后宫并在后宫角逐中获得胜利的女性，当然她们大多也会是这场政治斗争的牺牲品。她们“任重道悠，利深祸速。身犯雾露于云台之上，家婴缧绁于圄犴之下。湮灭连踵，倾辀继路”②。

皇后对外戚的约束是家族得以保全的关键。皇后严格管教，外戚自我克制，可以避免杀身灭族之祸。东汉明帝之妻马皇后“严禁外戚封侯和参与政事”，要求地方官员发现马氏外戚的不法行为或者干政者，绳之以法，皇后的远见卓识，理智和克制在抑制外戚势力中起表率作用，身体力行抑制外戚专权。

外戚们的权力、利益、命运和皇帝紧紧相连，一旦受到皇帝垂青，屡屡委以重任，隆贵无比；随着权力的丧失，土地财产和地位也随之丧失。东汉外戚梁冀“在位二十余年，穷极满盛，威行内外，百僚侧目，莫敢违命。天子恭已而不得有所亲豫”。他的私苑“西至弘农，东界荥阳，南极鲁阳，北达河、淇，包含山薮，远带丘荒，周旋封域，殆将千里”。被灭族后，“收冀财货，县官斥卖，合三十万万，以充王府，用

---

① （清）赵翼：《廿二史札记校证》卷3《两汉外戚之祸》，王树民校证，中华书局1984年标点本，第67、68页。

② （南朝）范晔：《后汉书》卷10上《皇后纪上》，中华书局1965年标点本，第401页。

减天下租税之半。散其苑囿，以业穷民”[①]。

一代帝王统治的结束，意味着一家或数家外戚势力的中落。为了维护既得利益，长久尊荣显贵，外戚集团以裙带联结，固其根本茂其枝叶。宫廷斗争接二连三，结果是一拨外戚起来，另一拨倒下。汉平帝即位，王莽重新执政，罗织罪名迫令孝成赵皇后、孝哀傅皇后自杀，将两家外戚及其家族逐出京城。后来借吕宽案将卫氏一家全部杀死，只留下平帝母亲卫姬。汉元帝时史高辅政，“所举不过私门宾客，乳母子弟”[②]，刘向在“上封事极谏”中谈到外戚朋党比周时说：“并作威福，击断自恣，行污而寄治，身私而托公。依东宫之尊，假甥舅之亲，以为威重。尚书九卿州牧郡守皆出其门，筦执枢机，朋党比周，称誉者登进，忤恨者诛伤；游谈者助之说，执政者为之言。”[③] 东汉窦皇后在位时得宠于章帝，皇后宝座因无子受到已经得子的梁氏的严重威胁，便以诬陷手段将梁贵人连同其父梁竦一并杀害，在你死我活的斗争中总算保住了后位。

鉴于统治集团内部对皇位的争夺和母后外戚对皇权威胁的教训，法令对外戚有种种限制政策。《后汉书·皇后纪》“及光武中兴，斫雕为朴，六宫称号，唯皇后、贵人。贵人金印紫绶，奉不过粟数十斛。又置美人、宫人、采女三等，并无爵秩。岁时赏赐充给而已”，规定“外戚不得封侯与政”的制度。光武时，朱浮上疏“外家后亲，皆奉遵绳墨，无党势之名。至或乘牛车，齐于编人。斯固法令整齐，下无作威者也”[④]。但是，东汉诸帝除光武帝以外，大多短寿，继位的小皇帝年幼无知，因某种机缘可以坐镇后宫的女性临朝称制。“西汉武、宣诸帝，东汉光武、明、章诸帝，皆无外戚之祸，由于不假于权也，成帝柔仁，转任王氏，而国祚遂移，东汉多女主临朝，不得不用其父兄子弟以寄腹心，于是权势太盛，不肖者则纵恣不轨，其贤者亦为众忌所归，遂至覆

① （南朝）范晔：《后汉书》卷34《梁统列传》，中华书局1965年标点本，第1182、1185、1187页。

② （汉）班固：《汉书》卷81《匡衡传》，中华书局1962年标点本，第3332页。

③ （汉）班固：《汉书》卷36《楚元王传》，中华书局1962年标点本，第1960页。

④ （南朝）范晔：《后汉书》卷33《朱浮列传》，中华书局1965年标点本，第1143页。

辙相寻，国家俱敝，此国运使然也。”[①] 范晔云：“东京皇统屡绝，权归女主，外立者四帝，临朝者六后，莫不定策帷栾，委事父兄。贪孩童以久其政，抑明贤以专其威。”章怀太子注：“四帝，安、质、桓、灵也。六后，章帝窦太后、和熹邓太后、安思阎太后、顺烈梁太后、桓思窦太后、灵思何太后也。”[②] 东汉中后期，皇帝年幼，皇太后掌权，导致外戚擅权局面再次重演，构成东汉政治的一大特色。

从东汉中期开始，不少政论家倡议限制帝后及外戚的权力。李固认为，使“权去外戚，政归国家”[③]，崔琦在《外戚箴》指出，“赫赫外戚，华宠煌煌”，“晋国之难，祸起于丽，惟家之索，牝鸡之晨”，引经据典告诫朝廷，不要给外戚、后妃太大太多权力。杨震则从“男尊女卑”观念出发，反对后、妃参与政事，“夫女子小人，近之喜，远之怨，实为难养。《易》曰‘无攸遂，在中馈’，言妇人不得与于政事也”[④]。

不论出身如何，只要贵为皇后、皇太后、太皇太后，地位即尊崇无比，从权力的边缘逐渐走到权力中心，接踵而至的就是外戚集团的无比崇贵。汉武帝时开始对后妃的家庭和社会地位有了要求，东汉伴随豪强地主的政治和东汉末年门阀政治日渐形成，皇帝选后、妃的程序和步骤日益正规化、严格化、细密化，婚姻关系缔结的等级性日益严格和突出，对进宫女性的家庭出身有了严格限制，范围被限制在官宦人家或豪富大户。而且，选民女有了地区上的要求，应劭的《风俗通义》和《后汉书·皇后纪论》都指出选后宫的地区是“洛阳乡中”，彭卫考察“新汉之际全国各地起兵者身份以及两汉帝后的家庭出身，其中起兵者86人中，出身豪族大姓的有61人，占70.9%，布衣百姓出身者25人，占总数的29.1%”[⑤]。由起兵到掌握国家统治权力，豪强出身的始终占绝对优势，“由至微而体至尊”的西汉皇后也就很难再看到了，但仍有

① （清）赵翼：《廿二史札记校证》卷3《两汉外戚之祸》，王树民校证，中华书局1984年标点本，第68页。

② （南朝）范晔：《后汉书》卷10《皇后纪》，中华书局1965年标点本，第401页。

③ （南朝）范晔：《后汉书》卷63《李固列传》，中华书局1965年标点本，第2075页。

④ （南朝）范晔：《后汉书》卷54《杨震列传》，中华书局1965年标点本，第1761页。

⑤ 彭卫：《汉代婚姻形态》，三秦出版社1988年版，第28、29页。

出身低微的女子嫁到皇室。

外戚集团的荣辱，集中体现中国古代社会的家族观念，家族成员祸福相倚，一人荣显，举族腾达。

二　皇族重婚，政权巩固

婚姻自古就是巩固既得利益，增强自身实力的手段。联姻自春秋时便已存在。1955 年在安徽寿阳出土的蔡侯之墓，其中的蔡侯盘上刻有蔡侯即位时为大姊嫁与吴王的陪嫁物品；吴王光鉴上刻有吴王之女出嫁蔡侯携带的媵物。可见，在争霸激烈的春秋末年，处于吴、楚间的蔡，通过联姻的方式求得吴国的庇护，吴国也有借婚姻壮大自身的目的。

两汉时期，这一方式一直沿用，而且似乎成为普遍观念，多发生在皇室成员之间，以确保一家或几家既已占据的社会地位不动摇。重婚，即婚姻之家复结婚姻，有两种情况：有姻家恒为姻家，婚家恒为婚家者。如“孝哀傅皇后，定陶太后从弟子也”①。有彼此互为婚姻者。如卫子夫得幸武帝。又卫青尚帝姊阳信长公主，“上乃诏青尚平阳主”②。《汉书·齐悼惠王传》记载：“懿王蘘，子厉王次昌嗣，其母曰纪太后。太后取其弟纪氏女为王后……欲其家重宠。”③ 广义上讲，重婚属于近亲结婚范畴。

西汉初年，“吕后长女为宣平侯张敖妻，敖女为孝惠皇后。吕太后以重亲故，欲其生子万方，终无子，诈取后宫人子为子。及孝惠崩，天下初定未久，继嗣不明。于是贵外家，王诸吕以为辅，而以吕禄女为少帝后，欲连固根本牢甚”④。孝惠帝张皇后，是惠帝胞妹鲁元公主与宣平侯张敖所生，称惠帝为舅，吕后一厢情愿通过婚姻增加吕氏集团力量，通过“重亲”方式保全刘氏江山和扩大吕氏力量更是其初衷和最长远的打算。张皇后为巩固皇后地位，受吕后诏令，“阳为有身，取后宫美人子名之，杀其母，立所名子为太子”⑤。惠帝死后，太子即位，

① （汉）班固：《汉书》卷 97 下《外戚传下》，中华书局 1962 年标点本，第 4004 页

② （汉）班固：《汉书》卷 55《卫青传》，中华书局 1962 年标点本，第 2490 页。

③ （汉）班固：《汉书》卷 38《高五王传》，中华书局 1962 年标点本，第 1999 页。

④ （汉）司马迁：《史记》卷 49《外戚世家》，中华书局 1959 年标点本，第 1969 页。

⑤ （汉）班固：《汉书》卷 97 上《外戚传上》，中华书局 1962 年标点本，第 3940 页。

少帝怒斥吕后杀其生母，被吕后废黜自缢。于是吕后更立刘弘为皇帝，并娶吕后兄子吕禄的女儿为皇后。刘弘是孝惠帝跟后宫美人所生，吕禄女是吕太后的侄女，称其夫刘义为侄，姑侄结婚。吕后欲使吕、刘的政治姻亲一直继续下去，是否同辈以及近亲婚姻的消极影响不在吕氏考虑之内。思想家桓谭就西汉初年赵王如意被害一事认为，“使周相赵，不如使娶吕后家女为妃，令戚夫人善事吕后，则如意无弊也”[①]。可见以婚姻保全生命维系集团内部的团结在当时已经被部分人认同。彭卫认为，这种“势利之言”出自“尤好古学”的宿儒笔下，说明联姻观念的普遍化。[②]

孝惠帝崩，太后干号无泪。15岁的张辟强向陈平分析原委：“帝无壮子，太后畏君等。今请拜吕台、吕产为将，将兵居南北军，及诸吕皆官，居中用事，如此则太后心安，君等幸脱祸矣!”陈平采纳张辟强的建议，“太后悦，其哭乃哀。吕氏权由此起”[③]。权力欲泯灭了吕太后为人母的最起码的本性。吕后的苦心经营，吕氏权倾一时，不可一世，家族父兄，包括妹妹六人封侯。

皇室成员间近亲通婚，除吕后“以鲁元公主女配帝为皇后”[④]，即舅舅娶外甥女为妻外，《汉书·外戚传》载：“中山卫姬，平帝母也。父子豪……子豪女弟为宣帝倢伃，生楚孝王；长女又为元帝婕妤，生平阳公主。成帝时，中山孝王无子，上以卫氏吉祥，以子豪少女配孝王。元延四年，生平帝。”[⑤] 中山卫姬的姑姑系宣帝婕妤，其姊妹成为元帝的婕妤，系姨母辈与外甥辈的婚姻。东汉章帝窦皇后“与女弟俱以选例入见长乐宫”，章帝梁贵人“与中姊俱选入掖庭为贵人”[⑥]，姊妹共侍一夫。也有男女双方的交叉婚，《汉书·文三王传》记载，“荒王女弟园子为立舅任宝妻，宝兄子昭为立后”（立为荒王子），任宝以刘嘉之

① （汉）司马迁：《史记》卷96《张丞相列传》正义引桓谭《新论》，中华书局1959年标点本，第2679页。

② 彭卫：《汉代婚姻形态》，三秦出版社1988年版，第27页。

③ （汉）班固：《汉书》卷97上《外戚传上》，中华书局1962年标点本，第3939页。

④ 同上书，第3940页。

⑤ 同上书，第4007、4008页。

⑥ （南朝）范晔：《后汉书》卷10上《皇后纪上》，中华书局1965年标点本，第415、416页。

妹刘园子为妻，刘立娶任宝侄女为后，后又“与（姑母）园子奸”[①]。《汉书·高五王传》记载表叔和表侄女辈的婚姻，刘邦之子赵王刘恢娶吕后兄子吕产女为妻，刘恢和吕产是表兄弟。表兄妹之间的通婚在汉代存在于各个阶层。汉武帝陈皇后是其姑母之女[②]，东汉人钟瑾之母是李膺的姑姑，“瑾母，膺之姑也”，后来钟瑾娶李膺之妹为妻[③]。汉景帝王皇后与其女弟共入后宫，赵飞燕姊妹同为成帝后妃也属于重婚。《后汉书·寇恂列传》记载，桓帝时，寇荣从兄子尚桓帝之妹益阳长公主，“帝又聘其从孙女于后宫”。

惠帝娶其外甥女，是吕后“欲为重亲”，保障吕氏一族的家族利益；刘恢娶吕氏之女，也是吕后的联姻手段。“吕后徙赵王恢，恢心不乐。太后以吕产女为赵王后。”[④] 西汉后期，傅太后诏令其孙，即后来的哀帝，娶其“从弟女”为后，也是出于和吕后相同的考虑。赵飞燕姐妹同侍成帝，不排除家族利益的考虑，《汉书·外戚传》载：“上见飞燕而悦之，召入宫，大幸。有女弟复召入，俱为婕妤，贵倾后宫。”[⑤]虽然都属于原始婚俗，在当时人看来，似乎是常态的婚姻行为。与皇室联姻，强固了在朝廷中的地位。汉武帝时，不愿意就归封地的列侯与窦氏子弟联姻，“列侯多尚公主，皆不欲就国，以故毁日至窦太后”，常到窦太后处挑拨，“婴、蚡、赵绾等务隆推儒术，贬道家言，是以窦太后滋不悦”[⑥]。致使汉武的兴儒活动遭受重创。

一味考虑政治需要，当事人的感情和近亲结婚的危害便被忽略不计了。随着社会的进化和人类对自身再生产的认识，汉代人已经开始对近亲结婚带来的危害有所认识，汉律开始限制亲族之间的通婚，如姑与侄之间，西汉时梁王刘立与其姑刘园子之间，“有司奏立禽兽行，请诛”。[⑦] 又如后母与儿子之间，《公羊传》桓公六年何休注引汉律说，“立子奸母，见乃得杀之”。《汉书·王尊传》记载，汉元帝时，美阳县

① （汉）班固：《汉书》卷47《文王三传》，中华书局1962年标点本，第3216页。
② （汉）班固：《汉书》卷97上《外戚传上》，中华书局1962年标点本，第3948页。
③ （南朝）范晔：《后汉书》卷62《钟皓列传》，中华书局1965年标点本，第2064页。
④ （汉）班固：《汉书》卷38《高五王传》，中华书局1962年标点本，第1990页。
⑤ （汉）班固：《汉书》卷97下《外戚传下》，中华书局1962年标点本，第3988页。
⑥ （汉）班固：《汉书》卷52《田蚡传》，中华书局1962年标点本，第2379页。
⑦ （汉）班固：《汉书》卷47《文王三传》，中华书局1962年标点本，第3216页。

令王尊处理了“美阳女子告假子不孝案”。可见，直系血亲的父母与子女的婚姻是被法律禁止的。婶与侄之间，被称为“报”的婚姻形式，《左传》宣公三年杜预注引汉律言，“淫季父之妻曰报”，犯有“报”行者，往往被处以极刑。《后汉书·仲长统传》“非杀人逆乱鸟兽之行甚重者，皆勿杀”，李贤注“鸟兽之行谓烝报也”，可见犯“报”之人会被处以死刑。

汉代婚律对同一辈分亲族之间，包括同产和非同产兄弟姐妹之间的婚姻，也是不允许的，西汉赵敬肃王刘彭祖太子丹与其女弟及同产姊奸，“武帝遣使者发吏卒捕丹，下魏郡诏狱，治罪至死”[①]。汉律的如此规定，一方面体现了社会的进步，文明程度的提高，另一方面对于借婚姻来稳固和扩大势力的家族，有一定的约束力。因为这些“禽兽行”本身多存在于统治集团成员中。彭卫认为“禽兽行”的含义在汉代是有变化的，当时比较一致的看法是直系血亲（包括后父、母与子、女的关系）和关系密切的旁系血亲（如姑与侄女、舅甥女）等的不正当关系都属于“禽兽行”[②]。东汉时王充在《论衡·书虚篇》中也对乱伦行为进行抨击，“夫乱骨肉，犯亲戚，无上下之序者，禽兽之性，则乱不知伦理”。

西汉哀帝时，位及人臣的董贤，还不忘用婚姻手段巩固既得利益，当时的朝廷重臣王谭之子王去疾颇得哀帝青睐，董贤家族“慕之，欲与结婚姻”[③]。王莽摄政时，汉室宗亲春陵康侯刘敞为子娶高陵侯翟宣女，“欲结援树党”，起兵反莽[④]。东汉末年，曹操与袁绍在北方决一雌雄，“是时袁绍方强，而策并江东，曹公力未能逞，且欲抚之。乃以弟女配策小弟匡，又为子章取贲女”。曹操把侄女嫁给称雄江东的孙策之弟孙匡，为儿子娶孙策堂兄孙贲之女[⑤]，又“为子均取

---

① （汉）班固：《汉书》卷53《景十三王传》，中华书局1962年标点本，第2421页。

② 彭卫：《汉代婚姻形态》，三秦出版社1988年版，第296、297页，注释14。

③ （汉）班固：《汉书》卷93《佞幸传》，中华书局1962年标点本，第3738页。

④ （南朝）范晔：《后汉书》卷14《宗室四王三侯列传》，中华书局1965年标点本，第561页。

⑤ （晋）陈寿：《三国志》卷46《吴书·孙破虏讨逆传》，中华书局1959年标点本，第1104页。

绣女”[①]，另一个儿子曹均娶割据一方的张绣之女为妻。解除后顾之忧，得以专力对付袁绍。宦官势力炙手可热的东汉后期，与宦官的联姻成为一时之选。济南相荀绲“畏惮宦官，乃为（子）彧娶中常侍唐衡女”[②]。

婚姻也是消除恩怨的方式。东汉末年，孙姿与田豫同在朝廷，田豫等人嫉恨孙姿的才能，“皆妒害之”，后来田豫愿意捐弃前嫌，“惭服，求释宿憾，结为婚朋。姿……乃为子宏取其女”[③]。古代社会，婚姻作为一种手段要远远大于男女两情相悦的力量，对个人、家族，可以保全或提高社会地位；对群体，可以用以打击异己、壮大自身。

东汉婚姻讲究门第，豪强地主互为婚姻的情况颇为多见。钟皓出身颍川郡著姓，仕颍川为功曹；李膺也属海内望族，钟“皓兄子母瑾，膺之姑也”，钟瑾为李膺赏识，“复以膺妹妻之”[④]，钟皓和李膺家族的婚姻属于重婚。其他大族间婚姻未必是重婚，但是利用婚姻作为强固社会关系的手段毋庸置疑，更符合“门当户对”的择婚观念，促进了东汉地域性豪强集团的形成。郭昌为真定郡功曹，出身“著姓”，曾经“让田宅财产数百万与异母弟”，娶真定恭王女，女儿在刘秀征战河北时嫁给刘秀，东汉建立，成为皇后。[⑤] 赵岐仕京兆为属吏，祖父曾任御史，妻子是“外戚豪家”马融的侄女[⑥]。地方大姓互为婚姻，互相庇护，也造成对一地的权力垄断，地方势力盘根错节。史载，“先是，颍川豪杰大姓相与为婚姻，吏俗朋党。广汉患之，厉使其中可用者受记，出有案问，既得罪名，行法罚之，广汉故漏泄其语，令相怨咎。又教吏为缿筩，及得投书，削其主名，而讬以为豪桀大姓子弟所言。其后强宗大族家家结为仇雠，奸党散落，风俗大改”[⑦]。大族间以婚姻为纽带形成的势力，对社会治安和国家稳定都是威胁。

---

① （晋）陈寿：《三国志》卷 8《魏书 · 张绣传》，中华书局 1959 年标点本，第 262 页。

② （南朝）范晔：《后汉书》卷 70《荀彧列传》，中华书局 1965 年标点本，第 2281 页。

③ （晋）陈寿：《三国志》卷 14《魏书 · 刘放传》及注引《孙姿别传》，中华书局 1959 年标点本，第 459 页。

④ （南朝）范晔：《后汉书》卷 62《钟皓列传》，中华书局 1965 年标点本，第 2064 页。

⑤ （南朝）范晔：《后汉书》卷 10《皇后纪》，中华书局 1965 年标点本，第 402 页。

⑥ （南朝）范晔：《后汉书》卷 64《赵岐列传》，中华书局 1965 年标点本，第 2121 页。

⑦ （汉）班固：《汉书》卷 76《赵广汉传》，中华书局 1962 年标点本，第 3200 页。

三　妇女再嫁，获得新生

汉代妇女再嫁相对自由。已经出嫁的妇女，可以再次依托婚姻改善处境。史籍为我们提供了很多汉代妇女再嫁的实例：平阳公主初嫁曹时，再嫁卫青；敬武公主初嫁张临，二嫁赵钦，再嫁薛宣；王媪初嫁王更得，再嫁王乃始；许孊初嫁龙敋思侯，再嫁淳于长；汉元帝傅昭仪母初嫁其父，再嫁郑翁；汉桓帝邓后母初嫁邓香，再嫁梁纪。蔡邕之女蔡文姬也是三嫁，先嫁河东卫仲道，没有子女，便回到娘家；天下丧乱，为胡骑所获，被迫嫁给南匈奴左贤王，育有两子；曹操"遣使者以金璧赎之"，而重嫁于陈留董祀[①]。东汉末年，曹丕、刘备和孙权，后来分别是三国初年的第一代皇帝，都曾以再婚女人为妻。《三国志·魏书·后妃传》载：甄氏系袁熙之妻，袁熙死后，改嫁曹丕；《三国志·蜀书·二主妃子传》载，刘备夫人穆氏为刘瑁妻，刘瑁死后，"寡居，先主既定益州，而孙夫人还吴……于是纳后为夫人"。《三国志·吴书·妃嫔传》载，孙权徐夫人"初适同郡陆尚。尚卒，权为讨虏将军在吴，聘以为妻"。不论是皇室女子，下层农妇，还是"博学有才辩，又妙于音律"的才女，我们排除战乱、灾荒等自然因素，如果出于当事人主观选择，汉代妇女再嫁或改嫁总有其理由，或求贵、求贤，或求富，或求安。

武帝母亲孝景王皇后，父王仲，母臧儿。臧儿改嫁为长陵田氏妇，生男蚡、胜。臧儿长女（王皇后），先嫁金王孙，生一女俗。"而臧儿卜筮曰两女当贵，欲倚两女，夺金氏。金氏怒，不肯与决，乃内太子宫。太子幸爱之，生三女一男。"[②] 臧儿主谋的弃金结刘把戏，只不过是谋求富贵的一种婚姻交易。当然，期间的当事人——后来成为景帝皇后的王氏在改嫁前后的态度并未得到尊重和考虑。其母臧儿的如意算盘却打成了。景帝"立王夫人为皇后，男为太子。封皇后兄信为盖侯"。武帝即位，"为皇太后，尊太后母臧儿为平原君，封田蚡为武安侯，胜为周阳侯。王氏、田氏侯者凡三人"。就连皇太后微时为金王孙生女俗

---

① （南朝）范晔：《后汉书》卷 84《列女传》，中华书局 1965 年标点本，第 2800 页。

② （汉）班固：《汉书》卷 97 上《外戚传上》，中华书局 1962 年标点本，第 3946 页。

也被汉武帝车驾迎回，赏赐这位民间的姐姐“钱千万，奴婢三百人，公田百顷，甲第”，“因赐汤沐邑，号修成君。男女各一人，女嫁诸侯，男号修成子仲，以太后故，横于京师”①。

“外黄富人女甚美，庸奴其夫，亡邸父客”，父客建议该女子“必欲求贤夫，从张耳”②。于是，女子毅然嫁给张耳，去“庸奴”，求“贤夫”。朱买臣妻子与朱买臣离异的史事，更能说明女子再嫁目的明确。朱买臣“家贫，好读书，不治产业，常艾薪樵，卖以给食，担束薪，行且诵书。其妻亦负载相随，数止买臣毋歌呕道中，买臣愈益疾歌，妻羞之，求去。买臣笑曰：‘我年五十当富贵，今已四十余矣。女苦日久，待我富贵报女功。’妻恚怒曰：‘如公等，终饿死沟中耳，何能富贵！’买臣不能留，即听去。”朱买臣一边攻读一边贩薪樵度日，其妻也上山打柴，不堪生活的劳辛出夫再嫁。这说明汉代妇女有自主意识，有离婚的自由，也说明汉代妇女已然将婚姻当作谋生并且改善生活状况的途径，若不如意可以再次选择。朱买臣 40 余岁时，妻认为没有前途，不能给她想要的生活，与之离婚。“其后，买臣独行歌道中，负薪墓间，故妻与夫家俱上冢，见买臣饥寒，呼饭饮之”③，可以推断，其妻的新任丈夫的经济状况要好于当时的朱买臣。所谓“夫妇之道，有义则合，无义则离”④，此处的“义”不如改为“利”更确切。

四　姻缘际会，跻身望族

普通女子若具备超人的勇气和胆识，也可以得到高门赏识，改变命运。《华阳国志·先贤士女赞》卷 10《阳姬传》：“姬，武阳人也。生自寒微，父坐事闭狱。杨涣始为尚书郎，告归，郡县敬重之。姬乃邀道扣涣马讼父罪，言辞慷慨涕泣。涣奇其才，为子文方聘之。二弟得仕宦，遂世为宦门。”后来杨文方官居汉中太守，阳姬对丈夫的政事多有襄助。在丈夫死后，以丈夫的名义举荐赵宣，后官至犍为（治今四川

① （汉）班固：《汉书》卷 97 上《外戚传上》，中华书局 1962 年标点本，第 3946—3948 页。

② （汉）班固：《汉书》卷 32《张耳传》，中华书局 1962 年标点本，第 1829 页。

③ （汉）班固：《汉书》卷 64《朱买臣传》，中华书局 1962 年标点本，第 2791 页。

④ （汉）班固：《汉书》卷 81《孔光传》，中华书局 1962 年标点本，第 3355 页。

彭山县南）太守，政绩卓著，后世称："宣之进用，姬之力也。"两个儿子也跻身仕宦之列。对侄子杨淮也悉心调教，淮因孝廉入仕，政绩斐然。史家赞扬："姬尚在故吏敬之，四时承问不绝。"后世赞美："阳姬请父，厥族蒙援。克谐内爱，训及秀彦。"阳姬使整个家族得救，改变了全家受官府欺压的命运。阳姬从一个为父申冤的少女成长为政治上比较成熟的命妇，在于她善于审时度势，敢于向命运挑战，也得益于嫁入宦门的姻缘际会。

诸葛亮的两个姐姐的婚姻也很有代表性，政治意义突出。凭借诸葛氏家族的名望地位以及与刘表的私交，诸葛玄把两个侄女嫁入当地大族——蒯家和庞家。蒯氏家族当时在荆州的地位举足轻重，蒯良、蒯越兄弟是刘表的心腹。蒯祺本人被刘表任命为房陵郡太守。诸葛亮的二姐嫁给襄阳名士庞德公的儿子庞山民。庞德公学识渊博，在荆州地区德高望重。庞山民是荆州名士，以后在魏国为黄门吏部郎。庞家在荆州也是响当当的名门大族。这两桩婚事为以后诸葛亮的事业、人脉奠定了坚实基础。

婚姻，帮助曾经处于社会下层的女性进入较高阶层。凭借歌舞等技艺成为后妃的女性更借此提升了全家地位，家道中落的诸葛亮的两个姐姐通过婚姻成为当地大户，进入名门望族行列；生自寒微的阳姬改变了家族命运……

第四节　汉代男性以婚姻为途径的上行流动

汉代社会，男性以其性别优势在国家的选官制度中占据得天独厚的优势，不仅拥有优越的受教育权利，还可以通过"学而优则仕"，经选官而步入仕途。但亦不乏以婚姻途径提高社会政治地位者，迎娶政治经济背景雄厚的富家女子为妻，扩大社会影响；通过"尚主"而飞黄腾达；以"色"获宠进而获得显位。这对汉代当时社会造成了一定的负面影响。

一　娶富家女子为妻，改变或提升仕途

娶富家豪族之女，是通过婚姻提高男性尤其是寒微之士社会政治地

位的一种主要途径。秦末张耳便是如此，“张耳尝亡命游外黄。外黄富人女甚美，嫁庸奴，亡其夫，去抵父客。父客素知张耳，乃谓女曰：‘必欲求贤夫，从张耳。’女听，乃卒为请决，嫁之张耳。张耳是时脱身游，女家厚奉给张耳，张耳以故致千里客。乃宦魏为外黄令。名由此益贤”[①]。“张耳适时脱身游”，可谓一贫如洗。然而，就是在外黄，张耳遇到了生命中的“另一半”，张耳的社会影响力逐步扩大。可见，张耳通过娶富家女为妻，不仅使自身富足起来，还改变了社会地位，进入仕途官场。张耳曾经的刎颈之交陈馀亦是如此。“陈馀者，亦大梁人也。好儒术，数游赵苦陉。富人公乘氏以其女妻之，亦知陈馀非庸人也。”[②] 由此可知，当时男子很愿意娶富家女为妻，女方良好的经济条件是一大吸引，而不在乎其是否为再嫁之妇。

被民间誉为“智慧”化身的诸葛亮与黄氏的婚姻对诸葛亮步入仕途至关重要。背井离乡的诸葛亮姐弟跟着叔叔投靠荆州牧刘表，娶黄承彦之女为妻。“黄承彦者，高爽开列，为沔南名士，谓诸葛孔明曰：‘闻君择妇，身有丑女，黄头黑色，而才勘相配。’孔明许诺，即载送之。时人以为笑乐，乡里为之谚曰：‘莫仿孔明择妇，正得阿承丑女’”，以相貌丑陋的女子为妻受到世人取笑。仔细分析，是黄承彦准备将女儿嫁与诸葛亮的自谦之词，只是担心女儿和“少有逸群之才，英霸之气，身长八尺，容貌甚伟，时人异焉”[③] 的诸葛亮相比较，在相貌上有差距。何况，诸葛亮之所以选择“丑女”，是有其政治因素考虑的，名不见经传的一介书生，虽有经天纬地之才，要出人头地，走上政治舞台，必须与荆州大族联姻，而黄承彦的妻子是荆州著名的名门大族蔡讽的女儿，蔡氏家族在荆州是名门望族，政治资本雄厚，乘龙快婿是荆州牧刘表，儿子蔡瑁是刘表信赖的大将。与荆州大族联姻，依靠黄氏的家族背景和政治背景，是诸葛亮梦寐以求和迫切需要的。娶黄承彦之女也就是娶蔡讽的外孙女、蔡瑁的外甥女，与刘表也可以拉上姻亲关

① （汉）司马迁：《史记》卷89《张耳陈馀列传》，中华书局1962年标点本，第2571页。

② 同上。

③ （晋）陈寿：《三国志》卷35《诸葛亮传》注引《襄阳记》，中华书局1959年标点本，第929、930页。

系。因此，与黄氏联姻，必然会对诸葛亮名声地位的提高有所促进。

婚姻对处于弱势的一方，有时候相当于赏赐，客观效果不容忽视。约为婚姻达到政治目的。《史记·项羽本纪》载，鸿门宴前夜，张良出邀项伯。项伯即入见沛公。沛公奉卮酒为寿，约为婚姻。《汉书·隽不疑传》载，京兆尹隽不疑在处理假卫太子一案中表现出了干练的才能，“名声重于朝廷”，因此，大将军霍光主动提出与其结亲。齐地人鲍宣从桓氏学经，桓氏“奇其清苦，故以女妻之，装送资贿甚盛”①，宗正刘德“有智略”名闻一时，被武帝誉为“千里驹”，在刘德妻死后，“大将军光欲以女妻之”②；太尉皇甫嵩见射援“少有名行”，“贤其才而以女妻子之。丞相诸葛亮以援为祭酒，迁从事中郎”③。东汉末年，为郡小吏的公孙瓒“为人美姿貌，大音声，言事辩慧。太守奇其才，以女妻之”④。考之史料，公孙瓒虽然“家世二千石”，但“以母贱，遂为郡小吏”。平民男子高慎，“抚育孤兄子五人，恩义甚笃，琅琊相何英嘉其行履，以女妻焉。英即车骑将军熙之父也。慎历二县令、东莱太守”⑤。以上多是以自己的才能得到上司赏识而如虎添翼的男子。原来的平民，成为一方官吏的乘龙快婿，成为富户大族；原来官职低微的，要么与大将军结为姻亲，要么成为太守的座上宾客，要么成为名流大儒的佳婿，其社会地位的全面提升毋庸多言。诸葛亮的婚姻则影响了当地乃至全国的政治局势和人力资源分布，从名不见经传的小生跃为一国之相。司马相如在取得卓文君家人对这桩婚姻的认可后，获得岳父的家产资助，凄凉家境大大改善，生活水平相应提高。对司马相如而言，婚姻也是他的晋升之阶。

既然婚姻有如此神奇的功效，主观上攀援势家而去娶妻的男士必不可少。《后汉书·郭太列传》载黄允以隽才知名。司徒袁隗欲为从女求

① （南朝）范晔：《后汉书》卷84《列女传》，中华书局1965年标点本，第2781页。

② （汉）班固：《汉书》卷36《楚元王传》，中华书局1962年标点本，第1927页。

③ （晋）陈寿：《三国志》卷32《蜀书·先主传》注引《三辅决录注》，中华书局1959年标点本，第886页。

④ （南朝）范晔：《后汉书》卷73《公孙瓒列传》，中华书局1965年标点本，第2357页。

⑤ （晋）陈寿：《三国志》卷24《魏书·高柔传》注引《陈留耆旧传》，中华书局1959年标点本，第682、683页。

姻，见允而叹曰："得婿如是足矣！"准备将自己的侄女嫁给他，黄允为攀高门，"黜遣其妻夏侯氏"，夏侯氏"大集宾客三百余人，妇中坐，攘袂数允匿秽恶十五事，言毕，登车而去。允以此废于时"①。夏侯氏痛快淋漓地揭露丈夫的罪恶行径和丑恶嘴脸，令黄允尴尬万千，无地自容，声名狼藉。夏侯氏所为是汉代妇女在婚姻上可以自主的反映，也是被黄允背弃婚姻、另攀高枝的行为所激怒。《后汉书·窦融列传》记载，东汉安帝时，窦穆矫称阴太后诏，令六安侯刘盱出妻，刘盱非经官方认可，即去妻娶窦融之女，后刘盱出妻"上书言状，帝大怒，乃免穆等官"，如此行为还是为社会所不齿的。

对通过婚姻与高门联姻而声名显达、仕途通显的风气，为汉代有识之士深恶痛绝，大加挞伐。西汉初年，贾谊明确反对通过婚姻结权势、攀高门和联姻的社会风气，《新书·时变》中认为"取妇嫁子，非有权势，吾不与婚姻"是"俗之邪"，明确反对以婚姻结权势、攀高门的社会风气。并预言，此风不止会造成十分严重的社会后果。以婚姻嫁娶为手段，攀结高门的现象相当普遍，贾谊敢于正视现实，不惧包括皇室外戚在内的统治阶级成员，显示了非凡的勇气和见识。东汉王符，生活于外戚和宦官交替掌权、朝政败坏的时代，认为官吏和外戚之间盛行的联姻对东汉政权产生不良影响。在《潜夫论·思贤》中指出，"将相权臣，必以亲家。皇后兄弟，主婿外甥。年虽童妙，未逃桎梏"的结果导致国家选拔人才时重亲族血缘关系，忽略才能高下，"由藉此官职，功不加民，泽不被下而取侯，多受茅土，又不能治民效能以报百姓，虚食重禄，素餐尸位"。之所以会造成这样的现象，在于最高统治者用人不当。警告"不使立功自诧于民，而苟务其爵位，崇其赏赐，令结怨于下民，悬罪于恶，积过既成，岂有不颠陨者哉?"王符生活于外戚和宦官交替掌权、朝政败坏的时代，他将官吏和外戚之间盛行的联姻之风与吏选、吏任和吏治联系起来，深刻地看到这一风气对国家政权的危害。

生活于汉成帝时期的杜钦，对于皇帝选秀时过分看重容貌提出异

① （南朝）范晔：《后汉书》卷68《郭太列传》，中华书局1965年标点本，第2230页。

议，“必乡举求窈窕，不问华色，所以助德理内也”[①]。容貌不应该是主要考虑的，而应把贤德作为标准。匡衡也指出“能致其贞淑，不贰其操，情欲之感无介乎容仪，宴私之意不形乎动静，夫然后可以配至尊而为宗庙主”[②]。

二　畸形婚恋，获得显位

汉代社会，男性也有凭借与公主的特殊关系提升社会地位者。私姘是乱行，伤风败俗，自古都被视为耻事。《汉书》和《史记》中有不少关于汉女不讳私姘的记载，对皇后、太后是姘夫姘妇的私生女的事也不避讳。高祖薄姬，文帝的生母是其父与魏王室女魏媪的私生女。

公主私夫，形成事实上的婚姻。《汉书·东方朔传》载，汉武帝姑母馆陶公主寡居，“近幸董偃。偃与母以卖珠为事”，“以主故，诸公接之，名称城中，号曰董君”[③]，因面容姣好，被公主留在家中，“出则执辔，入则侍内”。“当是时，董君见尊不名，称为‘主人翁’，饮大驩乐。主乃请赐将军列侯从官金钱杂缯各有数。于是董君贵宠，天下莫不闻。”[④]这种“败男女之化，而乱婚姻之礼，伤王制”不合礼法的关系经皇帝的承认得以合法化，“是后，公主贵人多逾礼制，自董偃始”[⑤]。东方朔说，董偃私姘窦太主，有三条可杀之罪，“偃以人臣私侍公主，其罪一也；败男女之化，而乱婚姻之礼，伤王制，其罪二也；……偃为淫首，其罪三也”[⑥]。

汉昭帝时，长姊鄂邑盖长公主与河间丁外人私通也是朝堂内外人所共知的事情。“公主内行不修，近幸河间丁外人。桀、安欲为外人求封，幸依国家故事以列侯尚公主者，光不许。”上官桀依照国家以往“以列侯尚公主”的制度“欲为外人求封”，遭到霍光拒绝，“又为外人求光禄大夫，欲令得召见”[⑦]，丝毫不以为是不光彩之举。“值昭帝幼，

---

① （汉）班固：《汉书》卷60《杜周传》，中华书局1962年标点本，第2668页。
② （汉）班固：《汉书》卷81《匡衡传》，中华书局1962年标点本，第3342页。
③ （汉）班固：《汉书》卷65《东方朔传》，中华书局1962年标点本，第2853页。
④ 同上书，第2855页。
⑤ 同上书，第2856、2857页。
⑥ 同上书，第2856页。
⑦ （汉）班固：《汉书》卷68《霍光传》，中华书局1962年标点本，第2934页。

皇后父上官将军安与帝姊盖主私夫丁外人相善”[1]，称丁外人是“帝姊盖主私夫”，当时上层社会对这种关系似乎没有形成沉重的舆论压力，汉家公主不避讳私夫，天子安之若素，朝臣司空见惯，贵臣上疏乞封，皇族妇女堂而皇之面对社会，是有一定的历史文化背景的：“在汉文化融合多种文化因素初步形成的时代，儒学礼制尚未能严格规范所有的社会层面。”[2] 鲁迅在《坟·看镜有感》中赞叹汉代社会的文化风格，“遥想汉人多少闳放”，“毫不拘忌”，“魄力究竟雄大”。董偃这样名不正言不顺的面首都有机会和高官交结，丁外人也险些拥有光禄大夫这样的显位。董偃、丁外人之流凭借这样的关系得以贵崇。

以“色”获宠并非女性的专利，汉代社会，有男性也因自己的容貌获得皇帝宠爱，成为男性实现社会流动的一种手段。《史记·佞幸列传》记载，“谚曰：‘力田不如逢年，善治不如遇合’，固无虚言。非独女以色媚，而仕宦亦有之。昔以色幸者多矣”。这种现象多发生在统治集团上层，而且是其中一方对另一方在政治、经济或社会地位上有依附关系。刘邦时“则有籍孺、孝惠有闳孺。此两人非有材能，但以婉媚贵幸，与上卧起”，“孝文士人则邓通，宦者则赵谈、北宫伯子；孝武时士人则韩嫣。宦者则李延年；孝元时宦者则弘恭、石显；孝哀时则有董贤”；“宣帝时，侍中中郎将张彭祖少与帝微时同席研书，及帝即尊位，彭祖以旧恩封阳都侯，出常参乘，号为爱幸”[3]。成帝与张放、淳于长，哀帝时董贤皆因畸形的“婚姻”赢得尊贵。胶西王刘端“有所爱幸少年，以为郎”[4]。西汉中期的权臣霍光“爱幸监都奴冯子都，常与计事”[5]，仲长统说“妖童美妾，填乎绮室”[6]。尤以哀帝与董贤著名，董贤“为人美丽自喜，哀帝望见，说其仪貌……拜为黄门郎，由是始幸”[7]，二人之间的“断袖之癖”成为古代对同性恋的习称。哀帝

---

① （汉）班固：《汉书》卷67《胡建传》，中华书局1962年标点本，第2911页。

② 杨树达：《汉代婚丧礼俗考》，上海古籍出版社2000年版，第14页。

③ （汉）班固：《汉书》卷93《佞幸传》，中华书局1962年标点本，第3721页。

④ （汉）班固：《汉书》卷53《景十三王传》，中华书局1962年标点本，第2418页。

⑤ （汉）班固：《汉书》卷68《霍光传》，中华书局1962年标点本，第2950页。

⑥ （南朝）范晔：《后汉书》卷49《仲长统列传》，中华书局1965年标点本，第1648页。

⑦ （汉）班固：《汉书》卷93《佞幸传》，中华书局1962年标点本，第3733页。

宠爱董贤，董贤也因为仪貌在短时间内光耀门庭，权倾一时。对于地位较高者，蓄养男宠，是纵欲，是腐化，但对于被蓄养者，地位较低的一方则是对于权力的依附，对有权势者的奉承或可以成为凭借对方权势抬高自己的手段。

三 “尚主”之制，祸福相倚

不少男子因婚姻而为官甚至升迁，秦末汉初的张耳、汉末的诸葛亮以及那些“尚公主”的男子借助女方财力、声誉和社会影响力步入仕途获得升迁。张汤后代，“临尚敬武公主，薨，子放嗣……放以公主子开敏得幸。放娶皇后弟平恩侯许嘉女，上为放供张，赐甲第，充以乘舆服饰，号为天子取妇，皇后嫁女。大官私官并供［其］第，两宫使者冠盖不绝，赏赐以千万数”[①]。班固认为：“汉兴以来，侯者百数，保国持宠，未有若富平者也。”[②] 东汉李通“布衣唱义，助成大业，重以宁平公主故，特见亲重”[③]。

“男尊女卑”是古代社会行为的基本准则。但是汉代社会，婚姻也是不少男性成就事业的捷径。最能体现此点的莫过于汉代的“使男事女，夫绌于妇”的“尚主”之制，有资格“尚主”的男性自然已经具备官的身份。“尚主”即娶皇帝之女为妻，相类似的还有“承翁主”，即娶诸侯王之女为妻。与公主或翁主结婚意味着飞黄腾达、高官厚禄和尊荣。西汉张敖尚鲁元公主，卫青尚帝姊平阳主[④]，陈午尚馆陶公主[⑤]。东汉时期的郭璜奉光武帝诏令尚淯阳公主，“除璜为郎”[⑥]。梁松年少时为郎，“尚光武女舞阴长公主，再迁虎贲中郎将”[⑦]。

东汉初，追随刘秀起兵的邓禹的子孙“累世宠贵”，耿弇家族的大将军、将军、列侯、尚公主者子孙袭爵，累世为官。邓禹南阳新野人，

---

① （汉）班固：《汉书》卷 59《张汤传》，中华书局 1962 年标点本，第 2654 页。

② 同上书，第 2657 页。

③ （南朝）范晔：《后汉书》卷 15《李通列传》，中华书局 1965 年标点本，第 576 页。

④ （汉）班固：《汉书》卷 55《卫青传》，中华书局 1962 年标点本，第 2490 页。

⑤ （汉）班固：《汉书》卷 97 上《外戚传上》，中华书局 1962 年标点本，第 3948 页。

⑥ （南朝）范晔：《后汉书》卷 10 上《皇后纪上》，中华书局 1965 年标点本，第 403 页。

⑦ （南朝）范晔：《后汉书》卷 34《梁统列传》，中华书局 1965 年标点本，第 1170 页。

封邑在高密（今山东高密市西南）等四县，在洛阳终老。两个孙子娶明帝的公主，后裔多在洛阳任职。和帝邓皇后，其兄弟及后裔大多定居洛阳，“邓氏自中兴后，累世宠贵，凡侯者二十九人，公二人，大将军以下十三人，中二千石十四人，列校二十二人，州牧、郡守四十八人，其余侍中、将、大夫、郎、谒者不可胜数，东京莫与为比”[①]。这些官职和爵位中大部分是在京城的，即使是地方官，家属也多数在洛阳。功臣来歙是南阳新野（今河南新野县）人，其父亲“娶光武祖姑”[②]，其孙来稜“尚显宗女武安公主”，后裔一直在朝廷任职，来定“尚安帝妹平氏长公主”，顺帝时为虎贲中郎将，其次子来艳在灵帝时任司空[③]。诸多实例充分说明某个家族尚主或累世尚主，对该家族的巨大影响。

如果一个人可以尚公主，不仅可以分享公主汤沐邑的收入，还可以享受比原来高的政治地位。汉武帝时的方士栾大，得以封侯并诏令其尚公主，史书记载：武帝“以卫长公主妻之，赍金十万斤，更名其邑曰当利公主”[④]，虽以列侯身份尚主，却是两汉公主婚嫁对象中出身最低微的人。这一点与汉武帝祈求长生不老的愚昧心理有关。西汉宣帝时，楚王刘延寿欲结好汉武帝之子广陵王，让自己的后母弟赵何齐娶广陵王的女儿为妻。重要原因就是天下一旦变乱，可以发兵助广陵王取得帝位，而“何齐尚公主，列侯可得也”[⑤]。《太平御览》卷389引《三辅决录》记载，汉桓帝诏以公主妻窦叔高，叔高便和其妻离婚，或是慑于皇帝权威，或是贪慕富贵荣华。

虽然男性能立即拥有富贵荣华，但同时也要忍受妻子的骄纵带来的无尽屈辱，饱受精神上的折磨。妻子是帝王之女，有强大的政治靠山，一般娇惯成习，有恃无恐。所以并非每一个男子都愿意以牺牲自尊为代价而“尚主”。汉婚律规定，汉代皇族女子的丈夫都是当朝列侯和中级以上的官吏，丈夫在家庭中的地位明显低于公主。西汉芒侯耐申“坐

① （南朝）范晔：《后汉书》卷16《邓寇列传》，中华书局1965年标点本，第619页。
② （南朝）范晔：《后汉书》卷15《来歙列传》，中华书局1965年标点本，第585页。
③ 同上书，第590、593页。
④ （汉）班固：《汉书》卷25《郊祀志》，中华书局1962年标点本，第1224页。
⑤ （汉）班固：《汉书》卷36《楚元王传》，中华书局1962年标点本，第1925页。

尚南宫公主不敬，免”[①]。两汉时期，男子对反主为佣，受制于妻，“绌于妇”的家庭模式很不习惯。已经尚主的人，不甘妻子欺辱，上演杀妻的悲剧。汉世翁主、公主的骄横，与日俱增！虐待丈夫的事件，愈演愈多，至汉末达登峰造极的地步。汉人班始，尚清河孝王女阴城公主，公主仗着自己是清河孝王之女和汉顺帝之姑，恣意胡为，“主顺帝之姑，贵骄淫乱，与嬖人居帷中，而召始入，使伏床下。始积怒，永建五年，遂拔刃杀主。帝大怒，腰斩始，同产皆弃市”[②]。皇室的等级观念根深蒂固，对尚主的男子而言，有诸多的麻烦。西汉杜业“成帝初尚帝妹颍邑公主，主无子，薨，业家上书求还京师与主合葬，不许”,[③]已故的公主依旧左右着丈夫的行为。

不少男子不愿意尚承主，甚至以死相拒。刘秀准备将公主嫁给汝南郡太守主簿周嘉，“嘉称病笃，不肯当”[④]；尚书杨乔，“容仪伟丽，数上言政事，桓帝爱其才皃，诏妻以公主，乔固辞不听，遂闭口不食，七日而死”[⑤]。

尚主，女尊男卑，“主”是皇权的象征，公主的地位不容侵犯，否则便是挑战皇权。对这一与传统的男尊女卑相悖的现象，汉代人士多有评论。王吉说“汉家列侯尚公主，诸侯则国人承翁主，使男事女，夫绌于妇，逆阴阳之位，故多女乱”[⑥]，认为尚主使阴阳相违，以致女乱迭生。荀爽着眼于尊卑失调，批评“今汉承秦法，设尚主之仪，以妻制夫，以卑临尊，违乾坤之道，失阳唱之义”[⑦]。尽管王吉、荀爽呼吁废止，但尚主之法继续奉行。

婚姻是女性改变命运的方式，同样是男性图谋发展的橄榄枝。不论皇亲贵戚、官僚大夫，不论男女，在“图谋”中，感情的分量少得可怜，古代社会的婚姻首先而且更多考虑的是家族利益，至于上层社会的

---

① （汉）班固：《汉书》卷16《高惠高后文功臣表》，中华书局1962年标点本，第562页。

② （南朝）范晔：《后汉书》卷47《班超列传》，中华书局1965年标点本，第1586页。

③ （汉）班固：《汉书》卷60《杜周传》，中华书局1962年标点本，第2683页。

④ （南朝）范晔：《后汉书》卷81《独行列传》，中华书局1965年标点本，第2676页。

⑤ （南朝）范晔：《后汉书》卷38《杨琁列传》中华书局，1965年标点本，第1287页。

⑥ （汉）班固：《汉书》卷72《王吉传》，中华书局1962年标点本，第3064页。

⑦ （南朝）范晔：《后汉书》卷62《荀淑列传》，中华书局1965年标点本，第2053页。

联姻则更多是政治的考虑；包括以公主身份远嫁异域的跨国婚姻的形成。司马相如和卓文君的婚姻之所以被一传再传，应该是卓文君勇于追求自己爱情的行为成为当时社会中的另类的缘故吧。司马相如，“家贫无以自业”，“临邛多富人，卓王孙童八百人”，“是时，卓王孙有女文君新寡，好音，故相如缪与令相重而以琴心挑之……文君窃从户窥，心说而好之，恐不得当也。既罢，相如乃令侍人重赐文君侍者通殷勤，文君夜亡奔相如，相如与驰归成都。家徒四壁立”①，行为虽鲁莽，但排除世俗利益与得失的真挚情感值得世代传唱。后来得到卓王孙“分与文君童百人，钱百万，及其嫁时衣被财物”，二人归成都，“买田宅，为富人”②。司马相如可谓人、财两得。一味将婚姻作为社会流动的目的和手段，尤其是皇室成员间的“重婚”以及官员与外戚之间的攀援，使外戚的地位更加巩固，容易造成外戚权势过大，堵塞了士人的入仕之途，统治集团内部矛盾加剧；对聚族而居的东汉豪族地主的形成与发展，起了重要的凝聚作用。豪强地主之间数代为婚姻降低了后代的身体素质，而且婚姻多在同一阶层间进行，过分讲究“门当户对”，对于社会流动的形成和整个社会的运转是非常不利的。并且助长了攀结权贵、皇室的社会风气，民间女子努力跻身皇室贵族之间，严重影响了平民百姓的婚姻，比例严重失调。

婚姻可以引起空间的地域流动，职业的水平流动，更能引起垂直流动。经济上可以获得钱财自不待言，《潜夫论·断讼篇》记载，有的家庭，“一女许数家”，有的家庭，“不仁世叔，无义兄弟，或利其聘币，或贪其财贿”。社会地位方面，对已经是皇亲贵戚的阶层而言，可以以婚姻为手段，扩大势力，攫取更多的权力，甚至驾驭控制皇帝，使江山易主；对中层地主豪族而言，则通过彼此的婚姻为纽带，盘根错节，扩充在地方的势力，为日后门阀士族的形成创造条件；对求学者——名不见经传的书生而言，有可能通过婚姻增加自己的影响力，上升到社会名流中，影响一地政治与社会；下层平民则希望以婚姻为媒介，跻身社会上层，改善生活状况……当然，更多的人则是在门第、血统和出身的严

① （汉）班固：《汉书》卷57《司马相如传》，中华书局1962年标点本，第2530页。
② 同上书，第2531页。

格限制下，与同样出身的人结为婚姻，男耕女织。也有的人固守自己的初衷，秉承“糟糠之妻不下堂”的宗旨，拒绝高门的婚姻，不愿巴结富贵。东汉宋弘之举为世人作为忠贞不渝的爱情佳话流传：

> 时帝姊湖阳公主新寡，帝与共论朝臣，主曰：“宋公威容德器，群臣莫及。”帝曰：“方且图之。”后弘被引见，帝令主坐屏风后，因谓弘曰：“谚言贵易交，富易妻，人情乎?”弘曰：“臣闻贫贱之知不可忘，糟糠之妻不下堂。”帝顾谓主曰：“事不谐矣。”①

是出于对糟糠之妻的忠诚，还是慑于皇家公主的跋扈与淫威，不敢高攀娶之，将与公主结亲视为畏途，不得而知。但是，这比为攀援势家之故去其妻的黄允要高尚多了。

---

① （南朝）范晔：《后汉书》卷26《宋弘列传》，中华书局1965年标点本，第904、905页。

第五章　两性为官的其他途径

作为社会组成的两大性别构成，可以通过接受教育，以读书为手段，借助国家的教育政策和选官制度步入仕途，这一点男性的优越性得天独厚。女性则更多通过婚姻手段，改变现有社会地位。除此以外，还有其他途径。

第一节　女性流动途径

汉代男性不仅拥有优越的受教育权利，还可以通过“学而优则仕”，经选官而步入仕途。然而，女性则没有这样的权利和机遇，婚姻手段是女性提升社会地位的主要途径。此外，凭借歌舞技艺、与高门往来或成为帝王的乳母也可以作为改变现有社会地位的方式。

一　擅长歌舞

就女性的社会流动而言，还有婚姻以外的其他途径。

从事歌伎的年轻女子，被人收养并训练唱歌跳舞，“平阳主求良家女十余人，饰置家”①。秦始皇生母是吕不韦从邯郸买来的歌舞伎，“邯郸诸姬绝好善舞”②，汉武帝皇后卫子夫“为平阳主讴者”，立为皇后以后“卫氏支属侯者五人”③。宣帝母亲“名翁须，太始中得幸于史皇孙”，出身贫寒，到卫太子家做歌舞伎，得到史皇孙宠幸，“征和

---

① （汉）班固：《汉书》卷 97 上《外戚传上》，中华书局 1962 年标点本，第 3949 页。

② （汉）司马迁：《史记》卷 85《吕不韦列传》，中华书局 1959 年标点本，第 2508 页。

③ （汉）班固：《汉书》卷 97 上《外戚传上》，中华书局 1962 年标点本，第 3949、3950 页。

二年，生宣帝”[①]。宣帝即位，翁须的母亲和两个兄弟王无故、王武受到封赏，“制诏御史赐外祖母为博平军，以博平、蠡吾两县户万一千为汤沐邑。封舅无故为平昌侯，武为乐昌侯，食邑各六千户”，“赏赐以巨万计”[②]，后来“无故子接为大司马车骑将军，而武子商为丞相”[③]。成帝赵皇后“属阳阿主家，学歌舞”[④]，父亲被封侯，“立赵婕妤父临为成阳侯”[⑤]。社会地位很低，一旦获得主人宠爱，便跻身高位甚至使自己的家族飞黄腾达。歌舞伎一夜间使家族命运发生翻天覆地的变化。

二 博学多才

“博学高才”,“有节行法度”的班昭曾经受和帝之命续成《汉书》，颇受尊重，“帝数召入宫，令皇后诸贵人师事焉”，“每有贡献异物，辄诏大家作赋颂，及邓太后临朝，与闻政事。以出入之勤，特封子成关内侯，官至齐相”[⑥]。女子直接被任命为官在汉代是很少有的，儿子却凭借母亲“出入之勤”步入仕途。

三 以行医为阶梯

女医生与高门望族间的来往，使本人和家人都有可能跻身上层社会。女医淳于衍为“霍氏所爱，尝入宫侍皇后疾”，因为与大将军霍光的夫人来往密切，希图借助霍光之力，将丈夫由掖庭护卫升为安池监[⑦]。义纵的姐姐“以医幸王太后”，因医术得幸武帝母亲王太后，太后问：“有子兄弟为官者乎？”姊曰：“有弟无行，不可。”太后乃告上，上拜义姁弟纵为中郎，补上党郡中令。义纵又因“直法行治，不避贵戚”迁为河内都尉，又封岸头侯[⑧]，因医术结缘太后，并为弟弟铺就

① （汉）班固：《汉书》卷97上《外戚传上》，中华书局1962年标点本，第3961页。
② 同上书，第3963页。
③ 同上书，第3964页。
④ 同上书，第3988页。
⑤ （汉）班固：《汉书》卷97下《外戚传下》，中华书局1962年标点本，第3989页。
⑥ （南朝）范晔：《后汉书》卷87《列女传》，中华书局1965年标点本，第2785页。
⑦ （汉）班固：《汉书》卷97上《外戚传上》，中华书局1962年标点本，第3966页。
⑧ （汉）班固：《汉书》卷88《酷吏传》，中华书局1962年标点本，第3653页。

仕途。

四　为帝王乳母

成为帝王的乳母也是抬高身价的方式，东汉时期，有三位乳母凭借自己的身份，行为猖狂，分别是安帝乳母王圣、顺帝乳母宋娥和桓帝乳母赵娆。安帝宠幸阿母王圣，封为野王君①。顺帝时，“初，帝废为济阴王，乳母宋娥与黄门孙程等共议立帝，帝后以娥前有谋，遂封为山阳君，邑五千户”②。桓帝时，“乳母赵娆，旦夕在太后侧”③。

三位乳母的出身，史籍中仅见“阿母王圣出自贱微”的记载，其他两位没有特别提及，但是成为贵人的乳母，想必家境不会很好，却也能够封君。三人都曾在东汉政坛指手画脚，“小黄门李闰与帝乳母王圣共谮太后兄执金吾悝等，言欲废帝”，王圣、圣女伯荣“扇动内外，竞为侈虐”④；“安帝乳母王圣，因保养之勤，缘恩放恣；圣子女伯荣出入宫掖，傳通奸赂”，奢侈骄淫，“伯荣骄淫尤盛，与故朝阳侯刘护从兄瓌交通，瓌遂以为妻，得袭护爵，位至侍中”⑤。“阿母野王君圣、圣女永、永壻黄门侍郎樊严等，更相阿党，互作威福，探刺禁省，更为唱和，皆大不道”⑥。不仅乳母本人，甚至乳母的一双女儿和女婿——伯荣与刘瓌，永与樊严也得官封侯更相贿赂。“黄龙、杨佗、孟叔、李建、张贤、史汎、王道、李元、李刚九人与阿母山阳君宋娥更相货赂，求高官增邑，又诬罔中常侍曹腾、孟贲等。”⑦“乳母赵娆，旦夕在太后侧，中常侍曹节、王甫等与共交搆，谄事太后。太后信之，数出诏命，有所封拜，及其支类，多行贪虐。”⑧乳母以身份之便，要么和宦官勾结，干预朝政，要么贿赂宫廷，却无一对东汉政局的稳定有过积极的建树。

---

① （南朝）范晔：《后汉书》卷46《陈宠列传》，中华书局1965年标点本，第1558页。
② （南朝）范晔：《后汉书》卷61《左雄列传》，中华书局1965年标点本，第2021页。
③ （南朝）范晔：《后汉书》卷66《陈蕃列传》，中华书局1965年标点本，第2169页。
④ （南朝）范晔：《后汉书》卷78《宦者列传》，中华书局1965年标点本，第2514页。
⑤ （南朝）范晔：《后汉书》卷54《杨震列传》，中华书局1965年标点本，第1761页。
⑥ （南朝）范晔：《后汉书》卷10《皇后纪》，中华书局1965年标点本，第437页。
⑦ 同上书，第2518页。
⑧ （南朝）范晔：《后汉书》卷66《陈蕃列传》，中华书局1965年标点本，第2169页。

第二节　男性流动途径

汉代社会，男性以其性别优势在国家的选官制度中占据得天独厚的优势，也可以以婚姻为途径提高社会地位，攫取权力，甚至使江山易主。此外，还有更宽泛更灵活的社会流动途径，或偶然的上行流动机会。

一　常规途径

男性向上流动的方式丰富多彩，可以在战争中因军功授爵，有了爵，就有相应的田宅，子弟可以为官。《商君书·境内》云："能得甲首一者，赏爵一级，益田一顷，益宅九亩，一除庶子一人，乃得入兵官之吏。"获得官爵，可因军功入仕，因客入仕，以吏入仕，因通法入仕，因佞幸入仕，因告奸、因才俊入仕；汉代路径更宽，察举、任子、征辟、举荐、纳赀，或因各种才干，或一个偶然的机会，即便是斗鸡的本领。董偃年少时"与母以卖珠为事"，经常出入馆陶公主家，"因留第中"，"年十八而冠，出则执辔，入则侍内"①，有机会和上流社会结交。汉代仅察举就有孝廉、茂才、贤良、文学、明经、明法及明阴阳灾异等，都是通向仕途的要道。武帝时期"群士慕向，异人并出。卜式拔于刍牧，弘羊擢于贾竖，卫青奋于奴仆，日磾出于降虏，斯亦向时版筑饭牛之朋已"②。不同出身、不同职业的人抓住时机通过不同方式步入仕途。

二　宦者的苦涩与风光

宦官，地位卑下的特殊阶层，司马迁在《报任安书》中，道出自己遭受宫刑的自卑、无奈与抑郁：

① （汉）班固：《汉书》卷 65《东方朔传》，中华书局 1962 年标点本，第 2853 页。

② （汉）班固：《汉书》卷 58《公孙弘卜式兒宽传赞》，中华书局 1962 年标点本，第 2633 页。

> 顾自以为身残处秽，动而见尤，欲益反损，是以抑郁而无谁语。……虽材怀随和，行若由夷，终不可以为荣，适足以发笑而自点耳。……诟莫大于宫刑。刑余之人，无所比数，非一也，所从来远矣！……自古而耻之。夫中材之人，事关于宦竖，莫不伤气，况忼慨之士乎！……太上不辱先，其次不辱身，其次不辱理色，其次不辱辞令，其次诎体受辱，其次易服受辱，其次关木索被箠楚受辱，其次剔毛发婴金铁受辱，其次毁肌肤断肢体受辱，最下腐刑，极矣。……仆以口语遇遭此祸，重为乡党戮笑，污辱先人，亦何面目复上父母之丘墓乎？虽累百世，垢弥甚耳！是以肠一日而九回，居则忽忽若有所亡，出则不知所如往。每念斯耻，汗未尝不发背沾衣也。身直为闺阁之臣，宁得自引深臧于岩穴邪！①

中书令的荣耀高位，远远不能弥补司马迁遭受宫刑所受的污辱和精神摧残！可以判断宦官地位低下与严重的心理创伤。时人的言谈也流露出对宦者的不齿，刘邦病重时“独枕一宦者卧”，不见大臣，樊哙闯入，见上流涕曰：“始陛下与臣等起丰沛，定天下，何其壮也！今天下已定，又何惫也！且陛下病甚，大臣震恐，不见臣等计事，顾独与一宦者绝乎？且陛下独不见赵高之事乎？”② 文帝时让宦官赵让骖乘，大臣袁盎抗议，“臣闻天子所与共六尺舆者，皆天下豪英。今汉虽乏人，陛下独奈何与刀锯之余共载！”文帝“下赵谈”③。但是，生存永远是人类的首要之需，到宫中为宦官可以是一个穷苦已极的人和他的家庭摆脱困境的不需要借助任何经济或教育手段的有效途径，带来家境的改善，获得财富；获得权力以及社会地位的提高。换言之，成为宦官也是男子社会流动的途径之一。

作为帝王的近侍活动于内廷，深谙皇帝的生活习惯和喜怒爱憎，有条件有机会获得皇帝信任，恃宠弄权。汉高祖之后，吕后以女主临天下，宦官担任了宫廷政治上传下达的重要角色。大谒者张卿，“以大谒

---

① （汉）班固：《汉书》卷62《司马迁传》，中华书局1962年标点本，第2725—2736页。

② （汉）班固：《汉书》卷41《樊哙传》，中华书局1962年标点本，第2072、2073页。

③ （汉）班固：《汉书》卷49《袁盎传》，中华书局1962年标点本，第2270页。

者劝王诸吕侯”[①]，“出入卧内，受宣帝诏”[②]，同时，“诸中宦者令丞皆为关内侯，食邑五百户”[③]。张卿可谓吕后执政时期的重要人物。

西汉中期，强化皇权，削弱外朝权力，“帝数宴后庭，或潜游离馆，故请奏机事，多以宦人主之”[④]，宦官成为皇帝处理政务的助手。武帝设“中书令”，宦官直接干预国家政治生活，为以后擅政创造条件。宣帝时，宦官石显“字君房，济南人；弘恭，沛人也。皆少坐法腐刑，为中黄门，以选为中尚书。宣帝时任中书官。恭明习法令故事，善为请奏，能称其职。恭为令，显为仆射”，汉元帝信任石显，“贵幸倾朝，百僚皆敬事显”[⑤]。

东汉建立，“虽置三公，事归台阁”[⑥]。皇权日益加强，宦官势力随之膨胀，和帝以后，朝政日衰，外戚宦官轮流执政，宦官可以随意逼迫皇帝制诏或矫诏，援引亲属参与政事，宦官曹节“父兄子弟皆为公卿列校、牧守令长，布满天下”[⑦]；插手军权，灵帝时，曹节、王甫、蹇硕曾典领禁军，赵忠、蹇硕还衔领军职。《后汉书·灵帝纪》中平三年二月，“中常侍赵忠为车骑将军”[⑧]。《后汉书·何进传》“（灵帝）以小黄门蹇硕为上军校尉……帝以蹇硕壮健而有武略，特亲任之，以为元帅，督司隶校尉以下，虽大将军亦领属焉”[⑨]，蹇硕以宦官元帅身份率兵领将。皇权衰弱的东汉一代，为宦官兴风作浪创造了条件。

宦官的身份等级由国家规定，秩次在一百石到比二千石不等，东汉地位更高，中常侍的秩次从一千石提高到比二千石，甚至可以封侯。东汉时宦官权倾朝野，乃至“孙程定立顺之功，曹腾参建桓之策，续以五侯合谋”[⑩]。

能与宦官结交是时人的荣耀。灵帝时，中常侍张让“迁中常侍，

---

① （汉）班固：《汉书》卷18《外戚恩泽侯表》，中华书局1962年标点本，第683页。
② （南朝）范晔：《后汉书》卷78《宦者列传》，中华书局1965年标点本，第2508页。
③ （汉）司马迁：《史记》卷9《吕太后本纪》，中华书局1959年标点本，第405页。
④ （南朝）范晔：《后汉书》卷78《宦者列传》，中华书局1965年标点本，第2508页。
⑤ （汉）班固：《汉书》卷93《佞幸传》，中华书局1962年标点本，第3726页。
⑥ （南朝）范晔：《后汉书》卷49《仲长统传》，中华书局1965年标点本，第1657页。
⑦ （南朝）范晔：《后汉书》卷78《宦者列传》，中华书局1965年标点本，第2525页。
⑧ （南朝）范晔：《后汉书》卷8《孝灵帝纪》，中华书局1965年标点本，第352页。
⑨ （南朝）范晔：《后汉书》卷69《何进列传》，中华书局1965年标点本，第2247页。
⑩ （南朝）范晔：《后汉书》卷78《宦者列传》，中华书局1965年标点本，第2509。

封列侯，与曹节、王甫等相为表里”，“让有监奴典任家事，交通货赂，威行喧赫。扶风人孟佗，资产饶赡”，与中常侍张让的监奴交结，“倾竭馈问，无所遗爱。奴咸德之，问佗曰：‘君何所欲？力能办也。’曰：‘吾望汝曹为我一拜耳。’时宾客求谒让者，车恒数百千辆，佗时诣让，后至，不得进，监奴乃率诸仓头迎拜于路，遂共举车入门。宾客咸惊，谓佗善于让，皆争以珍玩赂之。佗分以遗让，让大喜，遂以佗为凉州刺史”①。孟佗交结宦官的监奴为自己赚足了面子，大发横财并以此成为“凉州刺史”，宾客们惊讶的是监奴的主人张让，张让更是依恃的皇权。灵帝时，张让、赵忠、夏恽、郭胜、孙璋、毕岚、栗嵩、段珪、高望、张恭、韩悝、宋典12人，皆为中常侍，“封侯贵宠，父兄子弟布列州郡”②。

成为宦官的养子可以继承他的荣衔，顺帝时，曹腾为小黄门，迁中常侍”，“腾卒，养子嵩嗣”③，“又养其疏属，或乞嗣异姓，或买苍头为子，并以传国袭封。兄弟姻戚皆宰州临郡”④。与宦官交结更是飞黄腾达的捷径。桓帝时，“封孙程的养子寿为浮阳侯”，“封张贺的养子为都乡侯”，下诏“宦官养子悉听得为后，袭封爵，定著乎令”⑤。曹操的父亲曹嵩就是中常侍曹腾的养子，继承了曹腾的爵位，晋阶司徒。曹嵩在“灵帝时货赂中官及输西园钱一亿万，故位至太尉”⑥。东汉时，宦官的财富、地位和权力臻于鼎盛，“手握王爵，口含天宪”，“希附权强者，皆腐身熏子，以自衒达”⑦，若不是政治权力的吸引，鱼跃龙门的机会，恐怕很少会有人乐意从事如此为人不齿的贱业。当然，能达此目的的宦官少之又少，更多的是在后宫服各种杂役的小宦官，侍奉妃嫔起居。只有那些陪伴皇帝左右，为皇帝传达政令，从官员手中收取奏章，尤其是皇帝长大后，要从外戚手中夺回权力时重点依靠的宦官才有这种流动的机会。

---

① （南朝）范晔：《后汉书》卷78《宦者列传》，中华书局1965年标点本，第2534页。
② 同上书，第2535页。
③ 同上书，第2519页。
④ 同上书，第2521页。
⑤ 同上书，第2518页。
⑥ 同上书，第2519页。
⑦ 同上书，第2509、2510页。

史籍对宦官的记载，多是危害一方的恶霸。“辜较百姓，与盗贼无异”，侯览在“桓帝初为中常侍，以佞猾进，倚埶贪放，受纳货遗以巨万计”，小黄门段珪“与览并立田业，近济北界，仆从宾客侵犯百姓，劫掠行旅”，“览母生时交通宾客，干乱郡国”[①]。也不乏正直奉公的宦官，如吕强“为人清忠奉公”，灵帝曾封其为都乡侯，“强辞让恳恻，固不敢当，帝乃听之”。对于曹节、王甫等擅权，吕强极为不满，上疏指斥“谗谄媚主，佞邪徼宠，放毒人物，疾妒忠良，有赵高之祸，未被轩裂之诛，掩朝廷之明，成私树之党”，并劝灵帝“损改既谬，从此一止”[②]，改变对宦官的放纵和宠幸的做法。但“帝知其忠而不能用”[③]。如此凤毛麟角的正义之士，对改变宦官专权的时局只是杯水车薪。

本来地位最为卑贱的奴仆，刑余之人，因为位于权力尖上，竟然有机会扛起官的头衔，跻身职官行列，甚至封侯拜王，权大势重的宦官令公卿百官敬畏之，依附之，投靠之。

---

① （南朝）范晔：《后汉书》卷78《宦者列传》，中华书局1965年标点本，第2521、2522页。

② 同上书，第2528页。

③ 同上书，第2531页。

第六章　官员的升迁与罢黜

秦汉时期，在国家选官制度和官吏流转升迁政策下，官员的流动呈现出频繁和普遍的特点。行政经验丰富、转仕各地的官员对中央和地方的政治、经济、文化和民族关系及对外关系都会产生深远影响。哪些因素促使官吏的升迁和罢黜？官吏流动有哪些不同形式？官吏的流动对个人以及当时国家的政治、经济、文化和民族关系、域外关系产生哪些影响？本章对已经由民为官的官员层流动原因、形式和影响展开论述和分析。

第一节　官员社会流动原因

个人与社会、与所生活的时代息息相关、相互影响、相互制约。社会是个人生存的环境，对个人的生存与发展存在着很大的影响；易言，个人的生存和发展必须依赖于一定的社会条件，这些社会条件给予人们以生存和发展的可能。但作为一种客观的力量，社会条件又必然对个人的生存和发展起着制约和决定作用。秦汉时期的选官制度的变化使个人的空间流动和社会流动的机会增多，也为官员的升迁罢黜、内外互调创造了条件。

一　选官方式的变化

回顾中国古代社会，包括秦汉之前选官方式变化情况。黄留珠认为：奴隶社会和封建社会，选官制度的发展大致可分为三个大段落，即世官制、察举制和科举制三个时代。世官制是指“公门有公、卿门有卿、贱有常辱、贵有常荣、赏不能劝其努力，罚亦不能戒其怠惰的官职世代相承袭的制度”[1]。世官制下，官职被限定在贵族范围内，官贵之子恒为官贵，即某一官职世代都由同一家族的人来担任，像祝、宗、史等宗教文化官员，更是有明文规定必须世代继承。《礼记·王制》云：“凡执技以事上者，祝、史、射、御、医、卜及百工。凡执技以事上者，不贰事，不移官。”

春秋战国，大国出于争霸事业的需要，对人才的需求更加迫切，礼贤下士之风，对破除世卿的樊篱起了很大作用，一些国君打破士庶界限，从庶民中选用人才。

随着战国时期各国变法运动的深入开展，新型社会体制得以逐步确立，依靠血统、宗法关系世代享有高官厚禄的世卿世禄制被废除，代之以招贤为核心，包括督责考课、吏治作风在内的一套新的选官制度。这些措施一改过去宗族贵族长期把持政权的局面，官员随功劳而迁转流动；也为人才的流动创造了有利条件。秦朝统一后，县、郡长官由国君任免，直接听命于国君，领取俸禄，概不世袭，通过国家法令的形式肯定和规定了官员的流动。有利于各级官僚在激烈的竞争面前尽职尽责，利于整个官僚系统行政效率的提高。

兼并战争年代以及秦末乱世，作为鼓励民众英勇杀敌的有效政策，军功的大小成为选官的主要依据。经过战争洗礼培养出一批优秀军事人才，形成汉初布衣将相之局。汉武帝时期，“元功宿将略尽”，承袭先辈爵位的后代们“忘其先祖之艰难，多陷法禁，殒命亡国”，武帝后元元年（前88），“靡有孑遗，耗矣”[2]。随着国家政治、经济和边疆形势的变化，对中央中枢机构、行政监察体制和人事选举制度进行调整和改革成为时代之需。举贤良由非制度化向制度化过渡，通过高级官吏荐举人才并用对策的方式选拔成为定例。创立了察举制为主体，包括辟除、征召、私人荐举、博士弟子课试、任子、纳赀等多项内容的选官制度。其中“贤良方正”“孝廉”两科最重要，所得人才也最盛，成为汉代人才选拔的主流。选官要经官吏查访，推荐给中央。举荐标准要看德行、

---

① 黄留珠：《中国古代选官制度述略》，陕西人民出版社1989年版，第12、13页。

② （汉）班固：《汉书》卷16《高惠高后文功臣表》，中华书局1962年标点本，第528页。

才能，而非全靠家世。所谓察举，即考察后予以荐举，是荐举制在新的历史条件下的发展。从荐举而察举反映了统治阶级在选取人才方面由简单到比较复杂、由粗疏到比较严密的进步。文帝时，察举基本限于现任官吏，武帝时明显扩大，布衣之士公孙弘在第一次被擢为贤良时年已花甲，也并非现任官吏，史称“公孙弘起徒步”，严助被“郡举贤良”时也是布衣。

举贤良始于文帝二年（前178），下诏“及举贤良方正能直言极谏者，以匡朕之不逮”①，贤良方正的根本条件是“直言直谏者”。考试方式是对策，即命题考试，有时也用射策，即抽签考试。

茂才，西汉称秀才，东汉避讳刘秀改称。始于汉武帝元封五年（前106），下诏：“盖有非常之功，必待非常之人……其令州郡察吏民有茂材异等，可为将相及使绝国者。”② 如赵广汉“少为郡吏，州从事，以廉絜通敏下士为名。举茂材，平准令”③，萧咸“为丞相史，举茂材，好畤令，迁淮阳、泗水内史，张掖、弘农、河东太守”④，是从现任官吏中选拔。汉景帝后元二年（前142）下初令郡国举孝廉各一人，汉武帝“元光元年冬十一月，初令郡国举孝廉各一人”⑤ 是汉代举孝廉之始。《后汉书·丁鸿传》记载了其推选之法：“时大郡口五六十万举孝廉二人，小郡二十万并有蛮夷者亦举二人。帝以为不均，下公卿会议。鸿与司空刘方上言：‘凡口率之科，宜有阶品，蛮夷错杂，不得为数。自今郡国率二十万口岁举孝廉一人，四十万二人，六十万三人，八十万四人，百万五人，百二十万六人；不满二十万二岁一人；不满十万三岁一人。’帝从之。”严耕望曾列表统计两汉郎吏及除郎的不同方式，包括孝廉、贤良方正、德行和明经等途径⑥。

征辟是征召和辟举，征召是皇帝派专人聘任有名望的人，辟举是由中央或郡长官对所辖部门或地区有名望者聘任为幕僚属吏。汉高祖时求

---

① （汉）班固：《汉书》卷4《文帝纪》，中华书局1962年标点本，第116页。

② （汉）班固：《汉书》卷6《武帝纪》，中华书局1962年标点本，第197页。

③ （汉）班固：《汉书》卷76《赵广汉传》，中华书局1962年标点本，第3199页。

④ （汉）班固：《汉书》卷78《萧望之传》，中华书局1962年标点本，第3291页。

⑤ （汉）班固：《汉书》卷6《武帝纪》，中华书局1962年标点本，第160页。

⑥ 严耕望：《秦汉郎吏制度考》，《严耕望史学论文集》（上），上海古籍出版社2009年版。

贤诏德高望重之士委以政事，武帝以至东汉成为惯例。“武帝自为太子闻（枚）乘名，及即位，乘年老，乃以安车蒲轮征乘”①；周燮对朝廷“举孝廉、贤良方正，特征，皆以疾辞。延光二年，安帝以玄纁羔幣聘燮”②；对徐穉，“桓帝乃以安车玄纁，备礼征之，并不至。……灵帝初，欲蒲轮聘穉，会卒，时年七十二”③。辟举分为公府辟举和州郡辟举。公府辟举，由公府高级官吏或由公卿荐举，补内官或州郡官；州郡辟举，由州郡官吏，积功久次被荐举，可任中央官员。要求举荐贤才之诏在史籍中很多。宣帝于本始元年至神爵四年（前73—前58），曾7次下诏征召人才。察举、征辟制度的推行，各地通过察举孝廉源源不断进入汉中央机构。

从西周的世卿世禄制到秦国的客卿制再到秦朝的郡县制下官员的选拔任用和西汉的察举、征辟制，对官员流动的限制越来越松，直到通过国家政策的方式促使官员的流动。尽管选官制度变化的主观动机是政治统治的需要，选拔能够治理国家的贤才，然而客观上却吸引了其他阶层向官员层的流动，促进了在位者级别的变化以及个人才能的发挥。据《汉书》记载：

> 公孙弘、卜式、兒宽皆以鸿渐之翼困于燕爵，远迹羊豕之间，非遇其时，焉能致此位乎？……卜式拔于刍牧，弘羊擢于贾坚，卫青奋于奴仆，日磾出于降虏，斯亦曩时版筑饭牛之（明）朋已。汉之得人，于兹为盛。儒雅则公孙弘、董仲舒、兒宽，笃行则石建、石庆，质直则汲黯、卜式，推贤则韩安国、郑当时，定令则赵禹、张汤，文章则司马迁、相如，滑稽则东方朔、枚皋，应对则严助、朱买臣，历数则唐都、洛下闳，协律则李延年，运筹则桑弘羊，奉使则张骞、苏武，将率则卫青、霍去病，受遗则霍光、金日磾，其余不可胜纪。是以兴造功业，制度遗文，后世莫及。孝宣承统，纂修宏业，亦讲论六艺，招选茂异，而萧望之、梁丘贺、夏侯

---

① （汉）班固：《汉书》卷51《枚乘传》，中华书局1962年标点本，第2365页。

② （南朝）范晔：《后汉书》卷53《周燮传》，中华书局1965年标点本，第1472页。

③ 同上书，第1747页。

> 胜、韦玄成、严彭祖、尹更始以儒术进，刘向、王褒以文章显，将相则张安世、赵充国、魏相、丙吉、于定国、杜延年，治民则黄霸、王成、龚遂、郑弘、召信臣、韩延寿、尹翁归、赵广汉、严延年、张敞之属，皆有功绩见述于世。①

以上诸人正是应时代之需，趁政策之便以自己的学识、特长，或“以儒术进”“以文章显”，或儒雅、笃行、质直，或应对、历数、协律，或运筹、奉使、将率等方式实现了个人向上的社会流动，并且以自己的思想或行为影响西汉的政治、经济、文化或民族关系。选官制度的变化为士人步入仕途以及官吏的空间流动和社会流动带来活力和生机。察举和征辟制虽并不完善，但一定程度上解决了世袭制存在的弊端，为官员的选拔、任用、升迁黜降、上下对流和内外互调创造了条件。

二　官吏的任免流转升迁罢黜政策

战国时期各国变法后，基本建立了以王为首的新型官僚体制：地方上，郡县两级行政管理体制开始在全国普遍推行。俸禄制、玺符制、上计制以及御史的设置，不仅标志着社会政治的发展，也标志着官员的选拔和任用体制出现重大变化。

秦朝用人以律令刀笔，根据文书、会计和法律等专业技能选任，同时存在“推择为吏”的制度。关于国家官吏任免的一般程序是：首先，要经过现任官吏的保举，《史记·范雎列传》记载，范雎保举郑安平为将军，王稽为郡守，吕不韦保举李斯为郎。其次，据《睡虎地秦墓竹简·置吏律》规定“除吏、尉、已除之，乃令视事及遣之；所不当除而敢先见事，及相听以遣之，以律论之”，地方官吏必须经过正式委任才能行使吏权，否则依法论处，有了正式的任职命令才能到职。再次，“啬夫之送见它官者，不得除其故官佐、吏以之新官”，啬夫到新机构任职，不得带原来的属员。并规定委任时间，“县、都官、十二郡免除吏及佐、官属，以十二月朔日免除，尽三月而止之。其有死亡及故有缺

① （汉）班固：《汉书》卷58《公孙弘卜式兒宽传赞》，中华书局1962年标点本，第2633页。

者，为补之，毋须时”，任用官吏时间在十二月初一到下年三月底，若出缺，可随时补充。最后，任职官吏应该具备一定的条件。《睡虎地秦墓竹简·为吏之道》规定“审民能，以任吏”，根据其实际能力的高低任以官职，若发现不具备条件，就要取消任命。《除吏律》规定“除士吏，发弩啬夫不如律，及发弩不中，尉赀二甲。发弩啬夫射不中，赀二甲，免”，尉因为任命“士吏”和“发弩啬夫”时不按照规定，“赀二甲”；“发弩啬夫”不具备任该职务的能力，“射不中”被免职。《除吏律》还规定“任废官者为吏，赀二甲”，被撤职的人不能再用。此外，当时对于任官年龄以及专业素质都有规定。秦朝对于官吏，成绩优异者按照“劳”升迁，不胜任者免职已经有了具体制度。《史记·淮阴侯列传》记载韩信“贫无行，不能推择为吏”，推测对财产和德行也有要求。

西汉时期更加注重官吏的选拔、任用、考核、升迁和赏罚、致仕等制度对国家统治的重要性。汉人李寻说“马不伏历，不可以趋道；士不素养，不可以重国”①，指出官吏素养对国家政权的意义重大。《汉书·平帝纪》言“二千石选有德义者以为宗师，考察不从教令有冤失职者”②，强调对官吏的考察，具体言包括：

（一）选官制度

汉代选举包括察举、征辟和任子等内容，察举科目很多，常见有贤良方正、茂才、孝廉、明经等，为布衣贤士打开入仕之门。汉武帝尊崇儒术后，为熟读经书儒学的读书人进入仕途打开通途，上文有所陈述。汉武帝尊儒后，选官上形成所谓“四科”，以德行、经术、法令和吏能为标准。

西汉选官还有“任子”，保障权贵特权。“吏二千石以上视事满三年，得任同产若子一人为郎，不以德选”③，指出任子需满足的条件，实质是任人唯亲。汲黯以父任为太子洗马，董贤以父任为太子舍人等。无疑，公卿郡守子弟可以凭借父兄余荫，不经考试，不问德才直接为

① （汉）班固：《汉书》卷75《李寻传》，中华书局1962年标点本，第3190页。

② （汉）班固：《汉书》卷12《平帝纪》，中华书局1962年标点本，第358页。

③ （汉）班固：《汉书》卷11《哀帝纪》注引应劭《汉仪注》，中华书局1962年标点本，第337页。

官，是一项极其不合理的特权规定。《汉书·王吉传》记载，宣帝时，王吉上疏“今使俗吏得任子弟，率多骄傲，不通古今，至于积功治人，亡益于民……亦明选求贤，除任子令”[①]，并未被采纳。东汉继续盛行，促进了之后累世公卿局面的形成。

（二）任用制度

任用制度包括任用方式和任用法规，任用方式有：

（1）真、守。真，即试职期满后授予正式职务，守，即试用，称职者可转为真。《汉书·平帝纪》如淳注曰：“诸官吏初除，皆试守一岁乃为真，食全奉。”[②] 尹翁归为东海太守，“以高第入守右扶风，满岁为真”[③]，因为“守”为试用，若不称职，或罢归原职，或左迁，甚至免官，据《汉书·张敞传》记载：“颍川太守黄霸以治行第一入守京兆尹。霸视事数月，不称，罢归颍川。”[④]

（2）假。假，即摄，代理之意。秦汉官吏摄事皆曰假。秦王嬴政“十六年九月，发卒受地韩南阳假守腾”[⑤]。《汉书·曹参传》载：“汉二年，参拜为假左丞相，入兵屯关中。”

（3）平：《后汉书·梁冀传》注曰“平，谓平议也”，《汉书·张敞传》云：“敞以中大夫平尚书事。”

（4）领：兼领，因时因地或因职务便利，已有主官主职兼领他官他职。《汉书·霍光传》云：“光以大将军领尚书事。”

（5）录：始于东汉，限于尚书之事，有参决之意。

（6）兼：秩位相等而职务不同的两个或两个以上官由一人兼任。《汉书·赵充国传》记载：“赵充国为后将军，兼水衡都尉。”

（7）行：官缺未补，暂时有他官代理。两汉时有低官摄行高官的，也有高官摄行低官的，还有同级互相摄行的。

（8）督：始于东汉，由中央派官监督地方，多为军事所设。《晋书·职官志》云：“光武建武初，征伐四方，始权置督军御史，事

① （汉）班固：《汉书》卷72《王吉传》，中华书局1962年标点本，第3065页。
② （汉）班固：《汉书》卷12《平帝纪》，中华书局1962年标点本，第349页。
③ （汉）班固：《汉书》卷76《尹翁归传》，中华书局1962年标点本，第3208页。
④ （汉）班固：《汉书》卷76《张敞传》，中华书局1962年标点本，第3221页。
⑤ （汉）司马迁：《史记》卷6《秦始皇本纪》，中华书局1959年标点本，第232页。

竟罢。”

（9）待诏：等待皇帝诏命。具有候补性质，秦时就有，《汉书·叔孙通传》云“秦时以文学征，待诏博士”。《汉书·东方朔传》载“待诏公车”。

此外，两汉重久任之制。官吏久任有其优点，熟悉一方事物，工作得心应手，百姓各安其业；频繁调动容易“转动无常，各怀一切，莫虑长久”①。但是时间一久，官员容易结党营私，与地方盘根错节，尾大不掉，形成与中央的离心力，汉末割据与此有关。

任用法规在两汉时期内容有所不同。汉武帝时，鉴于诸侯王势力的强大，对诸侯王国官吏通过左官律、附益法加以限制；东汉时中央对地方官的任用也有限制，本郡人不得在本郡做官，婚姻之家及两州人士不得对相监临，以后又有三互法。《后汉书·蔡邕传》记载：“初，朝议以州郡相党，人情比周，乃制婚姻之家及两州人士不得对相监临。至是复有三互法。”章怀太子注：“三互谓婚姻之家及两州人不得交互为官。”谢承书曰：“史弼迁山阳太守，其妻巨野薛氏女，以三互自上，转拜平原相是也。”②

对宗室、外戚及宦官的限制。《汉书·刘歆传》载：刘歆“为众儒所讪，惧诛，求出补吏为河内太守。以宗室不宜典三河，徙守五原，后復转在涿郡，历三郡守”③。刘歆为宗室，其祖父为景帝子河间献王刘德，“宗家以德得官宿卫者二十余人”④，父亲刘向“以父德任为辇郎”⑤。《汉书·冯奉世传》载：冯奉世之子野王“王舅，不宜备九卿，以秩出为上郡太守”⑥，因为冯奉世的长女“媛以选充后宫，为元帝昭仪，产中山孝王”⑦，野王为中山孝王的舅舅，属于外戚。《后汉书·李固列传》载：“诏书所以禁侍中尚书中臣子弟不得为吏察孝廉者，以其

① （南朝）范晔：《后汉书》卷61《左雄列传》，中华书局1965年标点本，第2017页。

② （南朝）范晔：《后汉书》卷60《蔡邕列传》，中华书局1962年标点本，第1990、1991页。

③ （汉）班固：《汉书》卷36《楚元王传》，中华书局1962年标点本，第1972页。

④ 同上书，第1927页。

⑤ 同上书，第1928页。

⑥ （汉）班固：《汉书》卷79《冯奉世传》，中华书局1962年标点本，第3302页。

⑦ 同上书，第3301页。

秉威权，容请托故也。”[①] 虽有限制，但是他们近水楼台，进入官场担任要职，位高权重，让人防不胜防。“而中常侍在日月之侧，声埶振天下，子弟禄仕，曾无限极”，建议哀帝“设常禁，同之中臣”[②]。

对为官者的财产、职业、身份、学历和年龄的限制。秦朝即把财产作为为官的重要条件，韩信贫无行，不得推择为吏。西汉初年，“訾算十以上乃得为宧”，“有市籍不得宧，无訾又不得宧”，景帝后元二年（前 142）减为四算，“訾算四得宧”[③]。职业方面，对商人为官者限制颇多，孝文帝时规定“贾人、赘婿及吏坐赃者皆禁锢不得为吏”[④]，哀帝时重申“贾人皆不得名田、为吏”[⑤]。《后汉书》记载，高凤年老，不愿接受朝廷“连召请，自言本巫家，不应为吏”[⑥]，是对为官者身份的规定，桓帝时“臧吏子孙，不得察举”[⑦]；《汉书·萧望之传》有“坐弟犯法，不得宿卫”[⑧] 的规定。《汉书·艺文志》记载，西汉初年，萧何草拟律令“太史试学童，能讽书九千字以上，乃得为史。又以六体试之，课最者以为尚书御史史书令史”[⑨]。武帝时诏令，博士弟子“一岁皆辄课，能通一艺以上，补文学掌故缺；其高第者可以为郎中，太常籍奏。即有秀才异等，辄以名闻。其不事学若下材，及不能通一艺，辄罢之，而请诸能称者”。“请选择其秩比二百石及吏百石通一艺以上补左右内史、大行卒史，比百石以下补郡太守卒史，皆各二人，边郡一人。先用诵多者，不足，择掌故以补中二千石属，文学掌故补郡属，备员。请著功令。”[⑩] 东汉桓帝时，诏令“秩满百石，十岁以上，有殊才异行，乃得参选”[⑪] 等内容，都是对官员入仕年龄和相应资格做出的规定。

---

① （南朝）范晔：《后汉书》卷 63《李固列传》，中华书局 1962 年标点本，第 2075 页。
② 同上书，第 2076 页。
③ （汉）班固：《汉书》卷 5《景帝纪》，中华书局 1962 年标点本，第 152 页。
④ （汉）班固：《汉书》卷 72《贡禹传》，中华书局 1962 年标点本，第 3077 页。
⑤ （汉）班固：《汉书》卷 11《哀帝纪》，中华书局 1962 年标点本，第 336 页。
⑥ （南朝）范晔：《后汉书》卷 83《逸民列传》，中华书局 1965 年标点本，第 2769 页。
⑦ （南朝）范晔：《后汉书》卷 7《桓帝纪》，中华书局 1965 年标点本，第 288 页。
⑧ （汉）班固：《汉书》卷 78《萧望之传》，中华书局 1962 年标点本，第 3273 页。
⑨ （汉）班固：《汉书》卷 30《艺文志》，中华书局 1962 年标点本，第 1720、1721 页。
⑩ （汉）班固：《汉书》卷 88《儒林传》，中华书局 1962 年标点本，第 3594 页。
⑪ （南朝）范晔：《后汉书》卷 7《桓帝纪》，中华书局 1965 年标点本，第 288 页。

（三）考核

官吏考核和任用紧密相联，官吏任用之后或升或降，或赏或罚，必须有一套考核办法，汉沿袭秦朝，每年年终由郡国上计吏带着计簿到京师上计，是为常课；三年一考察治状，叫作大课。功劳能力大小作为迁降赏罚依据。上计事关国家大政和方方面面的正常有效运转，皇帝有时亲自主持。武帝“（元封五年）春三月，还至泰山，增封。甲子，祠高祖于明堂，以配上帝，因朝诸侯王列侯，受郡国计”①；太初元年（前104），十二月“受计于甘泉”②。将考课结果登记在册，即“考绩功课，简在两府”③，作为官吏升降赏罚的主要依据。《汉书·宣帝纪》师古注曰：“凡言殿最者：殿，后也，课居后也；最，凡要之首也，课居先也。”④ 一般以“最”或“第一”“高等”“尤异”及“异等”作为评定等级。对考核优秀者予以进行升迁或赏赐。平当“所过见称，奉使者十一人为最，迁丞相司直”⑤；黄霸为颍川太守，“以外宽内明得吏民心，户口岁增，治为天下第一”⑥；韩延寿“在东郡三岁，令行禁止，断狱大减，为天下最”⑦；陈立为“天水太守，劝民农桑为天下最”⑧；义纵（补上党郡中令）“县无逋事，举第一”⑨；“河南守吴公治平为天下第一……征以为廷尉”⑩；郑弘“为南阳太守，皆著治迹……迁淮阳相，以高第入为右扶风，京师称之。代韦玄成为御史大夫”⑪。考核居于下等的官吏，会被降职或免官。如兒宽为左内史“以负租课殿，当免”⑫；王尊“子伯亦为京兆尹，坐耎弱不胜任

---

① （汉）班固：《汉书》卷6《武帝纪》，中华书局1962年标点本，第196页。

② 同上书，第199页。

③ （汉）班固：《汉书》卷83《薛宣传》，中华书局1962年标点本，第3391页。

④ （汉）班固：《汉书》卷8《宣帝纪》，中华书局1962年标点本，第253页。

⑤ （汉）班固：《汉书》卷71《平当传》，中华书局1962年标点本，第3050页。

⑥ （汉）班固：《汉书》卷89《循吏传》，中华书局1962年标点本，第3631页。

⑦ （汉）班固：《汉书》卷76《韩延寿传》，中华书局1962年标点本，第3212页。

⑧ （汉）班固：《汉书》卷95《西南夷两粤朝鲜传》，中华书局1962年标点本，第3845页。

⑨ （汉）班固：《汉书》卷88《酷吏传》，中华书局1962年标点本，第3653页。

⑩ （汉）班固：《汉书》卷48《贾谊传》，中华书局1962年标点本，第2221页。

⑪ （汉）班固：《汉书》卷66《郑弘传》，中华书局1962年标点本，第2902、2903页。

⑫ （汉）班固：《汉书》卷58《兒宽传》，中华书局1962年标点本，第2630页。

免”[①]。除了皇帝或主考官个人的亲疏爱憎外，正常情况依照考核结果而定。有以下几种：

迁，有平迁和超迁两种。以积久功，循序而升者为“平迁”，《汉书·石奋传》记载“奋积功劳，孝文时官至太中大夫”[②]；《谷永传》记载，“征永为太中大夫，迁光禄大夫给事中”[③]，平当，“復征入为太中大夫给事中，累迁长信少府、大鸿胪、光禄勋”[④]。有特殊功绩或奇才异能破格而用为“超迁”。

降，实质是对官吏的惩罚，汉代除重罪犯处死外，一般官吏政绩不良或其他原因受降职降俸禄处分，当时称为“左迁”“左转”，罚俸称为“贬秩”。平当“坐法，左迁朔方刺史”，“坐前议不正，左迁钜鹿太守”[⑤]；黄霸“征守京兆尹，秩二千石。坐发民治驰道不先以闻，又发骑士诣北军不適士，劾乏军興”，故“连贬秩”，后来秩仅八百[⑥]。

转，非迁非降，秩禄不动的平级调动。如西汉彭宣“为光禄大夫，迁御史大夫，转为大司空，封长平侯”[⑦]；东汉杜乔“辟司徒杨震府。稍迁为南郡太守，转东海相”[⑧]。

徙，“徙”有和“转”相同含义的平级变动，也有升职晋级、增加秩禄的升迁。河东太守田延年“自以能不及（尹）翁归，徙为署督邮[⑨]，疏广由少傅徙为太傅”[⑩]。

“迁补”，择人补充某官职。《汉书·朱博传》所说“故事，选郡国守相高第为中二千石，选中二千石为御史大夫，任职者为丞相，位次有序，所以尊圣德，重国相也”[⑪]。因为工作需要转任他职的主要途径有

---

① （汉）班固：《汉书》卷76《王尊传》，中华书局1962年标点本，第3238页。

② （汉）班固：《汉书》卷46《石奋传》，中华书局1962年标点本，第2193页。

③ （汉）班固：《汉书》卷85《谷永传》，中华书局1962年标点本，第3465页。

④ （汉）班固：《汉书》卷71《平当传》，中华书局1962年标点本，第3050页。

⑤ 同上。

⑥ （汉）班固：《汉书》卷89《循吏传》，中华书局1962年标点本，第3631页。

⑦ （汉）班固：《汉书》卷71《彭宣传》，中华书局1962年标点本，第3052页。

⑧ （南朝）范晔：《后汉书》卷63《杜乔列传》，中华书局1965年标点本，第2091—2092页。

⑨ （汉）班固：《汉书》卷76《尹翁归传》，中华书局1962年标点本，第3207页。

⑩ （汉）班固：《汉书》卷71《疏广传》，中华书局1962年标点本，第3039页。

⑪ （汉）班固：《汉书》卷83《朱博传》，中华书局1962年标点本，第3405页。

"转"、"徙"和"迁补"。

"出""入"，官吏中央和地方互调的主要方法。由中央官外调任地方官，称为"出"，反之为"入"。一般情形，"入"象征升和赏，"出"意味降和罚。

赏罚除了表现在官职的升降上外，还体现在物质和刑罚上。赏物的有赐金、赐爵、赙赠（死后的事情）、增秩、赐田宅、奴婢、甲第、安车驷马、秘器、缯帛和牛酒之类。汉制，"群盗起不发觉，发觉而弗捕满品者，二千石以下至小吏主者皆死"[①]。自丞相九卿以下郡县小吏，如有罪过，以律科罚。

由于政治军事需要，也有接受朝廷命令异地平级调动的。

（四）致仕制度

致仕制度是保证国家官员的行政效率以及国家机构新陈代谢的重要政治制度。据班固编撰的《白虎通义》记载，汉代致仕制度有如下规定：官吏年七十，耳目不聪，腿脚不便者；告老退休后，二千石退休领取原俸禄的三分之一，一千石以下没有特别优待措施。丞相韦贤、御史大夫杜延年告老，天子优之，各赐黄金百斤，牛酒、医药，是很荣耀的事情，但并非所有官吏退休都能获此殊荣。

官员的任用方式和法规直接对官员品阶、秩禄以及社会地位产生影响。

第二节 官员升迁途径

关于汉代官吏的选拔，前辈多有陈述，如严耕望的《秦汉郎吏制度考》专设篇幅论及"除郎与补吏"[②]，安作璋、熊铁基的《秦汉官制史稿》第三编"官吏的选用、考课及其它各项制度"[③]，日本学者纸屋正和的《前汉时期县长吏任用形态的变迁》一文极为详尽地分析了武帝初年（建元年间）前官吏晋阶程序的两种模式；东晋次的《后汉的选

① （汉）班固：《汉书》卷90《酷吏列传》，中华书局1962年标点本，第3663页。

② 严耕望：《严耕望史学论文集》（卷上），上海古籍出版社2009年版，第48—68页。

③ 安作璋、熊铁基：《秦汉官制史稿》（下），齐鲁书社1984年版，第304—352页。

举与地方社会》考察了郡县一级的官吏任用、孝廉选举的实态和豪族阶层的关系[①]。本部分主要就官员的升迁和罢黜两个方面的影响因素展开。政绩优劣的影响，专业水平的高低，乃至常为人忽略的性格因素、相貌都在无意识中影响官吏的升迁罢黜，造成其社会地位的变化。

一　精通儒术

儒家思想并未居于独尊地位的西汉初年，“孝惠、高后时，公卿皆武力功臣”[②]，武帝立五经博士，“设科射策，劝以官禄”[③]，尊崇儒术，通晓儒家经典成为为官的必备条件，开儒学入仕之先，其后以儒学入仕者日众。制度乍行期，不乏家世卑微出身下层者经选拔产生的五经博士弟子。公孙弘、兒宽、匡衡、翟方进等都出身微贱。精通儒术者纷纷踏入仕途，担任地方长吏和中央高职。

“自孝武兴学，公孙弘以儒相，其后蔡义、韦贤、玄成、匡衡、张禹、翟方进、孔光、平当、马宫及当子晏咸以儒宗居宰相位，服儒衣冠，傳先王语”[④]，精通儒学成为汉代官员进入仕途的敲门砖。“汉兴，田何以齐田徙杜陵，号杜田生，授东武王同子中、洛阳周王孙、丁宽、齐服生，皆著《易传》数篇。同授菑川杨何，字叔元，元光中征为太中大夫。齐即墨成，至城阳相。广川孟但，为太子门大夫。鲁周霸、莒衡胡、临淄主父偃，皆以《易》至大官。”[⑤] 林尊事欧阳高为博士，后至少府、太子太傅，“授平陵平当、梁陈翁生，当至丞相……翁生信都太傅”[⑥]，老师和学生都因精通儒学而升迁。翟方进以孤童携老母入京师，“身为儒宗，致位宰相”[⑦]；丙吉“本起狱法小吏，后学《诗》、《礼》，皆通大义。及居相位，上宽大，好礼让”[⑧]；夏侯胜每每讲授，

---

① ［日］纸屋正和：《前汉时期县长吏任用形态的变迁》，［日］东晋茨：《后汉的选举和地方社会》，《日本中青年学者论中国史》（上古秦汉卷），上海古籍出版社1995年版，第505—535、572—601页。

② （汉）班固：《汉书》卷88《儒林传》，中华书局1962年标点本，第3592页。

③ 同上书，第3620页。

④ （汉）班固：《汉书》卷81《匡张孔马传赞》，中华书局1962年标点本，第3366页。

⑤ （汉）班固：《汉书》卷88《儒林传》，中华书局1962年标点本，第3597页。

⑥ 同上书，第3604页。

⑦ （汉）班固：《汉书》卷84《翟方进传》，中华书局1962年标点本，第3441页。

⑧ （汉）班固：《汉书》卷74《丙吉传》，中华书局1962年标点本，第3145页。

常谓诸生曰："士病不明经术；经术苟明，其取青紫如俯拾地芥耳。学经不明，不如归耕。"①

昭、宣二代，齐鲁籍高中级官吏人数持续增长，主要原因是儒生入仕至高官者增多。李泉统计，西汉三公九卿中儒生所占比例，西汉前期为6%，武帝朝增至12%，昭、宣时为28%，西汉后期达48%。②

东汉以研习经学而官至公卿的也很多，弘农杨氏"自震至彪，四世太尉，德业相继，与袁氏俱为东京名族"③。"伏氏自东西京相袭为名儒，以取爵位。中兴而桓氏尤盛"，沛郡桓氏，自桓荣至玄孙桓典，"世宗其道，父子兄弟代作帝师，受其业者皆至卿相，显乎当世"④。东汉以后开始形成的门阀士族，是统治集团中享有高贵身份的等级。

二 政绩出色

传统文献与出土汉简，为探讨汉代官员社会流动的影响因素提供了重要参考。居延汉简中，涉及官员因功劳拔擢，因勤奋、重修行的性格而升迁以及为官期间软弱被斥免的状况居多。

（一）功劳拔擢

这是官员垂直流动最普遍的途径，是对秦的军功爵制的继承。"有功者显荣，无功者虽富无所芬华。"⑤"功"，是计算政绩的名称与单位，"一功"指四年之劳，"劳"是以每日为计算单位。功劳在不同时期大致表现为：军功、事功和出使之功。秦国按照军功大小赐爵任官，官员的升降也依军功大小而定。高祖时，布衣多是追随刘邦南征北战立下军功而升至将相。郦商"别定北地郡，破章邯别将于乌氏、栒邑、泥阳……从击项籍军，与钟离昧战，受梁相国印"⑥。周苛、周昌兄弟"以卒史从沛公……从入关破秦……以苛为御史大夫，昌为中尉"⑦。故

① （汉）班固：《汉书》卷75《夏侯胜传》，中华书局1962年标点本，第3159页。
② 李泉：《试论西汉中高级官吏籍贯分布》，《中国史研究》1991年第4期。
③ （南朝）范晔：《后汉书》卷54《杨震列传》，中华书局1965年标点本，第1790页。
④ （南朝）范晔：《后汉书》卷37《桓荣列传》，中华书局1965年标点本，第1261页。
⑤ （汉）司马迁：《史记》卷68《商君列传》，中华书局1959年标点本，第2230页。
⑥ （汉）班固：《汉书》卷41《郦商传》，中华书局1962年标点本，第2074页。
⑦ （汉）班固：《汉书》卷42《周昌传》，中华书局1962年标点本，第2094页。

“自汉兴至孝文二十余年，会天下初定，将相公卿皆军吏”[①]，西汉初年的官吏大多出自军功，属吏也多如此，“孝惠、高后时，公卿皆武力功臣”[②]，文帝时，“将相皆旧功臣，少文多质”[③]；武帝时，吏道混杂，出身商人、煮盐、矿冶之家的桑弘羊、东郭咸阳、孔仅都为一时要臣，大批军功弟子也任以高官。汉武帝抗击匈奴，军事重心移向西北，西北边郡人以军功发迹者应运而生，李蔡、公孙贺官至丞相，李广父子、李息、公孙敬生位列九卿。此后有变化，班固言：“公卿大夫士吏彬彬多文学之士矣。”[④] 一般曹掾属吏也逐渐为儒生但任。“自曹掾、书吏、驭吏、亭长、门干、街卒，游徼啬夫，尽为儒生学士为之。”[⑤] 钱穆在其著作《秦汉史》中对这一变化也有所论。

随着国势的稳定，国家中心任务的转移，“功”的含义也会有所变化。文景时期平定“七国之乱”，武帝时出击匈奴，昭宣时平定边寇都属于“功”，即军功。战乱时期和稳定时期国家选拔官吏以及官吏升降的标准随形势的变化而做出调整。所以汉初以军功为标准转向汉武帝时期以事功为主要升迁条件。

事功，是各级官吏在日常行政事务中累积的功劳。汉代因“功”升迁者很多，石奋“积功劳，孝文时官至太中大夫”[⑥]，太子舍人周仁“积功迁至太中大夫”[⑦]。丙吉“积功劳，稍迁至廷尉右监”[⑧]。居延汉简中“劳一岁”“劳二岁”，积劳才能得功，才可以获得升迁。根据《尹湾汉简·东海郡下辖长吏名簿》，县级长吏 139 人，除简牍模糊不清的 26 人外，以孝廉迁 15 人，举方正 2 人，秀才 2 人，请诏除 5 人，尤异 11 人，以廉迁 15 人，以功次迁 75 人，占总数的 66%[⑨]，李解民

---

① （汉）司马迁：《史记》卷 96《张丞相列传》，中华书局 1962 年标点本，第 2681 页。

② （汉）班固：《汉书》卷 88《儒林传》，中华书局 1962 年标点本，第 3592 页。

③ （汉）班固：《汉书》卷 23《刑法志》，中华书局 1962 年标点本，第 1097 页。

④ （汉）班固：《汉书》卷 88《儒林传》，中华书局 1962 年标点本，第 3596 页。

⑤ 曾枣庄、刘琳：《全宋文》卷 1502，刘攽《送焦千之序》，上海辞书出版社、安徽教育出版社 2006 年版，第 162 页。

⑥ （汉）班固：《汉书》卷 46《石奋传》，中华书局 1962 年标点本，第 2193 页。

⑦ （汉）班固：《汉书》卷 46《周仁传》，中华书局 1962 年标点本，第 2203 页。

⑧ （汉）班固：《汉书》卷 74《丙吉传》，中华书局 1962 年标点本，第 3142 页。

⑨ 邹水杰、岳庆平：《西汉县令长初探》，《北京大学学报》（哲学社会科学版）2003 年第 4 期。

根据《东海郡下辖长吏名籍》列出表格，表中所列145人，其中“以功迁”或“以功次迁”的75人，占到50%强[①]，都说明官员升迁中以功次远远大于察举诸科。汉简中关于“功”“劳”的记载（简文标点依据《中国简牍集成》相同内容注）：

张掖居延甲渠塞有秩士吏公乘段尊，中劳一岁八月廿日。能书会计，治官民，颇知律令文。　57.6[②]

☐候官穷虏隧长簪裹单立，中功五，劳三月。能书会计，治官民，颇知律令文。

年卅岁，长七尺五寸。应令。居延中宿里，家去官七十五里，属居延部。　89.24[③]

肩水候官執胡隧长公大夫奚路人，中劳三岁一月。能书会计，治官民，颇知律令文。年卌七岁，长七尺五寸。氐池宜藥里，家去官六百五十里。　179.4[④]

张掖居延甲渠塞有秩候长公乘淳于湖，中功二，劳一岁四月十三日。能书会计，治官民，颇知律令文。年卅六岁，长七尺五寸。觻得□□里……　14[⑤]

可以推断，边地官吏升迁非常重视“功”与“劳”。相应的，因功劳升迁的记载有：

迺甘露元年十月癸酉，以功次迁为甲渠候官斗食令史。　256[⑥]

☐以功次迁补肩水候。候官。以三月辛未到官。□☐

① 李解民：《东海郡下辖长吏名籍研究》，连云港市博物馆、中国文物研究所编《尹湾汉墓简牍综论》，科学出版社1999年版，第51—54页。

② 谢桂华、李均明、朱国炤：《居延汉简释文合校》，文物出版社1987年版，第100页。

③ 同上书，第157页。

④ 同上书，第286页。

⑤ 甘肃省文物考古研究室、文化部古文献研究室、甘肃省博物馆、中国社会科学院历史研究所：《居延新简》，文物出版社1990年版，第153页。

⑥ 同上书，第324页。

62.56[1]

▨利以功次迁▨478.11[2]

还有专门报功劳的文书与功劳案：

墨将名籍一编，敢▨　430.5[3]

建昭四年功劳案　　157.9[4]

与周边民族来往中，若出使成功也有升迁机会。楚汉战争中，随何毛遂自荐，劝说淮南王背楚归汉，汉王“乃以随何为护军中尉”[5]，建汉后，高祖派“名有口辩，居左右，常使诸侯”的陆贾出使南越，“高帝大说，拜贾为太中大夫”[6]。

汉武帝时，与周边民族联系加强，有战争，有使节往来，出使成功成就了一批人。江充出使匈奴发迹，常惠“少时家贫，自奋应募，随移中监苏武使匈奴，并见拘十余年”，昭帝“嘉其勤劳，拜为光禄大夫”[7]。张骞出使西域，武帝拜为太中大夫，随行的堂邑父为奉使君[8]。傅介子成功出使大宛，“召拜介子为中郎，迁平乐监”[9]。萧咸出使匈奴有功升迁至大司农[10]。

官员巡行地方完成任务出色也会升迁。武帝时，汲黯巡视东粤“持节发河内仓粟以振贫民……上贤而释之，迁为荥阳令”[11]，平当因“奉使者十一人为最，迁丞相司直”[12]。派遣官员巡视地方，是加强中央

① 谢桂华、李均明、朱国炤：《居延汉简释文合校》，文物出版社1987年版，第111页。

② 同上书，第573页。

③ 同上书，第559页。《中国简牍集成》第八册第37页注释：全名为自占署功劳墨将名籍，自报功劳的文书。

④ 同上书，第257页。

⑤ （汉）班固：《汉书》卷34《英布传》，中华书局1962年标点本，第1886页。

⑥ （汉）班固：《汉书》卷43《陆贾传》，中华书局1962年标点本，第2111、2112页。

⑦ （汉）班固：《汉书》卷70《常惠传》，中华书局1962年标点本，第3003页。

⑧ （汉）班固：《汉书》卷61《张骞传》，中华书局1962年标点本，第2689页。

⑨ （汉）班固：《汉书》卷70《傅介子传》，中华书局1962年标点本，第3001页。

⑩ （汉）班固：《汉书》卷78《萧望之传》，中华书局1962年标点本，第3291页。

⑪ （汉）班固：《汉书》卷50《汲黯传》，中华书局1962年标点本，第2316页。

⑫ （汉）班固：《汉书》卷71《平当传》，中华书局1962年标点本，第3050页。

对地方控制的需要，对巡视官员而言，是获得升迁的契机。

战乱之时或建国之初，军功是升迁的首选途径。天下太平时，需要有实际才能的官员治理地方，则以事功并且得到统治者赏识为基本升迁途径，以功、以劳决定升迁是对任人唯亲的摒弃，也能保证官僚队伍的质量和行政效率的有效并激励官员勤奋执政。对官吏的升迁，奖励方式包括诏敕嘉奖、迁官、赐爵、增秩、赏金等内容。朱博，“家贫，少时给事县为亭长”①，后被大将军王凤举荐为栎阳令，“徙云阳、平陵二县，以高第入为长安令。京师治理，迁冀州刺史”②，后“以高第入守左冯翊，满岁为真”③。晋升的主要依据就是考课中的高第。哀帝即位，“以博名臣，召见，起家復为光禄大夫，迁为京兆尹，数月超为大司空”④。按照西汉旧制“故事，选郡国守相高第为二千石，选中二千石为御史大夫，任职者为丞相，位次有序”⑤，层层考课、层层选拔、层层递迁。有拔擢高第的升迁，也有积劳久次的平迁，如赵禹“以刀笔吏积劳，迁为御史。上以为能，至中大夫”⑥。有对于功绩卓著、才干超群官吏的超迁，不拘常限破格提拔，如于定国、薛宣。西汉“故事，[刺史]居部九岁举为守相，其有异材功效著者辄登擢。秩卑而赏厚，咸劝功乐进”⑦。三种升迁基本都是按照考课评定等第而定，对官吏的激励和示范作用也不同。考课是对官员是否勤于政务和功绩大小的考察，考课成绩直接决定官员的宦海沉浮，所以凭借年劳升迁的考课制度一经确定，作弊现象相应产生。《汉书·宣帝纪》载，“上计簿，具文而已，务为欺谩，以避其课”，颜师古曰：“虽有其文，而实不副也。”⑧《汉书·贡禹传》也云：“郡国恐伏其诛，则择便巧史书习于计簿能欺上府者，以为右职……欺谩而善书者尊于朝。”⑨ 永光、建昭间，京房

① （汉）班固：《汉书》卷83《朱博传》，中华书局1962年标点本，第3398页。
② 同上书，第3399页。
③ 同上书，第3302页。
④ 同上书，第3404页。
⑤ 同上书，第3405页。
⑥ （汉）班固：《汉书》卷90《酷吏传》，中华书局1962年标点本，第3651页。
⑦ （汉）班固：《汉书》卷83《朱博传》，中华书局1962年标点本，第3406页。
⑧ （汉）班固：《汉书》卷8《宣帝纪》，中华书局1962年标点本，第273、274页。
⑨ （汉）班固：《汉书》卷72《贡禹传》，中华书局1962年标点本，第3077页。

向元帝提出“考功课吏法”，晋灼曰：“令丞尉一县崇教化亡犯法者辄迁。有盗贼，满三日不觉者则尉事也。令觉之，自除，二尉负其罪。率相准如此法。”① 显然是针对官吏职分不明、考课之法松弛的状况提出，以维护统治。考课制的实施，利于约束官僚的行为，提高统治效能。

（二）才能拔擢

官吏因政绩突出，包括治理地方、擅长管理或精通专业出类拔萃者获得升迁，同时激励同僚勤勉敬业。文帝时，吴公因河南守治平为天下第一，“征以为廷尉”②；卜式，“迁成皋令，将漕最。上以式朴忠，拜为齐王太傅，转为相”③；杜延年为西河太守，“治甚有名，征入为御史大夫”④。因为治理一地政绩卓著，声名远播得以升迁的还有王崇、马宫、王嘉、王尊等。

官员升迁并非都是从地方升至中央，有的依旧在地方任职。由县令迁为郡守，魏相从茂陵令迁为河南太守⑤，阳翟令赵广汉“以治行尤异，迁京辅都尉，守京兆尹”⑥；从太守到他地依旧任太守，属于平级调动，倘若政绩突出，还是有机会进入中央任职的。南阳太守郑弘“皆著治迹，条教法度，为后所述……迁淮阳相，后以高第入为右扶风”，“代韦玄成为御史大夫”⑦；召信臣一度任零陵、南阳太守，“郡中莫不耕稼力田，百姓归之，户口增倍，盗贼狱讼衰止”，“迁河南太守，治行常为第一，復数增秩赐金。竟宁中，征为少府，列于九卿”⑧。

因政绩优异而升迁，杨恽“为中郎将……荐举其高第有行能者，至郡守九卿。郎官化之，莫不自厉，绝请谒货赂之端，令行禁止，宫殿之内翕然同声。由是擢为诸吏光禄勋”⑨。

因精通专业表现出色获得升迁，叔孙通帮助刘邦制定礼乐，由博士

① （汉）班固：《汉书》卷75《京房传》，中华书局1962年标点本，第3161页。
② （汉）班固：《汉书》卷48《贾谊传》，中华书局1962年标点本，第2221页。
③ （汉）班固：《汉书》卷58《卜式传》，中华书局1962年标点本，第2626页。
④ （汉）班固：《汉书》卷60《杜周传》，中华书局1962年标点本，第2666页。
⑤ （汉）班固：《汉书》卷74《魏相传》，中华书局1962年标点本，第3133页。
⑥ （汉）班固：《汉书》卷76《赵广汉传》，中华书局1962年标点本，第3199页。
⑦ （汉）班固：《汉书》卷66《郑弘传》，中华书局1962年标点本，第2903页。
⑧ （汉）班固：《汉书》卷89《循吏传》，中华书局1962年标点本，第3642页。
⑨ （汉）班固：《汉书》卷66《杨敞传》，中华书局1962年标点本，第2890页。

拜奉常[①]，张安世专业知识精深，汉武帝“行幸河东，尝亡书三箧，诏问莫能知，唯安世识之，具作其事。后购求得书，以相校无所遗失。上奇其材，擢为尚书令，迁光禄大夫”[②]。

三　机缘巧合

凭借某项皇帝恰巧感兴趣的技艺，投其所好，或因为某一个上书或建议，或者仅仅是一个行为，一个人脉，得以升迁。

“（田）千秋长八尺余，体貌甚丽，武帝见而说之”[③]，因颜值高，给汉武帝留下难忘的第一印象。“千秋无他材能术学，又无伐阅功劳，特以一言寤意，旬月取宰相封侯，世未尝有也。后汉使者至匈奴，单于问曰：‘闻汉新拜丞相，何用得之?’使者曰：‘以上书言事故。’”[④] 田千秋因为“巫蛊之祸”后为卫太子上书而为相，“封富民侯”。

“光武微时，尝以事拘于新野，（樊晔）为市吏，馈饵一笥，帝德之不忘，仍赐晔御食，及乘舆服物，因戏之曰：‘一笥饵得都尉，何如?’樊晔顿首辞谢[⑤]。”磨难时的一碗救命饭换来今日的职位。

桓荣年六十余时，始辟大司徒府，“时显宗始立为皇太子，选求明经，乃擢荣弟子豫章何汤为虎贲中郎将，以《尚书》授太子”。后来显宗得知何汤的老师是桓荣，“帝即召荣，令说《尚书》，甚善之。拜为议郎，赐钱十万，入使授太子。每朝会，辄令荣于公卿前敷奏经书”。大有相见恨晚之意，“会《欧阳》博士缺，帝欲用荣。桓荣叩头辞谢：‘臣经术浅薄，不如同门生郎中彭闳、扬州从事皋弘。’”于是拜桓荣为博士，引闳、弘为议郎[⑥]。桓荣得到皇帝的召见是沾了学生的光。

同样的情况还有，淳于长“少以太后姊子为黄门郎，未进幸”。后来正赶上大将军王凤生病，于是“长侍病，晨夜扶丞左右，甚有甥舅之恩”。王凤弥留之际，将他的表现禀告太后和皇帝，“帝嘉长义，

① （汉）班固：《汉书》卷43《叔孙通传》，中华书局1962年标点本，第2128页。
② （汉）班固：《汉书》卷59《张汤传》，中华书局1962年标点本，第2647页。
③ （汉）班固：《汉书》卷66《田千秋传》，中华书局1962年标点本，第2884页。
④ 同上。
⑤ （南朝）范晔：《后汉书》卷77《酷吏列传》，中华书局1965年标点本，第2491页。
⑥ （南朝）范晔：《后汉书》卷37《桓荣列传》，中华书局1965年标点本，第1249、1250页。

拜为列校尉诸曹，迁水衡都尉侍中，至卫尉九卿”[①]。乐通侯栾大“以方术诏所褒侯，三千户”[②]。一个不失时机的奏折，饥肠辘辘时的一碗粥，同门中一个人得幸时的一句话，甚至擅长方术都可能让人时来运转。

四　其他途径

汉代社会，因精通入学或才能出众是官员得以拔擢的主要因素。此外，美名远扬、性格中廉、容貌、功劳和才能等因素，也为官员升迁提供可能。

（一）声名远播拔擢

景帝时，郑当时“以任侠自喜，脱张羽于阨，声闻梁楚间”，武帝即位被迁为“鲁中尉，济南太守，江都相，至九卿为右内史”[③]。金日磾的从孙金敞“世名忠孝，太后诏留侍成帝，为奉车水衡都尉，至卫尉”，因“为人正直”得以擢升[④]。提倡高尚的对维护统治有利的精神品格，对促进官场和谐是有利的。

（二）性格中廉升迁

古籍不乏对历史人物性格的描述，秦始皇“少恩而虎狼心”；《后汉书·酷吏列传》记载，王吉“喜名声，而性残忍”[⑤]；《后汉书·宦者列传》记载，郑众“为人谨敏有心机”[⑥]；蔡伦“有才学，尽心敦慎”[⑦]；邓太后“以（曹）腾年少谨厚，使侍皇太子书，特见亲爱”[⑧]；何休“为人质朴讷口，而雅有心思”[⑨]；杜笃“少博学，不修小节，不

---

① （汉）班固：《汉书》卷93《佞幸传》，中华书局1962年标点本，第3730页。

② （汉）班固：《汉书》卷18《外戚恩泽侯表》，中华书局1962年标点本，第690页。

③ （汉）班固：《汉书》卷50《郑当时传》，中华书局1962年标点本，第2323、2324页。

④ （汉）班固：《汉书》卷68《金日磾传》，中华书局1962年标点本，第2963页。

⑤ （南朝）范晔：《后汉书》卷77《酷吏列传》，中华书局1965年标点本，第2501页。

⑥ （南朝）范晔：《后汉书》卷78《宦者列传》，中华书局1965年标点本，第2512页。

⑦ 同上书，第2513页。

⑧ 同上书，第2519页。

⑨ （南朝）范晔：《后汉书》卷79下《儒林列传下》，中华书局1965年标点本，第2582页。

为乡人所礼"[①]；华佗"为人性恶，难得意，且耻以医见业"[②]，恃能厌世，最终为曹操所杀。性格对人生包括仕途的进退是有影响的，即便博学多才或掌握专门技艺，也未必能获得世人青睐。

史籍载，石庆为太仆时，"御出，上问车中几马，庆以策数马毕，举手曰：'六马。'庆于兄弟最为简易矣，然犹如此。出为齐相……元狩元年，上立太子，选群臣可傅者，庆自沛守为太子太傅，七岁迁御史大夫"，元鼎五年，"为丞相，封牧丘侯"[③]。石庆以性格"简易"获得升迁，官至丞相。朱博"为人廉俭，不好酒色游宴。自微贱至富贵，食不重味，案上不过三桮"，"欲仕宦者荐举之，欲报仇怨者解剑以带之"[④]。陈咸，"少显名于朝廷，而薛宣、朱博、翟方进、孔光等仕宦绝在咸后，皆以廉俭先至公卿，而咸滞于郡守"[⑤]。廉俭的品格是升迁的有利条件，班固评论说："张释之之守法，冯唐之论将，汲黯之正直，郑当时之推士，不如是，亦何以成名哉！"[⑥]

冯野王为元帝昭仪兄，朝廷选拔御史大夫人选时，野王行能第一，上曰"吾用野王为三公，后世必谓我私后宫亲属，以野王为比"，结果避嫌不用"刚强坚固，确然无欲"的野王，而用"廉洁节俭"的太子少傅张谭为御史大夫[⑦]。孙堪"建武中，仕郡县。公正廉絜，俸禄不及妻子，皆以供宾客……复仕为左冯翊"[⑧]。汉简中也有因性格因素升迁的事例：

　　☐□力勤事，毋官，可补造史。唯☐　　479.5[⑨]

---

① （南朝）范晔：《后汉书》卷80上《文苑列传上》，中华书局1965年标点本，第2595页。

② （南朝）范晔：《后汉书》卷82下《方术列传下》，中华书局1965年标点本，第2739页。

③ （汉）班固：《汉书》卷46《石奋传》，中华书局1962年标点本，第2197页。

④ （汉）班固：《汉书》卷83《朱博传》，中华书局1962年标点本，第3407页。

⑤ （汉）班固：《汉书》卷66《陈万年传》，中华书局1962年标点本，第2901页。

⑥ （汉）班固：《汉书》卷50《张冯汲郑传赞》，中华书局1962年标点本，第2326页。

⑦ （汉）班固：《汉书》卷78《萧望之传》，中华书局1962年标点本，第3303页。

⑧ （南朝）范晔：《后汉书》卷79《儒林列传》，中华书局1965年标点本，第2579页。

⑨ 谢桂华、李均明、朱国炤：《居延汉简释文合校》，文物出版社1987年版，第575页。

▨　以脩行，除▨　　　　　　485.43[①]

“费长山阳郡都关孙敞故广邑长以廉迁；厚丘长临淮郡取虑邑宋康故丞相属以廉迁；兰旗相临淮郡僮夏彭祖故口徒丞以廉迁”，李解民《东海郡下辖长吏名籍研究》所列表格145人，“以廉迁”者15人[②]。勤奋，有修行以及廉俭是为官者应有的素质，也是获得提拔的可能要素。要么获得更高的名望和官爵，要么获得丰厚的物质奖励。诸种方式，皆属于社会垂直流动，更确切地说，是向上流动，在社会分层结构中，因功劳或性格等原因获得了更多的获取自己所期望的资源的机会。

（三）容貌甚伟拔擢

与性格一样，相貌因素往往为人忽略，汉代官吏的升迁之途或许可以给我们启迪。张苍因身材高挑、皮肤白皙而使监斩官王陵刀下留人，得以活下来的张苍，之后步步高升官至丞相。纵览史籍，因相貌得升迁或转运者还不少。

韩信坐法当斩，“滕公奇其言，壮其貌，释弗斩”[③]，之后驰骋战场得以封侯；金日磾“长八尺二寸，容貌甚严，马又肥好，上异而问之，具以本状对。上奇焉，即日赐汤沐衣冠，拜为马监，迁侍中驸马都尉光禄大夫”[④]；何熙“身长八尺五寸，善为威容，赞拜殿中，音动左右。和帝伟之，擢为御史中丞，历司隶校尉、大司农”[⑤]；江充“为人魁岸，容貌甚壮。帝望见而异之，谓左右曰：‘燕赵固多奇士’”[⑥]，“迁为水衡都尉，宗族知友多得其力者”。[⑦] 容貌“甚状”“甚严”“甚伟”是为官乃至升迁的先决条件。王商，“为人多质有威重，长八尺余，身体鸿大，容貌甚过绝人。河平四年，单于来朝，引见白虎殿。丞相商坐未央

① 谢桂华、李均明、朱国炤：《居延汉简释文合校》，文物出版社1987年版，第586页。

② 李解民：《东海郡下辖长吏名籍研究》，连云港市博物馆、中国文物研究所编《尹湾汉墓简牍综论》，科学出版社1999年版，第51—54页。

③ （汉）班固：《汉书》卷34《韩信传》，中华书局1962年标点本，第1862页。

④ （汉）班固：《汉书》卷68《金日磾传》，中华书局1962年标点本，第2959—2960页。

⑤ （南朝）范晔：《后汉书》卷47《班梁列传》，中华书局1962年标点本，第1593页。

⑥ （汉）班固：《汉书》卷45《江充传》，中华书局1962年标点本，第2176页。

⑦ 同上书，第2178页。

廷中，单于前，拜谒商。商起，离席与言，单于仰视商貌，大畏之，迁延却退。天子闻而叹曰：‘此真汉相矣！’”[①] 让单于望而生畏的相貌！贾复，“事舞阳李生，李生奇之，谓门人曰：‘贾君之容貌志气如此，而勤于学，将相之器也’”[②]；郑玄“身长八尺，饮酒一斛，秀眉明目，容仪温伟”[③]；徐防“体貌矜严，占对可观，显宗异之，特补尚书郎”[④]。容貌与志向，与命运紧密相关。

史籍对人物相貌的浓墨重彩，可以认为，秦汉人相信奇人异貌，户籍登记专门登记身高及肤色等相貌特征。如此看来，以“貌”取人是有其历史渊源的，但是社会流动的实现，相貌绝非唯一和必备因素。

那些没有被封侯的人甚至从自己的相貌中寻找原因或获得安慰。李广军吏士卒或取封侯，唯独自己不得爵邑，官不过九卿，与王朔曰：“自汉击匈奴，广未尝不在其中，而诸妄校尉以下，材能不及中，以军功取侯者数十人。广不为后人，然终无尺寸之功以得封邑者，何也？岂吾相不当侯邪？”[⑤] 蔡茂的父亲见汝南郡小史翟方进“大奇其形貌，谓曰：‘小史有封侯骨，当以经术进，努力为诸生学问。’”[⑥] 听了此话，翟方进“西至京师受经”，因相貌带来的预言成为寒门子弟为前途拼搏的动力。英布，“少时客相之，当刑而王。及壮，坐法黥，布欣然笑曰：‘人相我当刑而王，几是乎？’”[⑦] 班超，“家贫，常为官佣书以供养。久劳苦，尝辍业投笔叹曰：‘大丈夫无它志略，犹当效傅介子、张骞立功异域，以取封侯，安能久事笔研间乎？’左右皆笑之”。之后一个相者看到他“生燕颔虎颈”的相貌，曰“此万里侯相也”，“祭酒，布衣诸生耳！而当封侯万里之外”[⑧]。诸如此类举不胜举。

秦汉人相信奇人异貌，这是一个时代潮流。作为与他人区分的首要标志，相貌的确重要，历代的户籍登记，除了登记姓名、性别、年龄、

---

① （汉）班固：《汉书》卷82《王商传》，中华书局1962年标点本，第3370、3371页。
② （南朝）范晔：《后汉书》卷17《贾复列传》，中华书局1965年标点本，第664页。
③ （南朝）范晔：《后汉书》卷35《郑玄列传》，中华书局1965年标点本，第1211页。
④ （南朝）范晔：《后汉书》卷44《徐防列传》，中华书局1965年标点本，第1500页。
⑤ （汉）班固：《汉书》卷54《李广传》，中华书局1962年标点本，第2446页。
⑥ （汉）班固：《汉书》卷84《翟方进传》，中华书局1962年标点本，第3411页。
⑦ （汉）班固：《汉书》卷34《英布传》，中华书局1962年标点本，第1881页。
⑧ （南朝）范晔：《后汉书》卷47《班超列传》，中华书局1965年标点本，第1571页。

住地以外，还要写明身高及肤色等相貌特征。汉朝以后，相貌成为选官的依据之一，如唐代的身、言、书、判，《新唐书·选举志下》记载有选官择人之法曰："凡择人之法有四：一曰身，体貌丰伟；二曰言，言辞辩正；三曰书，楷法遒美；四曰判，文理优长。四事皆可取，则先德行。"如此看来，以"貌"取人是有其历史渊源的，但是若想完成社会流动，提高社会地位，相貌并非唯一和必备因素。人们的社会心理状况最终取决于社会生活实际。相貌在任何时代都不应该成为升迁的必备条件，张苍从阶下之囚荣登丞相之位，更在于他熟悉档案管理、精通律令等专业素质。

（四）生逢其时拔擢

世人感慨自己明珠暗投，"生不逢时"是感叹身世的不济，是对时代的渴望和呼唤。刘邦布衣集团是这类人的代表，"樊哙、夏侯婴、灌婴之徒，方其鼓刀仆御贩缯之时，岂自知附骥之尾，勒帝籍，庆流子孙哉？"① "刘敬脱挽辂而建金城之安，叔孙通舍枹鼓而立一王之仪，遇其时也。郦生自匿监门，待主然后出……陆贾位止大夫，致仕诸吕，不受忧责，从容平、勃之间，附会将相以强社稷，身名俱荣，其最优乎！"②

班固在《爰盎晁错传》中赞曰："爰盎遂不好学，亦善附会，仁心为质，引义慷慨。遭孝文初立，资适逢世。"③ 文帝评价李广："惜广不逢时，令当高祖世，万户侯岂足道哉！"④ 凡此种种，都证明机遇对人的发展和价值实现的重要作用。"公孙弘、卜式、兒宽皆以鸿渐之翼困于燕爵，远迹羊豕之间，非遇其时，焉能致此位乎？"⑤ 胶东相张敞在给朱邑的信中说："昔陈平虽贤，须魏倩而后进；韩信虽奇，赖萧公而后信。故事各达其时之英俊，若必伊尹、吕望而后荐之，则此人不因足

① （汉）班固：《汉书》卷41《樊郦滕灌傅靳传赞》，中华书局1962年标点本，第2089页。

② （汉）班固：《汉书》卷43《郦陆朱刘叔孙传赞》，中华书局1962年标点本，第2131页。

③ （汉）班固：《汉书》卷49《爰盎传》，中华书局1962年标点本，第2303页。

④ （汉）班固：《汉书》卷54《李广传》，中华书局1962年标点本，第2439页。

⑤ （汉）班固：《汉书》卷58《公孙弘卜式兒宽传赞》，中华书局1962年标点本，第2633页。

下而进矣。”[①] 即便是英达之才，也只有身逢其时，才可能出人头地。

光武帝与功臣诸侯宴语，从容言曰：“诸卿不遭际会，自度爵禄何所至乎？”高密侯邓禹先对曰：“臣少尝学问，可郡文学博士。”帝曰：“何言之谦乎？卿邓氏子，志行脩整，何为不掾功曹？”余各以次对，至武，曰：“臣以武勇，可守尉督盗贼。”帝笑曰：“且勿为盗贼，自致亭长，斯可矣。”[②] “时势造英雄”，在政权动荡之时，社会流动的幅度会大于和平时期，西汉初年的刘邦布衣集团和新莽末年与东汉初年的刘秀功臣集团就是得益于新旧政权之交的动荡；公孙弘、卜式等人赶上了汉武帝时期的政策，以精通儒术为相或因入粟拜爵；或在特定的时代，遇到高人的引荐和指点进入统治阶层，生逢其时，得以升迁。

当然，既赶上好时候，又相貌伟丽、品质廉俭，甚至有姻缘相助，无异于如虎添翼，飞黄腾达是水到渠成的了。霍光便具备这样的优越条件，“（霍）光为人沈静详审，长财七尺三寸，白晳，疏眉目，美须髯。每出入下殿门，止进有常处，郎仆射窃识视之，不失尺寸”，“光与左将军桀结婚相亲，光长女为桀子安妻。有女年与帝相配”[③]。霍光随后权倾朝野。

（五）统治者着意提拔

汉武帝时期，为加强中央权力，削弱宰相权力，在中央设立“中朝”，提拔亲近之人充任中朝官，参与决策，以此压制和分散原来丞相的权力。这些地位低微的官员，没有权力基础，俯首听命容易掌控，并对汉武帝常怀感恩之心，必定尽心竭力。这一政治制度的改革加强了官员的流动性，保证了政令的畅通，为后来的帝王继承。汉代的“帝王不断地将宫内机构和身边侍从、亲信和僚属转化为朝廷正式机构和正式官员、职任，皇帝的侍从、僚属不断地由职位较低的事务性小官吏逐步转化为位高权重、拥有一定实力的外朝政务管僚”[④]。隋唐时期，为扩大决策群体人数，统治者专门提拔一些官员共掌朝政，发展为知政事

① （汉）班固：《汉书》卷88《循吏传》，中华书局1962年标点本，第3636页。

② （南朝）范晔：《后汉书》卷22《马武列传》，中华书局1965年标点本，第785页。

③ （汉）班固：《汉书》卷68《霍光传》，中华书局1962年标点本，第2933、2934页。

④ 张晋藩、王超：《中国政治制度史》，中国政法大学出版社1987年版，第211页。

官，以“参知政事”身份与尚书省、中书省和门下省长官共同构成决策机构，相当于宰相，将决策权由内廷转移到外朝，是对汉武帝这一做法的继承，最终决策权依旧掌握在皇帝手中。参与决策人数的增加，政治机构的调整，体现了政府的活力。

第三节　官员罢黜

官员的升迁途径有很多，但是归根结底还是取决于皇帝的意志。一旦龙颜大怒，便随时会被罢黜、发配甚至斩首，原有的声望、权力和社会地位顿时化为乌有，甚至殃及家人。

一　为官失职

汉代，在职官员会因某些原因得以升迁，同样，也会因为官期间失职违法、软弱不胜任、上奏不合圣意等原因遭到罢黜。

（一）违法犯罪

为官失职导致的直接结果是因违法犯罪而降职。官吏犯罪是关乎王朝政治的重大问题。为防止和减少其出现频率，汉武帝设置十三州部刺史监察吏治；鼓励吏民上书言事以扩大监督范围。但官吏因犯罪被降职频频出现于史籍中。

官员犯罪在《史记》和《汉书》中统称“坐”，“坐”有具体所指，盖宽饶“坐举奏大臣非是，左迁为卫司马”①；何武“坐举方正所举者召见槃辟雅拜，有司以为诡众虚伪”②；黄霸“坐发民治驰道不先以闻，又发骑士诣北军马不適士，劾乏军兴，连贬秩”③。因为亲属犯罪受牵连也属于“坐”，会被降职，辛庆忌为执金吾时“坐子杀赵氏，左迁酒泉太守”④，萧望之“坐弟犯法，不得宿卫，免归为郡吏”⑤。汉

① （汉）班固：《汉书》卷77《盖宽饶传》，中华书局1962年标点本，第3243页。
② （汉）班固：《汉书》卷86《何武传》，中华书局1962年标点本，第3484页。
③ （汉）班固：《汉书》卷89《循吏传》，中华书局1962年标点本，第3631页。
④ （汉）班固：《汉书》卷69《辛庆忌传》，中华书局1962年标点本，第2996页。
⑤ （汉）班固：《汉书》卷78《萧望之传》，中华书局1962年标点本，第3273页。

代不少官员因“坐”而被罢职。执金吾辛庆忌“坐小法左迁云中太守”[①]，大司农朱博“坐小法，左迁犍为太守”[②]，淮阳太守田云中因“吏民守阙告之，竟坐弃市”[③]，很多官吏由于犯罪而被处罚、免官甚至斩杀。

对于犯罪官吏的处罚中，免官是常见的形式，主要针对违反法律、法令规定或执行效果不合帝意，又罪不至死的官吏施行。景帝曾下诏："吏迁徙免罢，受其故官属所将监治送财物，夺爵为士伍，免之。"[④] 官吏被免官的事例还有孝景帝时，御史大夫晁错“使吏案盎受吴王财物，抵罪，诏赦以为庶人”[⑤]；汉武帝时，司马相如出使西南，“其后人有上书言相如使时受金，失官”[⑥]。

若官员政绩深得民心则可能从轻处罚，王尊为京兆尹，“坐遇使者无礼……尊坐（先）[免]，吏民多称惜之”[⑦]。湖三老公乘兴等上书赞美王尊治理地方功效卓著，“天子复以尊为徐州刺史，迁东郡太守”[⑧]。孙宝任益州刺史时，“广汉群盗起”，广汉太守扈商是大司马车骑将军王音的外甥，“软弱不任职”。孙宝到任，大刀阔斧，“亲入山谷，谕告群盗，非本造意。渠率皆得悔过自出，遣归田里。自劾矫制，奏商为乱首”，孙宝遭受诬陷被免官，“宝坐失死罪免”。益州吏民上书，陈述孙宝治理益州有方，结果孙宝拜冀州刺史，迁丞相司直[⑨]。

罪行情节严重的，处以相当残酷的惩罚，甚至性命不保。太始三年（前94）新畤侯赵弟“坐为太常鞠狱不实，入钱百万赎死，而完为城旦”[⑩]，汉律对渎职罪的打击非常严厉。宣帝时，赵广汉“坐贼杀不辜，

① （汉）班固：《汉书》卷69《辛庆忌传》，中华书局1962年标点本，第2996页。
② （汉）班固：《汉书》卷83《朱博传》，中华书局1962年标点本，第3403页。
③ （汉）班固：《汉书》卷90《酷吏传》，中华书局1962年标点本，第3665页。
④ （汉）班固：《汉书》卷5《景帝纪》，中华书局1962年标点本，第140页。
⑤ （汉）班固：《汉书》卷49《晁错传》，中华书局1962年标点本，第2273页。
⑥ （汉）班固：《汉书》卷57《司马相如传》，中华书局1962年标点本，第2589页。
⑦ （汉）班固：《汉书》卷76《王尊传》，中华书局1962年标点本，第3233页。
⑧ 同上书，第3236页。
⑨ （汉）班固：《汉书》卷77《孙宝传》，中华书局1962年标点本，第3258页。
⑩ （汉）班固：《汉书》卷17《景武昭宣元成功臣表》，中华书局1962年标点本，第661页。

鞫狱故不以实，擅斥除骑士乏军兴数罪”而“竟坐要斩”[①]。成帝时，“帝舅红阳侯立使客因南郡太守李尚占垦草田数百顷”，入官时又贵取其值，被丞相司直孙宝劾奏，王立被废，李尚下狱死[②]。

张家山汉简中对西汉官吏犯罪的各种性质记载颇为丰富，蒋云飞的硕士论文《〈二年律令〉与汉初官吏控制法》指出，《二年律令》对官吏犯罪的规定小至文书遗漏文字、丢失官印，大到投敌、行贿受贿而拘私枉法、鞫狱故不直、狱吏殴打刑徒致死等司法职务行为，涵盖了社会公务的方方面面。勾结诸侯、司法渎职等犯罪行为，处罚严厉[③]。罪行较轻的，多处以罚金，如《二年律令·田律》载“道有陷败不可行者，罚其啬夫、吏主者黄金各二两”，对官吏的社会地位影响甚微。

官员获罪有触犯法律的行为，也有政敌的打击报复或统治者意志的作用，对官员自身而言，被降职或免官成为庶民都意味着社会地位的下降和原有特权、资产的丧失或减少。

（二）软弱不胜任斥免

在对官员的定期考核中，发现官员未能很好履行职责，便以“软弱不胜任”降职。王尊“子伯为京兆尹，坐耎弱不胜任免”[④]；将梁侯杨仆“坐为将军击朝鲜畏懦，入竹二万箇，赎完为城旦”[⑤]；合骑侯公孙敖“坐将兵击匈奴与骠骑将军期后，畏懦当斩，赎罪”[⑥]；博望侯张骞“坐以将军击匈奴畏懦当斩，赎罪，免”[⑦]。《二年律令·捕律》规定：“盗贼发，士吏、求盗部者，及令、丞、尉弗觉智（知），士吏、求盗皆以卒戍边二岁，令、丞、尉罚金各四两……一岁中盗贼发而令、丞、尉所不觉智（知），三发以上，皆为不胜任，免之。”[⑧] 多起盗贼事

---

① （汉）班固：《汉书》卷76《赵广汉传》，中华书局1962年标点本，第3205页。

② （汉）班固：《汉书》卷77《孙宝传》，中华书局1962年标点本，第3258、3259页。

③ 蒋云飞：《〈二年律令〉与汉初官吏控制法》，硕士学位论文，华东政法大学，2007年，第59页。

④ （汉）班固：《汉书》卷76《王尊传》，中华书局1962年标点本，第3238页。

⑤ （汉）班固：《汉书》卷17《景武昭宣元成功臣表》，中华书局1962年标点本，第655页。

⑥ 同上书，第645页。

⑦ 同上书，第646页。

⑧ 朱红林：《张家山汉简〈二年律令〉集释》，社会科学文献出版社2005年版，第109页。

件中发生，有三次没有发觉，县里令、丞、尉要因不胜任而免职。《汉书·京房传》记载，“诏使房作其事，房奏考功课吏法”，晋灼曰：“令丞尉治一县，崇教化亡犯法者辄迁。有盗贼，满三日不觉者则尉事也。令觉之，自除，二尉负其罪。”[①]《汉书·咸宣传》载，“于是作《沈命法》，曰：‘群盗起不发觉，发觉而捕弗满品者，二千石以下至小吏主者死。’”[②] 相关责任人未能及时发现盗贼，要追究责任。《二年律令·置吏律》规定：“有任人以为吏，其所任不廉、不胜任以免，亦免任者。其非吏及宦也，罚金四两，戍边二岁。”任，保举。不胜任，《新书》：“古者大臣坐罢软不胜任者，不谓罢软，曰下官不职。”[③]《史记·范雎蔡泽列传》载：“秦之法，任人而所任不善者，各以其罪罪之。”[④] 官员不胜任连累保举之人。尹赏告诫诸子“丈夫为吏，正坐残贼免，追思其功效，则复进用矣。一坐软弱不胜任免，终身废弃无有赦时，其羞辱甚于贪污坐臧”[⑤]。汉简中因官员不胜其任，包括身体状况不适合在任而被免职者也不少：

贫急，软弱不任职，请斥免，可补者名如牒。书☐ 231.29[⑥]

☐ 固病聋软弱，职不脩治。请以☐　　284.27[⑦]

●候长王彊、王霸坐毋辩护，不胜任，免。移名府。●一事集封。八月

丙申，掾彊封。　　317.21[⑧]

---

① （汉）班固：《汉书》卷75《京房传》，中华书局1962年标点本，第3161页。

② （汉）班固：《汉书》卷90《酷吏传》，中华书局1962年标点本，第3662页。

③ 朱红林：《张家山汉简〈二年律令〉集释》，社会科学文献出版社2005年版，第141页。

④ （汉）司马迁：《史记》卷79《范雎蔡泽列传》，中华书局1962年标点本，第2417页。

⑤ （汉）班固：《汉书》卷90《酷吏传》，中华书局1962年标点本，第3675页。

⑥ 谢桂华、李均明、朱国炤：《居延汉简释文合校》，北京文物出版社1987年版，第376页。

⑦ 同上书，第479页。

⑧ 谢桂华、李均明、朱国炤：《居延汉简释文合校》，北京文物出版社1987年版，第514页。

斥呼不涂治案严软弱不任候望吏　　8[①]

三月己亥除，署第四部。病咳短气，主亭隧七所，斥呼。　5

七月□□除，署第十部士吏。□匡软弱不任吏职，以令斥免。　6

软弱不任吏职，以令斥免。　12[②]

因为不能胜任或软弱而被降职贬秩，是对官员的惩罚，也是对同僚的警示。

二　上奏不合圣意罢黜

官员上奏或对策不符合皇帝旨意会遭到罢黜。爰盎"数直谏"，触怒龙颜，"不得久居中。调为陇西都尉"[③]。中大夫汲黯"以数切谏，不得久留内，迁为东海太守"[④]。御史大夫卜式建议罢盐铁官营，"上由是不说式。明年当封禅，式又不习文章，贬秩为太子太傅"[⑤]。郑当时"以武安魏其时议"，上书不当，从右内史贬秩为詹事[⑥]。谏大夫盖宽饶劾奏卫将军张安世子侍中阳都侯彭祖不下殿门，"坐举奏大臣非是，左迁为卫司马"[⑦]。正直的官员指陈时弊，直抒胸臆，难免使上"不悦"而被免官降职，迂回地表达，巧妙地周旋达到目的也是为官者应锻炼和培养的素质。

三　其他因素

因某些政治事件受到牵连，抑或往往被忽略了的相貌或性格原因，甚至天体的异象也会导致官员被罢黜或降职。

---

① 甘肃省文物考古研究室、文化部古文献研究室、甘肃省博物馆、中国社会科学院历史研究所：《居延新简》，文物出版社1990年版，第130页。

② 同上书，第456页。《中国简牍集成》第十二册第5页注释：软弱不任吏职，或软弱不任职，官吏考核语。软弱指无为官的能力和条件，包括身体健康状况。

③ （汉）班固：《汉书》卷49《爰盎传》，中华书局1962年标点本，第2271页。

④ （汉）班固：《汉书》卷50《汲黯传》，中华书局1962年标点本，第2316页。

⑤ （汉）班固：《汉书》卷58《卜式传》，中华书局1962年标点本，第2628页。

⑥ （汉）班固：《汉书》卷50《郑当时传》，中华书局1962年标点本，第2324。

⑦ （汉）班固：《汉书》卷77《盖宽饶传》，中华书局1962年标点本，第3243页。

（一）相貌与性格失望

容貌甚伟或廉俭的品格对官员升迁大有帮助，相反，形貌丑陋或个性张扬、恃才傲物的性格对升迁有着负面影响。承宫“名播匈奴。时，北单于遣使求得见宫，显宗敕自整饬，宫对曰：‘夷狄眩名，非识实者也。臣状醜，不可以示远，宜选有威容者。’帝乃以大鸿胪魏应代之”[①]，承宫因长相不够体面失去与匈奴使者谈判的机会。“（龚遂）年七十余，召见，形貌短小，宣帝望见，不副所闻，心内轻焉”[②]，第五伦“然少蕴藉，不修威仪，亦以此见轻”[③]，周泽“性简，忽威仪，颇失宰相之望”[④]。龚遂被以貌取人的宣帝所轻视，第五伦、周泽因不修边幅自然失去进阶机会。

性格不合时宜，或特立独行便很难升迁。孔融“负其高气，志在靖难，而才竦意广，迄无成功”[⑤]。性格对一个人前途的影响，不论古今都不能小觑。

（二）政治事件禁锢

大的政治事件，诸如西汉的“巫蛊之祸”，东汉的“党锢之祸”，总会有大批官员被殃及。以东汉的“党锢”事件为例，东汉中后期外戚宦官的统治，使东汉皇朝面临崩溃，堵塞了官员正常的入仕渠道，一部分开明官僚、太学生和郡国生徒联合起来与宦官外戚进行斗争。结果，“党人”失败。熹平五年（176）诏令规定，“州郡更考党人门生故吏父子兄弟，其在位者，免官禁锢，爰及五属”[⑥]，凡是“党人”的门生、故吏、父兄子弟及五服以内的亲属，一律免官禁锢。党锢持续十几年，直至黄巾起义，才得到东汉政府赦免，重新起用以镇压农民军。对被禁锢的官员而言，是一次集体的、长时间的向下的社会流动。

（三）致仕免官

与官僚的任免、考核、升迁相伴随的还有年老致仕的官吏管理制

---

① （南朝）范晔：《后汉书》卷27《承宫列传》，中华书局1965年标点本，第945页。

② （汉）班固：《汉书》卷88《循吏传》，中华书局1962年标点本，第3639页。

③ （南朝）范晔：《后汉书》卷41《第五伦列传》，中华书局1965年标点本，第1402页。

④ （南朝）范晔：《后汉书》卷79《儒林列传》，中华书局1965年标点本，第2579页。

⑤ （南朝）范晔：《后汉书》卷70《孔融列传》，中华书局1965年标点本，第2264页。

⑥ （南朝）范晔：《后汉书》卷67《党锢列传》，中华书局1965年标点本，第2189页。

度。官员年届七十时，以“乞骸骨”的方式告请退休。这是一种体面的“免官”，久居官位者急流勇退或选择明哲保身而主动致仕，回到“民”的身份。董仲舒因政敌排挤陷害，迁胶西相。“恐久获罪，病免……及去位归居，终不问家产业，以修学著书为事”[①]；韦贤在地节三年（前67）“以老病乞骸骨，赐黄金百斤，罢归，加赐第一区。丞相致仕自贤始”[②]；疏广以“功遂身退，天之道”为由，劝侄子疏受在“仕至二千石，宦成名立”之际功成身退，“父子相随出关，归老故乡，以寿命终”，于是父子“上疏乞骸骨”[③] 被批准；元帝时关东饥荒，“岁恶民流”，丞相于定国、御史大夫薛广德、大司马车骑将军史高“俱乞骸骨”，朝廷“皆赐安车驷马、黄金六十斤”[④]。

德高望重的大臣致仕后，国家通常会优礼相加。元始元年（1），平帝诏“天下吏比二千石以上年老致仕者，参分故禄，以一与之，终其身”[⑤]，退休待遇成为定制。退休后的官员待遇远不如以前，只是在任时积聚的财富足以颐养天年。出身贫寒、为官清廉的贡禹，入仕以后的俸禄、赏赐足以在致仕后生活富足，衣食无忧。所以这种致仕待遇往往是荣誉和回忆，精神的慰藉超过实际的物质利益。成帝时将军史高以病乞骸骨，赏赐黄金五十斤、安车驷马。颜师古注曰“悬其安车传子孙”时说“縣其所赐安车以示荣也。致仕縣车，盖亦古法。韦孟诗云：‘縣车之义，以洎小臣’也”[⑥]。退休官员在失去权势后，尊崇和荣誉是重要的精神慰藉。

官吏致仕后，经济状况虽不受影响，但退休后政治地位和社会影响力下降，特权随着官职而失去，实质上是向下的社会流动。官吏享有的法律上的特权，包括部分或全部免除租税徭役的权利在退休后就丧失了。惠帝诏令：“今吏六百石以上父母妻子与同居，及故吏尝佩将军都尉印将兵及佩二千石官印者，家唯给军赋，他无有所与。”[⑦] 由民到官

① （汉）班固：《汉书》卷56《董仲舒传》，中华书局1962年标点本，第2525页。
② （汉）班固：《汉书》卷73《韦贤传》，中华书局1962年标点本，第3107页。
③ （汉）班固：《汉书》卷71《疏广传》，中华书局1962年标点本，第3039、3040页。
④ （汉）班固：《汉书》卷71《薛广德传》，中华书局1962年标点本，第3048页。
⑤ （汉）班固：《汉书》卷12《平帝纪》，中华书局1962年标点本，第349页。
⑥ （汉）班固：《汉书》卷71《薛广德传》，中华书局1962年标点本，第3048页。
⑦ （汉）班固：《汉书》卷2《惠帝纪》，中华书局1962年标点本，第85、86页。

和由官到民，同是职业变化，结果是天壤之别。

有的官吏退休后经济地位也不能保证。如宁成以“酷吏”身份载于史册，任济南都尉时，“其治如狼牧羊”；为关都尉，时人号曰“宁见乳虎，无直宁成之怒”[①]，解职回到南阳故里，“乃贳貣陂田千余顷，假贫民，役使数千家。数年，会赦，致产数千万，为任侠，持吏长短，出从数十骑。其使民，威重于郡守”[②]。成为一方富豪，余威犹在，却是经济地位取代政治地位。义纵迁为南阳太守，“破碎其家”。曾经风光无限的宁成致仕后对现任官吏俯首低眉，义纵“至关，宁成侧行送迎，然纵气盛，弗为礼”。最终宁成还是落得个“破碎其家，成坐有罪，及孔、暴之属皆奔亡”[③] 的下场。

官员致仕后，社会地位和社会身份都发生了变化，严格讲是回到了“民”的角色。但是心理上曾经的荣耀却长期保留。三国时，在会稽种瓜的步骘和卫旌拜访免官在家的前征羌令焦矫，并“共修刺奉瓜，以献征羌”，良久“征羌开牖见之，身隐几坐帐中，设席致地，坐骘、旌于牖外”，而且“征羌作食，身享大案，殽膳重沓，以小盘饭与骘、旌，惟菜茹而已”[④]，免官在家的征羌令如此对待种瓜人，现任官员当如何？如此，官、民的悬隔也很难扯平，也不可能扯平，也就界定了官民之间的交往少之又少。官，高高在上，民，俯首低眉。内史石庆醉归，车驾“入闾里，里中长老皆走匿，而内史坐车中自如”[⑤]。

官员致仕，利于官僚机构源源不断地补充新鲜血液，利于官员的流动和新陈代谢，使官僚机构充满活力，从而保证了政权的蓬勃发展。但对于官员本身和官员家属的心理而言，需要长时间的适应、调节和改变。

官员的升降途径因国家形势的变化而变化，政权更迭时，前朝的官员都会经历一次向下的社会流动，相应地会有一批人完成向上的社会流

---

① （汉）班固：《汉书》卷90《酷吏传》，中华书局1962年标点本，第3653页。

② 同上书，第3650页。

③ 同上书，第3653页。

④ （晋）陈寿：《三国志》卷52《吴书·步骘传》，中华书局1959年标点本，第1236页。

⑤ （汉）班固：《汉书》卷46《石奋传》，中华书局1962年标点本，第2196页。

动。秦末范增认为陈胜“其势不长”的原因在于未立楚后，建议项梁立楚后，于是“良乃求楚怀王孙心，在民间为人牧羊，立以为楚怀王，从民望也”[①]，楚怀王心的遭遇说明战国末期，六国旧贵族下行的社会流动情况。贾谊的《过秦论》言：“然而陈涉，瓮牖绳枢之子，亡隶之人，迁徙之徒也，材能不及中庸，非有仲尼、墨翟之知，陶朱、猗顿之富。蹑足行伍之间，而免起阡陌之中，帅罷散之卒，将数百之众，转而攻秦。”[②] 出身社会下层，没有知识没有才能的一群人将曾经“吞二周而亡诸侯，履至尊而制六合，执敲扑以鞭笞天下，威震四海”[③]，并且“余威震于殊俗”[④] 的秦朝颠覆了！“陈涉之位，不齿于齐、楚、燕、赵、韩、魏、宋、卫、中山之君；鉏耰棘矜，不敌于鉤戟长鎩；適戍之众，不亢于九国之师；深谋远虑，行军用兵之道，非及曩时之士也。然成败异变，功业相反，何也？试使山东之国与陈涉度长絜大，比权量力，不可同年而语矣。”[⑤] 贾谊在分析秦旋即而亡的原因时，在与六国之士、六国之师的比较中，不经意间流露出历史发展的偶然与社会流动发生的可能性，尽管当时的人们认为有些不可思议。王莽代汉时，一批刘姓为王为侯为官者都等受到清理，之前的社会地位一落千丈。由贵而贱向下的社会流动也并非绝对发挥消极作用，它在某种程度上有利于不同社会阶层的融合。

（四）天体异象

特定的时代背景下，地震、日食等自然现象也可能引起官员职位的升降，事实上是帝王对“天人感应”的相信以及这一观念对帝王政治行为的约束。仅举一例，元帝时，外戚许、史放纵，宦官弘恭、石显弄权，萧望之、周堪、刘向准备奏明皇上罢退之，但事情泄露，周堪、刘向下狱，萧望之免官。恰逢“其春地震，夏，客星见昴、卷舌间，上感悟，下诏赐望之爵关内侯，奉朝请。秋，征堪、向，欲以为谏大夫，

① （汉）班固：《汉书》卷31《项籍传》，中华书局1962年标点本，第1799页。

② 同上书，第1824页。

③ 同上书，第1823页。

④ 同上书，第1824页。

⑤ 同上书，第1825页。

恭、显白皆为中郎”[①]。刘向“乃使其外亲上变事”为四人开脱：

> 孝武帝时，兒宽有重罪繫，按道侯韩说谏曰：“前吾丘寿王死，陛下至今恨之；今杀宽，后将復大恨矣!”上感其言，遂贯宽，復用之，位至御史大夫，御史大夫未有及宽者也。又董仲舒坐私为灾异书，主父偃取奏之，下吏，罪至不道，幸蒙不诛，复为太中大夫，胶西相，以老病免归。汉有所欲兴，常有诏问。“仲舒为世儒宗，定议有益天下。孝宣皇帝时，夏侯胜坐诽谤繫狱三年，免为庶人。宣帝復用胜，至长信少府，太子太傅，名敢直言，天下美之。若乃群臣，多此比类，难一二记。有过之臣，无负国家，有益天下，此四臣者，足以观矣。”[②]（四臣指太傅萧望之为前将军、少傅周堪为诸吏光禄大夫、散骑宗正给事中刘向和侍中金敞）

之后，由于宦官诬陷，刘向坐免为庶人，萧望之自杀。“天子悔恨，擢周堪为光禄勋，堪弟子张猛光禄大夫，给事中，大见信任。”[③]刘向上书后，遭到外戚宦官更猛烈的攻击，以“是岁夏寒，日青无光”为由指责“堪、孟用事之咎”，自然现象变化使得“上内重堪，又患众口之寖润，无所取信”。长安令杨兴建议“左迁堪为河东太守，猛槐里令”。“后三岁余，孝宣庙阙灾，其晦，日有蚀之”，元帝再次反省对周堪、张猛的任用失当，于是征周堪诣行在所，“拜为光禄大夫，秩中二千石，领尚书事。猛复为太中大夫给事中”。只是宦官弄权，周堪很少有机会见到皇帝，最后不能言而卒，张猛也因石显诬陷而自杀于公车。刘向“遂废十余年”[④]。

刘向的上疏，回顾高祖时栾布，武帝时兒宽、董仲舒，宣帝时夏侯胜的际遇，希望元帝反省自身。地震、日食等自然现象也敦促统治者对自己、对官吏的任免进行反思，总会有一批官员在帝王的反思中升迁或罢黜。陈球也有类似遭遇，熹平六年（177）迁司空，“以地震免。拜

① （汉）班固：《汉书》卷36《楚元王传》，中华书局1962年标点本，第1930页。

② 同上书，第1931页。

③ 同上书，第1932页。

④ 同上书，第1948页。

光禄大夫，復为廷尉、太常。光和元年，迁太尉，数月，以日食免。复拜光禄大夫"[①]。归根结底，对萧望之等人的免官和再次起用起决定作用的还是皇权。

以上列举秦汉时期影响官员在官僚体系内部地位变化的因素，并不能囊括全部，因为实际的情况往往比人为的划分和罗列复杂得多，也丰富得多。

第四节 退职官员的职业

职业的变化也是社会流动的内容，由士、农、工、商到官员，属于社会结构中上下的纵向流动，但并不排除社会的横向流动，有些官员退职后向其他几种职业和社会身份转化。

一 官员而教授

在充满血雨腥风的动荡年代和瞬息变化的时局中，有官员亦官亦教，有的辞官归隐潜心学术，终成名流学者，为发展繁荣学术做出与在官场不同的贡献。《史记·司马相如列传》载，在景帝朝任武骑常侍一职的司马相如辞去中央政府之职，随诸生游士一起客游于梁；《汉书·贾邹枚路列传》记载：士人邹阳与严忌、枚乘等先俱仕吴，后因故去吴，从梁王游。董仲舒致仕以后在家专门著述讲学，"以修学著书为事"[②]；韦贤"以《诗》教授，号称邹鲁大儒"[③]；疏广"家居教授，学者自远方至"[④]；申公"归鲁退居家教……弟子自远方至受业者千余人"[⑤]。

东汉时，经学大师去官还家后授徒讲学者甚众。《后汉书·儒林列传论》载："其耆名高义，开门授徒者，编牒不下万人。"马融在桓帝时去官，设帐授徒，"才高博洽，为世通儒，教养诸生，常有数千。涿

① （南朝）范晔：《后汉书》卷56《陈球列传》，中华书局1965年标点本，第1834页。
② （汉）班固：《汉书》卷56《董仲舒传》，中华书局1962年标点本，第2525页。
③ （汉）班固：《汉书》卷73《韦贤传》，中华书局1962年标点本，第3107页。
④ （汉）班固：《汉书》卷71《疏广传》，中华书局1962年标点本，第3039页。
⑤ （汉）班固：《汉书》卷88《儒林传》，中华书局1962年标点本，第3608页。

郡卢植，北海郑玄，皆其徒也”[①]；杨伦辞官后，“讲授于大泽中，弟子至千余人”[②]；周磐弃官还乡，“教授门徒常千人”[③]；郭躬“少传父业，讲授徒众常数百”[④]；郅恽“又免归，避地教授，著书八篇”[⑤]。

郑玄隐居乡里讲学，“弟子河内赵商等自远方至者数千”[⑥]。郑玄精于天文、律历、算学、图谶，尤其熟悉古代典章名物和文字音训，为当时最为渊博的学者，打破学术界门户界限，实现今古文经学各派融合。学成后因“党锢”牵连不得为官，党禁解除后不愿再出仕为官。志向是“但念述先圣之元意，思整百家之不齐，亦庶几以竭吾才”[⑦]。全力探究经学真谛，毕生致力于统一经学的事业，在广度上超过同时代人和经师。范晔指出，“郑玄括囊大典，网罗群家，删裁繁诬，刊改漏失，自是学者略知所归”[⑧]。《三国志·三少帝纪》注引华歆语“名冠华夏，为世儒宗”。

东汉时期有拒绝官府征辟，隐居教授者。牟纡“隐居教授，门生千人”[⑨]；高凤“为名儒，乃教授业于西唐山中”[⑩]；司马钧“安贫好学，隐居教授，不应辟命。信诚行乎州里”[⑪]；挚恂“以儒术教授，隐于南山，不应征聘，名重关西”[⑫]；任棠“有奇节，隐居教授”[⑬]；杨伦“不复应州郡命。讲授于大泽中，弟子至千余人”[⑭]；郎顗“隐居海畔，

---

① （南朝）范晔：《后汉书》卷60《马融传》，中华书局1965年标点本，第1972页。

② （南朝）范晔：《后汉书》卷79上《儒林列传上》，中华书局1965年标点本，第2564页。

③ （南朝）范晔：《后汉书》卷39《周磐列传》，中华书局1965年标点本，第1311页。

④ （南朝）范晔：《后汉书》卷46《郭躬列传》，中华书局1965年标点本，第1543页。

⑤ （南朝）范晔：《后汉书》卷29《郅恽列传》，中华书局1965年标点本，第1032页。

⑥ （南朝）范晔：《后汉书》卷35《郑玄列传》，中华书局1965年标点本，第1208页。

⑦ 同上书，第1209页。

⑧ 同上书，第1213页。

⑨ （南朝）范晔：《后汉书》卷79上《儒林列传上》，中华书局1965年标点本，第2557页。

⑩ （南朝）范晔：《后汉书》卷83《逸民列传》，中华书局1965年标点本，第2769页。

⑪ （南朝）范晔：《后汉书》卷36《贾逵列传》，中华书局1965年标点本，第1240页。

⑫ （南朝）范晔：《后汉书》卷60《马融列传》，中华书局1965年标点本，第1953页。

⑬ （南朝）范晔：《后汉书》卷51《庞参列传》，中华书局1965年标点本，第1689页。

⑭ （南朝）范晔：《后汉书》卷79《儒林列传》，中华书局1965年标点本，第2564页。

延至学徒常数百人”[①]；廖扶“教授常数百人”[②]；法真为关西大儒，“弟子自远方至者，陈留范冉等数百人”[③]；张楷“隐居弘农山中，学者随之，所居成市”[④]；赵康“隐于武当山，清静不仕，以经传教授”[⑤]；杨赐“常退居隐约，教授门徒，不答州郡礼命”[⑥]；刘焉“以宗室拜郎中。去官居阳城山，精学教授”[⑦]；刘淑“隐居，立精舍讲授，诸生常数百人”[⑧]。追随者有的仰慕经师名节和学问，不远千里，李固“少好学，常步行寻师，不远千里，遂究览坟籍”[⑨]；有的载酒肉菜肴从游，扬雄“家素贫，耆酒，人希至其门。时有好事者载酒肴从游学，而钜鹿侯芭常从雄居，受其太玄、法言焉”[⑩]；或执经垄畔以追师。

有被免官归家闭门教授者，如西汉孔光“自免归教授”[⑪]，朱云“不复仕。常居鄠田，时出乘牛车从诸生，所过皆敬事焉……其教授，择诸生，然后为弟子”[⑫]。后汉郅恽“免归，避地教授，著书八篇”[⑬]；张兴“建武中，举孝廉为郎，谢病去，复归聚徒”[⑭]；韦彪“建武末，举孝廉，除郎中，以病免，復归教授”[⑮]；李膺“以公事免官，远居纶氏，教授常千人”[⑯]；吴祐“为河间相，因自免归家，不復仕，躬灌园蔬，以经书教授”[⑰]；延笃“以病免归，教授家巷”[⑱]。为生计？为寄托？为文化的传播？或者兼而有之。

---

① （南朝）范晔：《后汉书》卷30《郎𫖮列传》，中华书局1965年标点本，第1053页。

② （南朝）范晔：《后汉书》卷82《方术列传》，中华书局1965年标点本，第2719页。

③ （南朝）范晔：《后汉书》卷83《逸民传》，中华书局1965年标点本，第2774页。

④ （南朝）范晔：《后汉书》卷36《张楷列传》，中华书局1965年标点本，第1243页。

⑤ （南朝）范晔：《后汉书》卷43《朱晖列传》，中华书局1965年标点本，第1463页。

⑥ （南朝）范晔：《后汉书》卷54《杨震列传》，中华书局1965年标点本，第1775页。

⑦ （南朝）范晔：《后汉书》卷75《刘焉列传》，中华书局1965年标点本，第2431页。

⑧ （南朝）范晔：《后汉书》卷67《党锢列传》，中华书局1965年标点本，第2190页。

⑨ （南朝）范晔：《后汉书》卷63《李杜列传》，中华书局1965年标点本，第2073页。

⑩ （汉）班固：《汉书》卷87《扬雄传》，中华书局1962年标点本，第3585页。

⑪ （汉）班固：《汉书》卷81《孔光传》，中华书局1962年标点本，第3353页。

⑫ （汉）班固：《汉书》卷67《朱云传》，中华书局1962年标点本，第2916页。

⑬ （南朝）范晔：《后汉书》卷29《郅恽列传》，中华书局1965年标点本，第1032页。

⑭ （南朝）范晔：《后汉书》卷79上《儒林列传上》，中华书局1965年标点本，第2552页。

⑮ （南朝）范晔：《后汉书》卷26《韦彪列传》，中华书局1965年标点本，第917页。

⑯ （南朝）范晔：《后汉书》卷67《党锢列传》，中华书局1965年标点本，第2191页。

⑰ （南朝）范晔：《后汉书》卷64《吴祐列传》，中华书局1965年标点本，第2102页。

⑱ （南朝）范晔：《后汉书》卷64《延笃列传》，中华书局1965年标点本，第2104页。

为官者，曾经饱读诗书，多年的为官生涯积累了丰富的官场经验，具备卓越的行政才能，以官员和学者双重社会身份教授学生，传授和普及文化知识的同时，更利于渊博学识和行政能力兼备的复合型人才的培养。

二　官员而商人

有的官员在免官后经营商业，杨恽是司马迁的外孙，丞相杨敞的次子，幼年曾读《史记》，通《春秋》，入仕为中郎将，封平通侯，“家方隆盛时，乘朱轮者十人，位在列卿，爵位通侯，总领从官，与闻政事”，因受戴长乐陷害被免为庶人，家居后“身率妻子，戮力耕桑，灌园治产，以给公上”；躬耕田亩为农夫“充縣官之赋敛”[①]；也曾经商，“恽幸有余禄，方籴贱贩贵，逐什一之利，此贾竖之事，污辱之处，恽亲行之”[②]。杨恽可以说是学者、官员、农夫及商人的混合体。从官员到学者到隐士，从农夫到商人，是社会职业的流动。官员在社会结构中身份和社会角色的转化，在社会等级中形成了多元的交流渠道，各行业之间并无严格不可逾越的界限。也有记载被流放边塞的官员家属经商的史实，被徙居的罪犯官员家属经商致富。成帝时京兆尹王章被杀后，其妻子徙合浦，“采珠致产数百万”[③] 实属例外和意外。

从官员到商人或先经商而后跻身政坛，是经常发生的职业转换，官商结合也是常见的不同职业间的结合。郑国商人弦高矫命犒秦师准备营救晋国荀罃的故事，证明春秋时期开始，大商人穿梭列国间，不仅是货殖的能手，在政治上也异常活跃。《史记·货殖列传》记载了春秋末范蠡在帮助勾践雪会稽之耻后，乘扁舟，游江湖，“十九年之中三致千金”，子孙“遂至巨万”[④]，先从政而后步入商界；出生于卫国，经商致富的子贡，“结驷连骑，束帛之币以聘享诸侯，所至，国君无不分庭与之抗礼”，在经济上帮助孔子周游列国，宣传儒家政治主张，“使孔子

① （汉）班固：《汉书》卷66《杨敞传》，中华书局1962年标点本，第2895页。
② 同上书，第2896页。
③ （汉）班固：《汉书》卷76《王章传》，中华书局1962年标点本，第3239页。
④ （汉）司马迁：《史记》卷129《货殖列传》，中华书局1959年标点本，第3257页。

名布扬于天下"[1]，经商，同时活跃于政界。

商人而官吏也是秦汉时期商人社会流动的捷径，比之于由官吏而商人的记载要丰富得多。跻身仕途，改变职业，身份随之变化，社会地位提高，并且对当时政治、经济产生影响。最突出、获利最大的要数在秦国由富商而为丞相的吕不韦了。

作为商人，吕不韦"往来贩贱卖贵，家累千金"，和其他商人相比并无突出的相异之处，但是，吕不韦的商业头脑和思维要远远超过一般商人，他能够把在赵国为人质且并不受欢迎的子楚同样当作"奇货可居"的商品，拿来"贱买"，等待时机成熟再高价卖出，从中获利，只是这次的"利"远非经济利益可比，而是可以带来包括经济利益在内的其他各方面利益的全方位升值，并且增值空间相当大，不仅富甲天下，而且成为位及人臣、裂地封侯的"仲父"。吕不韦颇富传奇色彩的经历，恰恰说明商人向上社会流动的空间大得超乎想象。

商人跻身政坛，意味着财富向权力的转化。商人往往以雄厚的经济实力为后盾，利用手中的金钱与权贵进行权钱交易，上交王侯，以利相倾，甚至自己为官吏，将巨额财富转化为政治权势。宛之孔氏"连车骑，游诸侯，因通商贾之利"[2]，齐刁閒"连车骑，交守相"与高官来往[3]。晁错说："因其富厚，交通王侯，力过吏势，以利相倾。"[4]成都商人罗裒，开始坐贾京师，"随身数十百万"，又往来于巴蜀经商，数年间致千余万。他将钱的一半贿赂曲阳侯王根和定陵侯淳于长，"举其半赂遗曲阳、定陵侯，依其权力，赊贷郡国，人莫敢负。擅盐井之利，其年所得自倍，遂殖其货"，至成、哀间，竟然成为"訾至巨万"[5]的大富翁。罗裒身兼赊贷郡国的高利贷者和擅盐井之利的大产业主双重身份。他的发财致富，显然是倚仗财富进而获取一定的政治影响力而实现的。

---

① （汉）司马迁：《史记》卷129《货殖列传》，中华书局1959年标点本，第3258页。
② 同上书，第3278页。
③ 同上书，第3279页。
④ （汉）班固：《汉书》卷24《食货志》，中华书局1962年标点本，第1132页。
⑤ （汉）班固：《汉书》卷91《货殖传》，中华书局1962年标点本，第3690页。

商人还豢养众多士人，关中商人王孙卿“以财养士，与雄杰交”[①]，王莽时被任命为京司市师。以经济做后盾，被举荐为官。有的官员活跃于官、商之间，牵线搭桥，谋取利益。赵王擅权，“使使即县为贾人榷会，入多于国租税。以是赵王家多金钱，然所赐姬诸子，亦尽之矣”[②]。《汉书·酷吏传》载，囤积商茂陵焦氏等与官僚权贵狼狈为奸。商人与权贵交往甚密，为商人提高政治地位创造了条件。

商人因财富而获得政治地位和社会地位，拥有了社会财富，更拥有了权力和声望，影响当时的政治生活和政策的制定。由商人而官吏，走上官场，表明商人社会地位在汉代的提高，在商品生产、商品流通领域发挥了巨大作用，同时也促进了当时社会经济的发展，促进了城市的繁荣。但是，官商勾结，商人的官僚化，官员为金钱所诱惑，致使百姓深受其害，官场腐败现象迭生。东郭咸阳、卜式、孔仅和桑弘羊皆是出身于商人的高官，《史记·平准书》载“除故盐铁家富者为吏。吏道益杂，不选，而多贾人矣”[③]，“（何）武兄弟五人，皆为郡吏，郡县敬惮之。武弟显家有市籍，租常不入，县数负其课”[④]，即是佐证。王莽时，“羲和置命士督五均六斡，郡有数人，皆用富贾”[⑤]。“师史既衰，至成、哀、王莽时，雒阳张长叔、薛子仲訾亦十千万。莽皆以为纳言士，欲法武帝，然不能得其利”[⑥]，王莽时，任用富商大贾洛阳薛子仲、张长叔、临淄姓伟执掌五均六筦大权，他们“乘传求利，交错天下。因与郡县通奸，多张空簿，府藏不实”[⑦]，百姓深受其害。

东汉政权的建立者刘秀是曾经“避吏新野，卖谷于宛”[⑧] 的商人地主。刘秀的外祖父樊重，“世善农稼，好货殖”，“其管理产业，物无所弃，课役童隶，各得其宜，故能上下戮力，财利几倍，至乃开广

① （汉）班固：《汉书》卷91《货殖传》，中华书局1962年标点本，第3694页。
② （汉）班固：《汉书》卷53《景十三王传》，中华书局1962年标点本，第2420页。
③ （汉）司马迁：《史记》卷30《平准书》，中华书局1959年标点本，第1429页。
④ （汉）班固：《汉书》卷86《何武传》，中华书局1962年标点本，第3482页。
⑤ （汉）班固：《汉书》卷24《食货志》，中华书局1962年标点本，第1183页。
⑥ （汉）班固：《汉书》卷91《货殖传》，中华书局1962年标点本，第3692页。
⑦ （汉）班固：《汉书》卷24《食货志》，中华书局1962年标点本，第1183页。
⑧ （南朝）范晔：《后汉书》卷1《光武帝纪》，中华书局1965年标点本，第2页。

田土三百余顷”[①]。可见樊重是一位深谙商业经营之道、成就斐然且具备战略眼光投资土地的成功人士。其妹夫李通“世以货殖著姓”[②]；吴汉曾“以贩马为业，往来燕、蓟间，所至皆交结豪杰”[③]。由于统治集团中经商出身者为数不少，他们和商人有密切联系，加之当时以“柔道”为治国方针，统治者对工商业采取了放纵、保护政策，商人的社会地位有走高之势。官员与商人职业的互换或同步并行会深刻影响国家政策的倾向性，自然利于商人社会地位的提高并对社会风气产生影响。

第五节　官员社会流动的影响

官员的社会流动是由国家形势、国家政策以及个人因素等多方原因形成的，其升迁罢黜的经历对社会、个人及其家族都产生影响。

一　荣辱与共

家庭成员的得志与失意，对家庭和家族实际利益的获得与损失，对相关成员或兴奋或落寞的情绪都会产生影响，只是因为官员层的阶高位重，其积极和消极影响不经意间被扩大化。发奋苦读会带来权力，又可以利用权力吸纳更多财富并且左右他人，为个人或族人谋取利益。灌夫官居二千石，“家累数千万”，“波池田园，宗族宾客为权利，横颍川。颍川儿歌之曰：‘颍水清，灌氏宁；颍水浊，灌氏族。’”“诸所与交通，无非豪桀大猾。”[④]

官员社会流动带来的直接影响是对个人及其家族的影响，升迁时，家族荣耀，光耀门楣，家族累世为官，仅举几例：金日磾的侄子金安上有四子常、敞、岑、明。“岑、明皆为诸曹中郎将，常为光禄大夫。”元帝时，敞由中庶子至骑都尉光禄大夫、中郎将侍中，成帝时，为奉车水衡都尉，至卫尉。岑拜使主客。班固赞曰：金日磾“勒功上将，传

① （南朝）范晔：《后汉书》卷32《樊宏列传》，中华书局1965年标点本，第1119页。
② （南朝）范晔：《后汉书》卷15《李通列传》，中华书局1965年标点本，第573页。
③ （南朝）范晔：《后汉书》卷18《吴汉列传》，中华书局1965年标点本，第675页。
④ （汉）班固：《汉书》卷52《灌夫传》，中华书局1962年标点本，第2384页。

国后嗣世名忠孝，七世内侍，何其盛也！”① 何武兄弟五人，皆为郡吏②；薛宣官至丞相，“有两弟，明、修。明至南阳太守。修历郡守、京兆尹、少府，善交接，得州里之称”③。“宣子惠亦至二千石”④；张汤为御史大夫，其子张安世为富平侯，“安世子孙相继，自宣、元以来为侍中、中常侍、诸曹散骑、列校尉者凡十余人。功臣之世，唯有金氏、张氏，亲近宠贵，比于外戚”⑤。弘农杨氏，自杨震至曾孙杨彪“四世太尉，德业相继”⑥；东汉开国功臣邓禹后人更是出将入相，“邓氏自中兴后，累世宠贵，凡侯者二十九人，公二人，大将军以下十三人，中二千石十四人，列校二十二人，州牧、郡守四十八人，其余侍中、将、大夫、郎、谒者不可胜数，东京莫与为比”⑦，为东汉政权建立立下大功，满门显贵，堪称东汉最显赫的大家族。窦氏一门同样贵崇，“窦氏一公，两侯，三公主，四二千石，相与并时。自祖及孙，官府邸第相望京邑，奴婢以千数，于亲戚、功臣中莫与为比”⑧。累世崇贵自然是祖辈和父辈积下的功劳，更需要后辈们的德行和操守，如“以笃敬寤生，忠信自著”，“世名忠孝”⑨ 的家风，如此，祖辈对后代的家庭教育及自我约束，做到位尊受宠而不骄尤其重要，樊氏和邓氏家族的家庭教育可以作为楷模，仔细揣摩，窦氏一门的教育则可以作为后世的反面教材提供借鉴。

罢黜时免官甚至杀头，株连满门，全家徙边流放。这样的荣辱沉浮在外戚家族中体现尤为明显，班固感慨：“自宣、元、成、哀外戚兴者，许、史、三王、丁、傅之家，皆重侯累将，穷贵极富……哀、平际会，祸福速哉！”⑩ 此外，公孙贺父子并举公卿位，朱安世告发，“父子

① （汉）班固：《汉书》卷76《金日磾传》，中华书局1962年标点本，第2963页。
② （汉）班固：《汉书》卷86《何武传》，中华书局1962年标点本，第3482页。
③ （汉）班固：《汉书》卷83《薛宣传》，中华书局1962年标点本，第3394页。
④ 同上书，第3397页。
⑤ （汉）班固：《汉书》卷59《张汤传》，中华书局1962年标点本，第2657页。
⑥ （南朝）范晔：《后汉书》卷54《杨震列传》，中华书局1965年标点本，第1790页。
⑦ （南朝）范晔：《后汉书》卷16《邓禹列传》，中华书局1965年标点本，第619页。
⑧ （南朝）范晔：《后汉书》卷23《窦融列传》，中华书局1965年标点本，第808页。
⑨ （汉）班固：《汉书》卷76《金日磾传》，中华书局1962年标点本，第2967页。
⑩ （汉）班固：《汉书》卷82《王商史丹传》，中华书局1962年标点本，第3383页。

死狱中，家族”[①]。杨恽腰斩，其妻子徙酒泉郡。“诸在位与恽厚善者，未央卫尉韦玄成、京兆尹张敞及孙会宗皆免官。”[②] 辛庆忌，“长子通为护羌校尉，中子遵函谷关都尉，少子茂水衡都尉出为郡守，皆有将帅之风。宗族支属至二千石者十余人”。元始中，因卫氏原因，（王）“莽按通父子、遵茂兄弟及南郡太守辛伯等，皆诛杀之。辛氏由是废”[③]。息夫躬曾任光禄大夫左曹给事中，遭遇变故，（母）“圣弃市，妻充汉与家属徙合浦。躬同族亲属素所厚者，皆免，废锢”[④]。被免官或废黜的根源还在于至高无上的皇权。

官员获罪免职后有的徙归故郡，如薛宣“坐免为庶人，归故郡”[⑤]。外戚因后妃被废而徙归故郡，成帝时，翟方进“奏归咸故郡”[⑥]；哀帝时，冯参“以同产当相坐”自杀，“宗族徙归故郡”[⑦]。有的家属归原籍，有的官员家属徙边。徙边地点主要有：敦煌（今甘肃省敦煌市西），陈汤“与万年俱徙敦煌”[⑧]，再如汉武帝末年的“巫蛊之祸”，“其随太子发兵，以反法族。吏士劫略者。皆徙敦煌郡”[⑨] 等；酒泉（今甘肃省酒泉市），如杨恽妻子“徙酒泉郡”[⑩]；辽西（今辽宁义县西），哀帝时，免新成侯赵钦，“将家属徙辽西郡”[⑪]；上党（今山西长子县西南），鲍宣“被刑，乃徙之上党”[⑫]；合浦（今广西徐闻县西），息夫躬妻“徙合浦郡”[⑬]，王章“妻子皆徙合浦”[⑭]、傅晏“将妻子徙合浦”[⑮] 等。西汉后期开始，合浦郡（治今广西合浦县东北）成为有罪官

① （汉）班固：《汉书》卷66《公孙贺传》，中华书局1962年标点本，第2878页。

② （汉）班固：《汉书》卷66《杨敞传》，中华书局1962年标点本，第2898页。

③ （汉）班固：《汉书》卷69《辛庆忌传》，中华书局1962年标点本，第2997、2998页。

④ （汉）班固：《汉书》卷45《息夫躬传》，中华书局1962年标点本，第2187页。

⑤ （汉）班固：《汉书》卷83《薛宣传》，中华书局1962年标点本，第3396页。

⑥ （汉）班固：《汉书》卷66《陈万年传》，中华书局1962年标点本，第2902页。

⑦ （汉）班固：《汉书》卷78《萧望之传》，中华书局1962年标点本，第3307页。

⑧ （汉）班固：《汉书》卷70《陈汤传》，中华书局1962年标点本，第3026页。

⑨ （汉）班固：《汉书》卷83《薛宣传》，中华书局1962年标点本，第3396页。

⑩ （汉）班固：《汉书》卷66《杨敞传》，中华书局1962年标点本，第2898页。

⑪ （汉）班固：《汉书》卷97《外戚传》，中华书局1962年标点本，第3996页。

⑫ （汉）班固：《汉书》卷72《鲍宣传》，中华书局1962年标点本，第3094页。

⑬ （汉）班固：《汉书》卷45《息夫躬传》，中华书局1962年标点本，第2187页。

⑭ （汉）班固：《汉书》卷76《王章传》，中华书局1962年标点本，第3239页。

⑮ （汉）班固：《汉书》卷82《傅喜传》，中华书局1962年标点本，第3382页。

员及其家属流放安置的场所，东汉继续将岭南作为犯罪官员及其家属的流放地。地点已经不限于合浦，达最南端日南（治今越南广治省甘露河与广治河交流处），并集中在比景县（治今越南广治省宋河下游高牢下村）。如翟酺，“以报舅仇，当徙日南”[①]。窦武被杀后，“家属徙比景”，“太后母卒于比景”[②]，安帝阎后兄弟的“家属徙比景”[③]。也有徙雁门，东汉安帝乳母王圣“母子徙雁门”[④]。

流放边疆本身就是一种釜底抽薪的向下社会流动。官员被贬黜，家属发配边疆意味着其政治地位的丧失，特权的丧失，甚至生命不保。同一血缘形成巨大的向心力，一个人发迹，荣宗耀祖，光彩惠及全族。20世纪的文学作品里，当赵太爷的儿子中了秀才，阿Q申明他同赵太爷原是本家，逼真反映了传统制度下市民的心态。当然，一个人犯罪也会累及全家、全族。与中国根深蒂固的家族、宗族观念有很大关系。宗法组织虽然不隶属于行政体系，但是起的作用是行政体系无法比拟的。

鉴于此，有识之官员往往拒绝皇帝更多的封赏，以保证家族的安全。樊宏常戒其子曰：“富贵盈溢，未有能终者。吾非不喜荣執也，天道恶满而好谦，前世贵戚皆明戒也。保身全己，岂不乐哉！”[⑤] 光武欲封阴兴，固让曰：“臣未有先登陷阵之功，而一家数人并蒙爵土，令天下觖望，诚为盈溢。臣蒙陛下、贵人恩泽至厚，富贵已极，不可复加，至诚不愿。”并对贵人说：“夫外戚家苦不知谦退，嫁女欲配侯王，取妇眄睨公主，愚心实不安也。富贵有极，人当知足，夸奢益为观听所讥。”贵人感其言，深自降挹，卒不为宗亲求位[⑥]。在人人对财富与地位孜孜以求的时代，樊宏、阴兴当数统治集团中的智者和冷静者。

二　文化交融

官员在流动升迁罢黜的经历中，积累了丰富的行政经验和人生阅

---

① （南朝）范晔：《后汉书》卷48《翟酺列传》，中华书局1965年标点本，第1602页。

② （南朝）范晔：《后汉书》卷10下《皇后纪下》，中华书局1965年标点本，第446页。

③ 同上书，第437页。

④ 同上。

⑤ （南朝）范晔：《后汉书》卷32《樊宏列传》，中华书局1965年标点本，第1121页。

⑥ （南朝）范晔：《后汉书》卷32《阴识列传》，中华书局1965年标点本，第1131页。

历，对推动时代的政治、经济及文化发展和繁荣做出贡献。仅以文化为例说明。《史记·秦始皇本纪》中有“六合之内，皇帝之土”“经理宇内”“远迩同度”的政治要求，这一目标的实现无疑要求吏制的完备，政府已经注重对官吏的选拔、任用、管理、迁转等完整配套的行政管理措施的建设。如前文所言，汉代在官吏任用上，已经规定本郡人不得在本郡任官。

东汉时实行“三互法”，对官员的籍贯和任职地点做了具体、明确的限制和规定，即甲地人在乙地任职，同时乙地人在丙地为官，那么丙地人则不能在甲和乙地为官。如此规定，决定官员的任职地和籍贯之间的路途之远。司马迁的《报任少卿书》言“太史公牛马走司马迁再拜言少卿足下”，王子今引用《文选》李善注和钱钟书对“先马走”的解释，认为，“牛马走”“先马走”都强调官员如牛马般为君王驱使，奔波劳碌，调任迁转较为频繁，辗转千里，历程辽远①。

如此规定，对国家，能有效防止官吏与本土势力盘根错节，徇私舞弊，也防止地方官之间勾结包庇，对于削弱敌方，加强中央的权力是有利的。对官员，其从政经历，是迁、调、转的经历，是游历四方开阔眼界，融合各地风土人情和社会风俗的经历。官员的任职经历，大多转仕各地，汲黯官职变化有 7 次，太子洗马—荥阳令—病免—中大夫—东海太守—主爵都尉—右内史（京兆尹、右扶风）—淮阳太守；郑庄：太子舍人—鲁中尉—济南太守—江都相—右内史（京兆尹、右扶风）—大农令—大司农—丞相长史—汝南太守，有 9 次。从中央到地方，或辗转地方任职，陈遵从京兆尹—郁夷令—河南太守—九江都尉—河内都尉。《汉书·循吏传》中，召信臣转仕 7 处，黄霸则 9 处，东汉循吏任延竟达 10 处，西北至威武，东南到会稽，南至九真都有他任职的足迹。

官员们在辽阔的疆域间，从中央到地方，从地方到中央，辗转各地，升降迁补，开阔了政治视野，积累了行政经验，提高了文化素养，更促进了不同地域间经济文化的交流与融合。

---

① 王子今：《秦汉时期的人口流动与文化交融》，《重庆师范学院学报》（哲学与社会科学版）1999 年第 3 期。

肩负民族重任出使的官员，其路途更是遥之又遥，影响自然是大之又大。西汉建国之前，随何“请使”淮南，建汉以后，陆贾出使南越。汉武时，中原与边疆各族在频繁的争战中相互派使臣往来。江充、傅介子、萧咸等人的出使之功带来个人职位的升迁，对民族间的了解、往来意义重大。张骞出使月氏，被匈奴扣留十余年，“骞与胡妻及堂邑父俱亡归汉”。历经万难仍不失汉节，武帝“拜骞太中大夫，堂邑父为奉使君”①，沿途了解到西域各国地形、物产和风俗，为西域各地与中原的政治、经济、文化联系做出贡献。之后，汉族人民和西域各族人民的经济文化联系日益密切，更多的人、更多的物穿梭于“丝绸之路”。“后岁余，其所遣副使通大夏之属者皆颇与其人俱来，御史西北国始通于汉”，“其后，乌孙竟与汉结婚”②，“自骞开外国道以尊贵，其吏士争上书言外国奇怪利害，求使”③。中原的先进技术，尤其是井渠法和凿井技术和精美的手工艺品行销西域，影响了西域的生产生活。西域繁殖和饲养牲畜的方法、种植瓜果蔬菜和豆类的技术传到中原，丰富了汉族人民的生活，张骞的行为也为后来国家间开展外交活动提供思想基础和实践经验。

东汉班超，在京任校书郎，为官府抄写文书供养母亲，在张骞精神感召下，“大丈夫无它志略，犹当效傅介子、张骞，立功异域，以取封侯，安能久事笔研间乎？”④ 投笔从戎，被任命为假司马，永平十六年（73）出使西域。凭着个人在外交、军事、政治上的卓越才能和坚强的意志，抓住有利条件和时机，永元三年（91）被任命为西域都护，降服焉耆、尉犁和危须，最终将西域隶属于东汉统治之下，功封定远侯。班超出使西域三十年，恢复了东汉朝廷与西域的统治和东西交通，东汉和西域的经济文化交流得以继续发展。

亦官亦学的官员在为官之地收授生徒，传播文化。还有身为职官依旧讲授不辍者：孔光“自为尚书，止不教授，后为卿，时会门下大生

---

① （汉）班固：《汉书》卷61《张骞传》，中华书局1962年标点本，第2689页。

② 同上书，第2693页。

③ 同上书，第2695页。

④ （南朝）范晔：《后汉书》卷46《班超列传》，中华书局1965年标点本，第1571页。

讲问疑难，举大义云”①，孔光成为尚书后，仍在讲授。董钧“当世称为通儒。累迁五官中郎将，常教授门生百余人”②。丁恭、魏应、牟长、张兴、楼望等都是在官同时讲授。建武六年（30），欧阳歙迁汝南太守，“教授数百人视事九岁，征为大司徒”，济阴曹曾“门徒三千人，位至谏议大夫。子祉，河南尹，传父业教授”③。牟长拜博士，稍迁河内太守，“自为博士及在河内，诸生讲学者常有千余人，著录前后万人”④。州刺史也有教授的。汝南周防曾师事徐州刺史盖豫，学习《古文尚书》⑤。为官授徒的情形促进了不同地域文化的交流与融合，为官实践与儒家经典同时传授，对学子的知识结构和全社会的社会文化结构有积极的影响。

三　籍贯分布

高官的出身地会对中高级官吏籍贯分布产生影响。在汉代任子与征辟制度下，高中级官吏可以荫任子弟为官，可自辟僚佐，辟本地人和亲属为官，因血缘或地缘关系，形成大小不等的官僚集团，影响了中高级官吏籍贯的分布。岁举孝廉，各郡国定期向中央推举人才，一旦地方权力为某一势家所把持，当然举荐本家或亲属，造成在朝高官的籍贯地密集。卫青发迹，河东平阳籍高中级官吏人数大增，其外甥霍去病由此发迹，霍光又入侍武帝，官至大司马大将军。其子侄皆居要职，诸婿外孙皆为朝官。王政君干政，成帝以后魏郡王氏集团“分据势官”，布满朝廷。当时，像平阳霍氏、魏郡王氏那样的地方血亲、姻亲官僚集团甚多。石奋父子五人皆二千石，诸子孙至二千石者十三人，汲黯、韦贤、史丹、辛庆忌等宗族、亲属至二千石者皆至十余人。

创立东汉帝业的多是南阳人，刘秀称帝“是时宰相多以功举，官

① （汉）班固：《汉书》卷81《孔光传》，中华书局1962年标点本，第3364页。

② （南朝）范晔：《后汉书》卷79下《儒林列传下》，中华书局1965年标点本，第2577页。

③ （南朝）范晔：《后汉书》卷79上《儒林列传上》，中华书局1965年标点本，第2556页。

④ 同上书，第2557页。

⑤ 同上书，第2560页。

人率由旧恩"[①]。河南人郑兴言："今兖职有阙，朝论辄议功臣。"[②] 扶风茂陵人郭伋建议光武帝"选补众职，当简天下贤俊，不必专用南阳人"[③]。扶风耿氏因军功助中兴，"自中兴已后迄建安之末，大将军二人，将军九人，卿十三人，尚公主三人，列侯十九人，中郎将、护羌校尉及刺史、二千石数十百人，遂与汉兴衰云"[④]，《后汉书》中记载这一时期耿氏一族33位人物，占东汉扶风人物总数的19.5%。扶风1/3的武将出自耿氏。汝南袁氏，自章帝位居公卿显位。东汉汝南共有人物97位，其中袁氏一族23位，占总数的23.7%，23位公卿，34.8%出于袁氏家族，武人8位，3位源于袁氏。同时，袁氏同族中9位守相。献帝时，吴郡守相由2位增加到10位，最主要的原因在于三国时期孙氏家族兴起，10位守相有6位出自孙氏家族[⑤]。东汉时期"家世衣冠"极为普遍，较之西汉，官员的籍贯分布更加不平衡。北宋赵匡胤兄弟从北方起家，宋初宰相和重要官员，如幽州人赵普、开封石守信、真定人高怀德和大名人范质等全是北方人也是同样道理。

对官吏籍贯分布产生影响的因素还有赀选与纳赀拜官，满足了高资地主入仕升迁之要求，经济发达区域的官吏要多于经济落后地区；州郡举茂才，举贤良文学，本为选拔有才学的士人而制定，武帝以后所选茂才、贤良文学率多儒生，儒学发达的齐鲁、中原及关中地区高中级官吏籍贯分布密集；官员数量有限，籍贯集中，其他地方的官吏分布区域必然缩减，影响了这些地区各阶层的社会流动。

① （晋）袁宏：《后汉纪校注》卷6《光武帝纪》，周天游校注，天津古籍出版社1987年版，第146页。

② 同上书，第147页。

③ （南朝）范晔：《后汉书》卷31《郭伋传》，中华书局1965年标点本，第1092页。

④ （南朝）范晔：《后汉书》卷19《耿弇列传》，中华书局1965年标点本，第724页。

⑤ 侯二朋：《东汉人物地域分布研究》，硕士学位论文，兰州大学，2007年。

第七章　社会流动的个案与群体

秦汉时代，爵位、财富、官职和知识的差异规定着不同阶层的社会地位，社会的动荡和个人因时因地的选择，甚至与常人迥异的相貌，也会影响和促使不同阶层的流动。

第一节　张耳：从亡命外黄到两度封王

秦末汉初的动荡时代，张耳亡命外黄，获婚姻资助成为外黄令。巨鹿战后，追随西楚霸王项羽，封常山王；项羽兵败，张耳归汉封赵王，成为适时调整人生方向，不断寻觅和捕捉机遇，获得成功人生的典范。张耳在特定时代的人生选择是促成其社会流动和代际流动实现的主因。20 世纪七八十年代以来，史学家撰文探讨张耳在秦末之际的社会角色，多是把张耳作为“政治人”，是六国旧贵族的代表，探讨张耳的政治身份。本部分力图还原张耳一个普通人的身份，考察一个普通人实现社会流动的途径，分析在秦末汉初的动乱年代，士人如何获得发展机遇，如何提升自己，如何在流动中功成名就并且为后代创造机会。

一　亡命外黄，婚姻资助

《史记·张耳陈馀列传》记载：“张耳者，大梁人也。其少时，及魏公子毋忌为客。张耳尝亡命游外黄。”对张耳而言，这次“亡命”无异于“鱼跃龙门”！

在外黄，“适时脱身游”、一贫如洗的张耳遇到了生命中的“另一半”——一位不满意现任丈夫决定改嫁而且家境殷实的女性，“女家厚奉给张耳，张耳以故致千里客。乃宦魏为外黄令。名由此益贤”[①]，社会影响力逐步扩大。张耳的婚姻对其社会地位的提高意义重大，其妻子抛弃“庸奴”，选择张耳也是汉代妇女再嫁自由的注脚。在外黄，张耳还遇到了后来的“真命天子”——刘邦，“高祖为布衣时，尝数从张耳游，客数月”[②]。从大梁流浪到外黄，张耳赢得了爱情，成家立业，经济上获得了丰厚的资助；政治上由亡命者一跃而为外黄县令，招致吸纳包括刘邦在内的众多门客，准备在秦末乱世大显身手。

秦始皇完成统一六国的事业，建立起统一的多民族国家。结束诸侯混战，给饱受战乱之苦的百姓带来幸福，有了安定的环境生产生活，但给张耳带来的却是灾难。作为有碍统一的分裂势力，张耳受到秦朝的追捕，只好变更名姓逃出外黄，隐居在陈县（治今河南淮阳），忍辱负重，蓄势待发。

秦二世元年（前209）七月，陈胜占领陈县，等待时机的张耳、陈馀前往陈述己见，处于胜利兴奋中的陈胜对张耳、陈馀提出立六国之后以广树党羽，攻陷关中号令诸侯的意见置若罔闻，一意孤行，自号“张楚”。二人不被重用，再一次面临选择。陈馀“愿请骑兵北略赵地”[③]，陈胜答应派出三千士卒，派武臣为将军，以张耳、陈馀为左右校尉。在赵地，张耳劝说武臣称赵王，由此转化为独立于陈胜的政治势力，张耳为右丞相，政治地位由此提升。

然而，右丞相远非张耳的终极追求。赵军一个名不见经传的“厮养卒”分析：“夫武臣、张耳、陈馀杖马箠下赵数十城，此亦各欲南面而王，岂欲为卿相终己邪？”[④]“厮养卒”道破了张耳的动机与抱负：绝不会“为卿相终己”，应该有更高的目标，只是在等待新的机会罢了。

二　适时择主，两度封王

秦末起义爆发时，钜鹿成为赵国故地反秦的重要据点。定陶之战

① （汉）司马迁：《史记》卷89《张耳陈馀列传》，中华书局1959年标点本，第2571页。

② 同上书，第2572页。

③ 同上书，第2575页。

④ 同上书，第2577页。

后，章邯乘胜率军北击赵国，赵王歇与张耳所率领的赵军被迫退入钜鹿邑，形势岌岌可危。

关于张耳被围困钜鹿的时间和张耳当时的绝望在拙文《“巨鹿之战”对张耳、陈余友谊之影响》中多有分析。当时，“钜鹿城中食尽兵少……数月，张耳大怒，怨陈馀”[①]，饥寒交迫，粮草匮乏，被围将士精神高度紧张，各路救赵军队均作壁上观，即使张耳的儿子张敖“亦北收代兵，得万余人，来，皆壁馀旁，未敢击秦”[②]。陈馀在张耳“刎颈之交”的打动下勉强派出的五千兵马全军覆没，张耳几乎濒临绝望，前途黯淡。

项羽以“力拔山兮气盖世”之英武，叱咤风云，力解钜鹿之围，成为各路反秦义军的领袖。“卒存钜鹿者，楚力也”[③]，诸侯将领“入辕门，无不膝行而前，莫敢仰视”[④]。钜鹿之战后，张耳追随项羽入关。战后的项羽进入咸阳后开始发号施令，分割天下，自立为西楚霸王，占梁、楚九郡，都于彭城（江苏徐州），封刘邦为汉王，居巴蜀汉中，封张耳为常山王。对于封张耳为常山王的史实，《史记》和《汉书》的记载稍有差别，《史记·张耳陈馀列传》载：“汉元年二月，项羽立诸侯王，张耳雅游，人多为之言，项羽亦素数闻张耳贤，乃分赵立张耳为常山王，治信都。信都更名襄国。”《汉书·张耳陈馀传》则未见“汉元年二月”，李殿元的文章或许可以帮我们理解这一差异，文章认为“公元前206年至公元前203年的楚汉相争时期是以项羽（西楚霸王）为主角的，当时还没有所谓的‘汉高祖’，作为‘汉王’的刘邦那时还不是历史舞台的主角”[⑤]。司马迁在《项羽本纪》《张耳陈馀列传》等纪传中用汉纪年，这是他的政治立场所决定的，作为汉朝的臣子，用项羽纪年有违政治合法性，因此，虽言项羽“本纪”，实则是“列传”。这不是实际与否的问题，而是政治需要如此。

---

① （汉）司马迁：《史记》卷89《张耳陈馀列传》，中华书局1959年标点本，第2579页。

② 同上。

③ 同上。

④ （汉）司马迁：《史记》卷7《项羽本纪》，中华书局1959年标点本，第307页。

⑤ 李殿元、何俊华：《项羽乎？刘邦乎？——论秦汉之际历史舞台及历史纪年的主角》，《成都大学学报》（社会科学版）2010年第2期。

项羽的分封引起众多握有重兵将领的不满，田荣首先在齐地反抗项羽，又遣兵同陈馀一起攻打常山国（治今河北石家庄东古城），昔日好友终于刀兵相见，后世史家多为之感慨万千。

在常山，陈馀大破张耳军，张耳思虑再三，决定投奔到曾是自己门客的刘邦麾下。“张耳谒汉王，汉王厚遇之。”[①] 汉三年（前204），张耳随韩信出井陉击赵，大败赵军，陈馀及赵王歇被杀。汉立张耳为赵王。“汉五年，张耳薨，谥为景王。子敖嗣立为赵王。高祖长女鲁元公主为赵王敖后。”[②] 张耳被封赵王，并且与刘邦结为儿女亲家，儿子张敖得以袭封赵王，虽然往日的刎颈之交已然成为今日杀之而后快的仇人，但总体而言，此时的张耳达到了人生的高峰，已经是最理想、最圆满的人生选择了。

三　流动生涯，启迪后人

张耳生活在纷乱动荡的秦汉之际，各派力量竞相粉墨登场，是多方社会力量交错的时代。秦的暴政，赋役繁重，刑政暴虐，“劳罢者不得休息，饥寒者不得衣食，亡罪而死刑者无所告诉，人与之为怨，家与之为仇，故天下坏也”[③]。阶级矛盾迅速激化，一度被秦军铁蹄踏平的六国旧贵族、中小官吏，也从各个角落起兵反秦。作为当时魏国名士的张耳被时代大潮裹挟着卷入其中。

张耳一生奔波，从大梁到外黄，从外黄到陈，北略赵地；钜鹿战后，追随项羽；朋友反目，投奔刘邦；从流浪者到外黄令，从“里监门”到参军，从左校尉到右丞相，从常山王到赵王，几经流动和选择。但是，和悲情的陈馀相比较，张耳一生两次封王，应该说是成功的人生了。张耳所言：“陈王奋臂为天下倡始，王楚之地，方二千里，莫不响应，家自为怒，人自为斗，各报其怨而攻其仇，县杀其令丞，郡杀其守尉。今已张大楚，王陈，使吴广、周文将卒百万西击秦。于此时而不成

① （汉）司马迁：《史记》卷89《张耳陈馀列传》，中华书局1959年标点本，第2581页。

② 同上书，第2582页。

③ （汉）司马迁：《汉书》卷51《贾邹枚路列传》，中华书局1959年标点本，第2332页。

封侯之业者，非人豪也。诸君试相与计之！夫天下同心而苦秦久矣。因天下之力而攻无道之君，报父兄之怨而成割地有土之业，此士之一时也。”[①]“成封侯之业”“成割地有土之业”，不仅是张耳的号召，更是张耳现实的追求，张耳被封为常山王、赵王，理想已经实现。他能在乱世中寻找适合个人生存和发展的机会和空间，更能在关键时刻抓住机会，尤其在历史的转折时期，清醒分析形势变化，不断选择，跟对人，跟准人，凭借和项羽、刘邦的关系一次次化险为夷，在秦末乱世的政治斗争中游刃有余，建功立业直至封王。张耳的流动和选择是他个人谋求生存和发展空间的原动力推动的结果，张耳流动沉浮的一生又和秦末汉初的时代紧密相联，其主动而为和被动追随投奔的流动行为随着社会各派力量角逐结果的变化而变化。

张耳的流动也为后代创造了新的机会，那就是在他死后，“子敖嗣立为赵王。高祖长女鲁元公主为赵王敖后”。经过谋杀刘邦事件之后，故张耳门客贯高以“忠”救主，张敖被封宣平侯，并且“上贤张王诸客，以钳奴从张王入关，无不为诸侯相、郡守者。及孝惠、高后、文帝、景帝时，张王客子孙皆得为二千石”[②]，不能不说是得益于张耳一路奔波的努力和辛劳了。

秦汉时代，有多少和张耳有着类似奋斗经历的人，陈平、曹参、任敖、樊哙、周勃、韩信等，包括后来的汉高祖刘邦。他们在秦末乱世，经过审时度势的选择，从出身布衣通过努力而富贵，甚至拥有显赫的政治和社会地位，改变原有阶层背景和社会地位，转换个人社会角色的同时，也为提高后代的社会地位创造了条件和机会。生活的状态随着时间长河的流逝在不断变迁，但是人们对于进入更高一个社会阶层的追求却是相同的。正如王学典所说的那样，“古今之间的确已经发生了难以想象的变迁。但变化的只是舞台，是道具，是背景，演戏的人没有变。即使人变了——从‘奴隶主’变成中世纪的‘贵族’，再变成了现代的‘资本家’，那也不过意味着人所扮演的‘角色’的变化，而人性本身

① （汉）司马迁：《史记》卷89《张耳陈馀列传》，中华书局1959年标点本，第2573、2574页。

② 同上书，第2585页。

并没变”[①]。只是不同时代、不同阶层会受到不同因素的制约，方式各有不同。可以说，社会流动和社会结构的关系并不大，而和人们内心的追求紧密相联。

第二节　张苍：从阶下之囚到大汉丞相

张苍，从“坐法当斩”的阶下之囚到文帝时任丞相，其社会流动的实现与其相貌的奇异有直接关系。传世文献，揭示了汉代“奇人奇相”社会心理的广泛存在；近世出土的简牍为我们呈现了汉代人普遍的相貌。“身长大，肥白如瓠”的罕见相貌使张苍避免了杀身之祸，之后飞黄腾达，官至丞相。但是，通晓经典，熟悉章程律历，深谙户籍与档案管理工作，才是张苍保全性命，完成社会流动的真正原因。

一　奇人奇相，异人异貌

奇人奇相，广泛存在于汉代人的观念中，尤其是帝王之相，更与常人异。《史记·秦始皇本纪》中，尉缭通过秦始皇的外貌判断他“少恩而虎狼心”的个性特征：

“缭曰：‘秦王为人，蜂準，长目，挚鸟膺，豺声，少恩而虎狼心，居约易出人下，得志亦轻食人。我布衣，然见我常身自下我。诚使秦王得志于天下，天下皆为虏矣。不可与久游。’乃亡去。”[②] 此语出自尉缭之口，却是司马迁思想的反映。后来，学医出身的郭沫若根据这些描写，判断秦始皇身体不健康，鸡胸且患有气管炎，是异人和吕不韦返回秦国后，嬴政和母亲留赵期间生活艰难使然。也有学者据此分析秦始皇二重性格形成的生理原因[③]。

《史记·高祖本纪》对刘邦的外貌描写：“高祖为人，隆準而龙颜，美须髯，左股有七十二黑子。”[④] 当他大摇大摆参加县令为单父人吕公举行的宴会时，“吕公大惊，起，迎之门。吕公者，好相人，见高祖状

① 王学典：《在历史中创造历史》，《史学理论研究》2006 年第 4 期。

② （汉）司马迁：《史记》卷 6《秦始皇本纪》，中华书局 1959 年标点本，第 230 页。

③ 徐为华：《秦始皇二重性格的心理试探》，《历史教学问题》1990 年第 4 期。

④ （汉）司马迁：《史记》卷 8《高祖本纪》，中华书局 1959 年标点本，第 342 页。

貌，因重敬之”[①]。并且毅然决然将女儿嫁与刘邦。吕雉和刘邦婚后的生活，也伴有“相”的描写：“吕后与两子居田中耨，有一老父过请饮，吕后因餔之。老父相吕后曰：‘夫人天下贵人。’令相两子，见孝惠，曰：‘夫人所以贵者，乃此男也。’相鲁元，亦皆贵。”后来刘邦追上“老父”，得到的答复依旧是“君相贵不可言”[②]。

神秘莫测的玄妙记载，“七十二黑子”可以理解为司马迁为做了皇帝的刘邦的前期铺垫和附会。但是，天子就应该有天子“相”，拥有与众人不同的相貌，才会做出超人的事迹。秦始皇“蜂準”、高祖“隆準而龙颜”以及后汉光武帝都是如此。《后汉书·光武帝纪上》云：“（光武）身长七尺三寸，美须眉、大口、隆準、日角。”许负云：“鼻头为準。”郑玄《尚书中候注》云：“日角为庭中鼓起，状如日。”[③] 世人毁誉不一的王莽，也具备异相。《汉书·王莽传》云：“时有用方技待诏黄门者，或问以莽形貌，待诏曰：‘莽所谓鸱目虎吻豺狼之声者也，故能食人，亦当为人所食。’”还有“莽为人侈口蹷顄、露眼赤精、大声而嘶”。师古曰：“侈，大也。蹷。短也。顄。颐也。”[④] 蹷顄、燕颔、意即颐、颔短；虎吻、虎颈，指短颈。似在暗示王莽以后的行为与其相貌存在某种联系。

《史记·范雎蔡泽列传》记载，唐举熟视而笑曰：“先生（蔡泽）曷鼻，巨肩，魋颜，蹙齃，膝挛。吾闻圣人不相，殆先生乎？”[⑤] 奚落蔡泽“吾闻圣人不相”也从一个侧面反映了时人心中的“圣人”具有异于常人的“奇相”。东汉周燮“生而钦颐折頞，丑状骇人。其母欲弃之。其父不听，曰：‘吾闻贤圣多有异貌。兴我宗者，乃此儿也。于是养之。’”[⑥]《后汉书·班超传》记载，相者认为班超：“生燕颔虎颈，飞而食肉，此万里侯相也。”[⑦] 也是“有奇貌必为奇人”观念的反映。兹不赘举。

---

① （汉）司马迁：《史记》卷8《高祖本纪》，中华书局1959年标点本，第344页。

② 同上书，第346页。

③ （南朝）范晔：《后汉书》卷1《光武帝纪》，中华书局1965年标点本，第1、2页。

④ （汉）班固：《汉书》卷99《王莽传》，中华书局1962年标点本，第4124页。

⑤ （汉）司马迁：《史记》卷79《蔡泽传》，中华书局1959年标点本，第2418页。

⑥ （南朝）范晔：《后汉书》卷53《周燮列传》，中华书局1965年标点本，第1741、1742页。

⑦ （南朝）范晔：《后汉书》卷47《班超传》，中华书局1962年标点本，第1571页。

作为一种社会心理，奇人奇相是对社会生活初级的、多含直觉成分的反映。作为社会意识的一种形式，它又是人们对社会现象的普遍感受和理解，表现于人们的生活态度、言论和习惯之中。

相貌，是汉代择偶和选官的重要条件，不少人因相貌的奇伟赢得佳人归，刘邦、陈平是也。赢得爱情，更赢得事业资助而“成家立业”的司马相如、诸葛亮皆得益于此。户牖富人张负把曾经“五嫁夫辄死，人莫敢取”的孙女嫁给了“家乃负郭穷巷，以席为门”的陈平，理由竟是“固有美如陈平长贫者乎”①；公孙瓒“为人美姿貌，大音声，言事辩慧，太守奇其才，以女妻之”②；诸葛亮娶“黄头黑面”的黄承彦女，“时人以为笑乐，乡里为之谚曰：‘莫仿孔明择妇，正得阿承丑女。’”③ 而卓文君因司马相如容貌“甚都”（颜师古注：都，闲美之容也。），举止娴雅与之私奔更是家喻户晓。《汉书·儒林传序》关于博士弟子来源“择民年十八以上仪状端正者，补博士弟子”④ 的规定都可以作为这一社会现象与社会心理的注脚。

奇人奇相的社会心理推动相术业的繁荣，相工游弋皇宫。东汉明德马皇后“尝久疾，太夫人令筮之。筮者曰：‘此女虽有患状而当大贵，兆不可言也。’”后又呼相者使占诸女，见后，大惊曰：“我必为此女称臣。然贵而少子，若养他子者得力，乃当踰于所生。”⑤ 顺帝梁皇后“与姑俱选入掖庭，时年十三。相工茅通见后，惊，再拜贺曰：‘此所谓日角偃月，相之极贵，臣所未尝见也。’”⑥ 相工活跃于市井的记载很多。《史记·张丞相列传》记载，长安中有善相工田文者，与韦丞相、魏丞相、邴丞相微贱时会于客家，田文言曰：“今此三君者，皆丞相也。”其后三人，竟更相代为丞相。《汉书·匡张孔马传》记载：“禹为儿，数随家至市，喜观于卜相者前。”⑦ 黄霸“少为阳夏游徼，与善相

---

① （汉）班固：《汉书》卷40《陈平传》，中华书局1962年标点本，第2038页。

② （南朝）范晔：《后汉书》卷73《公孙瓒传》，中华书局1962年标点本，第1571页。

③ （晋）陈寿：《三国志》卷35《诸葛亮传》注引《襄阳记》，中华书局1959年标点本，第929、930页。

④ （汉）班固：《汉书》卷88《儒林传》，中华书局1962年标点本，第3594页。

⑤ （南朝）范晔：《后汉书》卷10《皇后纪传》，中华书局1962年标点本，第408页。

⑥ 同上书，第438页。

⑦ （汉）班固：《汉书》卷81《张禹传》，中华书局1962年标点本，第3347页。

人者共载出，见一妇人，相者言：‘此妇人当富贵。不然，相书不可用也。’霸推问之，乃其乡里巫家女也，霸即取为妻，与之终身”[①]。相士能以此作为经济来源或谋求功名富贵的手段，活跃于庭院深深的皇宫后院和市井民间，主要是因为汉人重此，相信此。张苍幸免于死正是首先得益于秦汉人的这种社会心理，才有以后升迁为相的机会。

二　张苍因“相”得生

很多社会学者解读张苍，多把他作为西汉人瑞（长寿的人），研究他的长寿原因。殊不知，年轻时的张苍险些被处以死刑。

> 张丞相苍者，阳武人也。好书律历。秦时为御史，主柱下方书。有罪，亡归。及沛公略地过阳武，苍以客从攻南阳。苍坐法当斩，解衣伏质，身长大，肥白如瓠，时王陵见而怪其美士，乃言沛公，赦勿斩。遂从西入关，至咸阳。

史书对张苍的身材和肤色浓墨重彩：身材高大魁梧，皮肤白皙润泽，使监斩官王陵动了恻隐之心，刀下留人。刘邦竟然“赦勿斩”！后来，“汉乃以张苍为常山守。从淮阴侯击赵，苍得陈馀。赵地已平，汉王以苍为代相，备边寇。已而徙为赵相，相赵王耳。耳卒，相赵王敖。复徙相代王。燕王臧荼反，高祖往击之，苍以代相从攻臧荼有功，以六年中封为北平侯，食邑千二百户”[②]。高后时为御史大夫，直至“苍与绛侯等尊立代王为孝文皇帝。四年，丞相灌婴卒，张苍为丞相”[③]。张苍真的是因为“身长大，肥白如瓠”的相貌大难不死，才有后福？我想，除了汉代重相貌的社会心理外，还应该有如下几个考虑：

首先，汉代皮肤白的人不多，甚者可以说绝无仅有，才会让王陵和刘邦等人备受触动，改死刑为无刑。汉人皮肤多黑色可以从汉简中找到依据。如汉简中有这样的记录：

---

① （汉）班固：《汉书》卷89《黄霸传》，中华书局1962年标点本，第3635页。

② （汉）司马迁：《史记》卷96《张丞相列传》，中华书局1959年标点本，第2675页。

③ 同上书，第2680页。

□□市阳里上造王福年六十长七尺二寸黑色　14.13[①]

葆鸾鸟息众里上造颜收年十二长六尺黑色　15.5[②]

魏郡繁阳高忘里大夫谢牧年卅长七尺二寸黑色　15.14[③]

□□□□年卅七长七尺二寸黑色　37.22[④]

觻得成汉里大夫彘建德年卅二长七尺五寸黑色　37.32[⑤]

东郡田卒清灵□里大夫聂德年廿四长七尺二寸黑色　37.38[⑥]

居延都尉给事佐居延始至里万常善年卅四岁长七尺五寸黑色　43.2，77.81[⑦]

□部吏阳里大夫封□年廿八长七尺二寸黑色 43.13[⑧]

河南郡荧阳桃邮里公乘庄盱年廿八长七尺二寸黑色　43.16，43.18[⑨]

汉代户籍制度规定："恒以八月令乡部啬夫、吏、令史相杂案户籍，副臧（藏）其廷。"[⑩] 每年八月，由县令或县长根据上年的户籍进行"案比"，或称"算人"，即对全部所辖民户一一核对，以确定实际人口以及与上一年相比的增加减数，直至东汉一直如此，所以，东汉初齐国临淄（今山东省淄博市东北）人江革孝敬其母，县里进行案比时，因怕母亲坐畜力车经不起颠簸，亲自拉车送她去县官处，博得"江巨孝"的美名[⑪]。当时，为了防止虚报、漏籍以及其他作弊行为，户籍登记时，除了登记姓名、性别、年龄、住址以外，还要写明身高及肤色等个人特征。此外还有：

---

① 谢桂华、李均明、朱国炤：《居延汉简释文合校》，北京文物出版社 1987 年版，第 22 页。

② 同上书，第 23 页。

③ 同上书，第 24 页。

④ 同上书，第 60 页。

⑤ 同上书，第 61 页。

⑥ 同上书，第 62 页。

⑦ 同上书，第 74 页。

⑧ 同上书，第 75 页。

⑨ 同上书，第 75 页。

⑩ 朱红林：《张家山汉简〈二年律令〉集释》，社会科学文献出版社 2005 年版，第 204 页。

⑪ （南朝）范晔：《后汉书》卷 39《江革传》，中华书局 1965 年标点本，第 1302 页。

永光四年正月乙酉　　妻大女昭武万岁里孙第卿年廿一
　　子小女王女年三岁
橐佗延寿燧长孙时符　　弟小女耳年九岁　　皆黑色　29.1
永光四年正月乙酉　　妻大女昭武万岁里□□年卅二
橐佗吞胡燧长张彭祖符　　子大男辅年十九岁
　　子小男广宗年十二岁
　　子小女女足年九岁
　　辅妻南来年十五岁　皆黑色　29.2①

现存此类汉简中（“符”为出入关津的凭证）涉及的人，包括男女老少、成年人和未成年人，基本都记为“黑色”，白色则极为罕见，所以被史家记录下来。而且，成年男子身高多在“七尺”“七尺二寸”，而张苍“身长大”，也应属以稀为贵的一类了。

其次，更重要的是，作为统帅，刘邦应该更明智、理性，而不是感性地仅凭张苍的相貌就决定他的生死。刘邦更看重的应该是张苍的供职经历和专业特长。根据《史记·张丞相列传》记载，张苍“秦时为御史，主柱下方书”。[集解]如淳曰：“方，版也，谓书事在版上者也。秦以上置柱下史，苍为御史，主其事。或曰四方文书。”[索隐]曰：“周秦皆有柱下史，谓御史也。所掌及侍立恒在殿柱之下，故老聃为周柱下史。今苍在秦代亦居斯职。”② 可见张苍曾居负责管理天下户口和律令地图以及户籍的要职。掌管四面八方送来的文书档案，对秦朝郡县的财政预决算和收入支出了如指掌，这一点要比曾是沛县小吏的萧何更有专业优势。作为善于用人、知人善任的刘邦对这些应该是心知肚明的，否则“沛公立为汉王，入关中，还定三秦。陈馀击走常山王张耳，耳归汉，汉乃以张苍为常山守”③。刘邦是根据军功大小封王封侯的。在史籍中对张苍军功的记载不多，对职务提升的记录却很清晰。由此判

① 谢桂华、李均明、朱国炤：《居延汉简释文合校》，北京文物出版社1987年版，第44页。

② （汉）司马迁：《史记》卷96《张丞相列传》，中华书局1959年标点本，第2675页。

③ 同上。

断，刘邦对张苍的过去应该是有所知的。或者刘邦本就不想杀张苍，只是为严明军纪在作秀，或是刘邦和当时任监斩官的王陵事先已经有了某种默契，而张苍的身长和肤色恰恰给了很好的理由。

“初，张苍父长不满五尺，及生苍，苍长八尺余，为侯，丞相。苍子复长。及孙类，长六尺余，坐法失侯。”[①] 如此叙述，似乎张苍“为侯，丞相”和“身长八尺余”以及其孙“坐法失侯”和“长六尺余”的相貌存在因果联系。时代罕见的奇异相貌使张苍幸免于死，获得新生当是不争的事实。

三　专业素质成就张苍

异于常人的身材和肤色，使张苍由一个阶下囚获得重生，之后出任常山相、代相、赵相、封北平侯、御史大夫直至文帝时任丞相，可谓一路顺风顺水，应了一句古话“大难不死，必有后福”，如此看来，相貌的确是张苍生存和发展的先决条件。但是，同为美男，张苍“年百有余岁而卒”[②]；而哀帝时“为人美丽自喜”的董贤却“位过其任，莫得有终”[③]，与张苍有着天壤之别的结局。撇开时代背景，可以认为仅凭相貌来安身立命是远远不够的。那么，张苍靠的是什么呢？什么样的人才能担任柱下御史这样的职务？

史籍没有明确说明要担任“柱下御史”一职应该具备什么样的资格，但是我们了解张苍已经具备那些资格。

首先，张苍深谙经典，尤其擅长《左氏春秋》。《史记》载：汉相张苍历谱五德，［索隐］曰：按：张苍著《终始五德传》也。[④]《汉书》载：“汉兴，北平侯张苍及梁太傅贾谊、京兆尹张敞、太中大夫刘公子皆修《春秋左氏传》。”[⑤]《梁书》载：“张苍之传《左氏》，贾谊之袭荀卿，源本分镳，指归殊致，详略纷然，其来旧矣。”[⑥]《文献通考·经籍

---

① （汉）司马迁：《史记》卷96《张丞相列传》，中华书局1959年标点本，第2681、2682页。

② 同上书，第2682页。

③ （汉）司马迁：《汉书》卷93《佞臣传》，中华书局1959年标点本，第3741页。

④ （汉）司马迁：《史记》卷14《诸侯年表》，中华书局1959年标点本，第510页。

⑤ （汉）班固：《汉书》卷88《儒林传》，中华书局1962年标点本，第3620页。

⑥ （唐）姚思廉：《梁书》卷40《刘之遴列传》，中华书局1973年标点本，第574页。

考》记载："《左氏》，汉初出于张苍之家，本无传者，至文帝时，梁太傅贾谊为训诂，授赵人贯公。"如此记载不胜枚举，既然是家传的学说，张苍精通于此不用言表。

其次，张苍明习"章程"。何谓章程？《汉书》卷一载："天下既定，命萧何次律令，韩信申军法，张苍定章程。"[①] 天下既定，刘邦命令属下发挥特长，而张苍的任务是"定章程"，"一月，更以列侯为主计四岁"。文颖曰："以能计，故号曰计相。"师古曰："专主计籍，故号计相。"张晏曰："以列侯典校郡国簿书。"如淳曰："以其所主，因以为官号，与计相同。时所卒立，非久施也。"师古曰："去计相之名，更号主计。"[②]《皇朝经世文编·格物部·算学》载："又张苍善算故以列侯居相位综理上计。"可以推断，张苍对历数之章术以及权衡丈尺斗斛之平法相当精通，后来才有资格迁为计相。

再次，张苍通晓律历。《史记》云："汉兴，高祖……亦自以为获水德之瑞。虽明习历及张苍等，咸以为然。"[③] 后世史书竟相援引，《汉书》云"汉兴，北平侯张苍首律历事"，师古曰："首谓始定也。"[④]《后汉书》载："汉兴，北平侯张苍首治律历。"[⑤]《宋书》载："汉兴，袭秦正朔。北平侯张苍首言律历之事。"[⑥] 正史如此援引，张苍"尤邃律历"的史实毋庸置疑。

综之，张苍通晓经典，有着高深的学术造诣和理论修养，熟悉章程律历，并且曾经担任秦之柱下史，深谙户籍与档案管理工作，仅此，就已经远远超过与刘邦共同创业的布衣集团成员中的绝大多数，包括萧何。张苍对于刘邦夺取关中以及以后政权的建设、发展与管理所起的作用，用无可取代形容并非夸大其词。由此看来，当初刘邦同意王陵刀下留人并非仅仅是因张苍之"相貌"，换言之，张苍实现社会流动的内因是他的业务素质。张苍后来一再被提拔重用，"迁为计

① （汉）班固：《汉书》卷 1《高祖纪》，中华书局 1962 年标点本，第 81 页。

② （汉）班固：《汉书》卷 42《张周赵任申屠传》，中华书局 1962 年标点本，第 2094 页。

③ （汉）司马迁：《史记》卷 26《历书》，中华书局 1959 年标点本，第 1260 页。

④ （汉）班固：《汉书》卷 21《律历志》，中华书局 1962 年标点本，第 955 页。

⑤ （南朝）范晔：《后汉书》卷 1《律历》，中华书局 1965 年标点本，第 3000 页。

⑥ （梁）沈约：《宋书》卷 12《律历》，中华书局 1974 年标点本，第 228 页。

相，一月，更以列侯为主计四岁。是时萧何为相国，而张苍乃自秦时为柱下史，明习天下图书计籍。苍又善用算律历，故令苍以列侯居相府，领主郡国上计者。黥布反亡，汉立皇子长为淮南王，而张苍相之。十四年，迁为御史大夫”①。所任官职正好发挥自己的特长。而且“自汉兴至孝文二十余年，会天下初定，将相公卿皆军吏”，“苍本好书，无所不观，无所不通，而尤善律历”②，作为同僚中少有的文化人，“为计相时，绪正律历”。因而，当时刘邦同意王陵的做法，没有杀掉张苍，更多是考虑了他的专业以及对汉朝将来的价值所在。只是司马迁把帮助刘邦搜集天下律令文书的功劳记在了萧何名下，“沛公至咸阳，诸将皆争走金帛财物之府分至，何独先入收秦丞相御史律令图书藏之”。“汉王所以具知天下厄塞，户口多少，强弱之处，民所疾苦者，以何具得秦图书也。”③ 而深谙于此的张苍在其中起了怎样的作用呢？我们不得而知。赵翼《廿二史札记》卷二“汉初布衣将相之局”也说：“汉初诸臣，惟张良出身最贵，韩相之子也。其次则张苍，秦御史。叔孙通，秦待诏博士。次则萧何，沛主吏掾。”出身秦御史的张苍难道还不如一个普通的官府属员见多识广、深谋远虑？此话题与本文论旨相去远矣，不做深究。

张苍的经历给后人，尤其是暂时受挫、不得志之人以很大的鼓舞。《新唐书·柳宗元传》记载“张苍、韩信伏斧锧，终取将相”④；《东京梦华录注》卷一有“贤者不得志于今，必取贵于后，古之著书者皆是也……思张苍之善算。屈柱史以事秦。荣列侯而佐汉”的记载。

秦汉人相信奇人异貌，是时代潮流。作为与他人区分的首要标志，相貌的确重要，历代的户籍登记，除了登记姓名、性别、年龄、住地以外，还要写明身高及肤色等相貌特征。汉朝以后，相貌成为选官的依据之一，如唐代的身、言、书、判，《新唐书·选举志下》记载有选官择人之法曰：“凡择人之法有四：一曰身，体貌丰伟；二曰言，言辞辩

① （汉）司马迁：《史记》卷96《张丞相列传》，中华书局1959年标点本，第2676页。

② 同上书，第2681页。

③ （汉）司马迁：《史记》卷54《萧相国世家》，中华书局1959年标点本，第2014页。

④ （宋）欧阳修、宋祁：《新唐书》卷168《柳宗元传》，中华书局1975年标点本，第5135页。

正；三曰书，楷法遒美；四曰判，文理优长。四事皆可取，则先德行。"[①] 如此看来，以"貌"取人是有其历史渊源的，但是若想完成社会流动，提高社会地位，相貌并非唯一和必备因素。人们的社会心理状况最终取决于社会生活实际。

第三节　刘邦布衣集团社会流动途径的群体考察

刘邦布衣集团经历秦末变迁与动荡后，以帝王将相身份掌控天下，占有并重新分配社会资源，拥有令人望尘莫及的权力和声望。出身卑微的布衣们通过艰苦奋斗成为高贵的帝王将相，攀龙附凤的皇亲国戚与功臣子侯和异姓王子侯同样获得莫大荣耀。从社会流动角度探讨刘邦布衣集团成员由布衣而将相的途径，是一个值得关注的课题。

秦末汉初，刘邦和他的布衣集团完成了这种转变。刘邦，从秦朝泗水亭长到汉朝开国皇帝；萧何，从"秦时为刀笔吏，録録未有奇节"[②] 到"镇国家、抚百姓、给馈馕"[③] 的开国之相；张良，从替人提鞋的破落子弟到运筹帷幄、决胜千里的谋士；韩信，从受胯下之辱到统率千军万马、攻占必克的军事奇才；郦食其，从里监门的狂生到不辱使命的外交使者；陈平，从家徒四壁到"救纷纠之难，振国家之患"[④] 的大汉丞相……汉初布衣将相之局已是史家定论，布衣集团与西汉政权的关系也早有文章论述[⑤]，本文旨在考察刘邦布衣集团实现社会流动的途径。

① （宋）欧阳修、宋祁：《新唐书》卷168《柳宗元传》，中华书局1975年标点本，第1171页。

② （汉）司马迁：《史记》卷53《萧相国世家》，中华书局1959年标点本，第2020页。

③ （汉）司马迁：《史记》卷8《高祖本纪》，中华书局1959年标点本，第381页。

④ （汉）司马迁：《史记》卷56《陈丞相世家》，中华书局1959年标点本，第2062页。

⑤ 参阅：唐赞功《一代功臣侯的荣辱兴衰——对"高祖功臣侯者"的考察》，《北京师范大学学报》（社会科学版）1995年第5期；曹家齐《刘邦布衣集团与西汉政权的建立》，《徐州师范学院学报》（哲学社会科学版）1996年第1期；夏增民《刘邦及其功臣集团关系论析》，《南都学坛》1998年第1期；吉书时《西汉功臣贵族的兴亡》，《北京师范大学学报》（社会科学版）1992年第2期；唐赞功《汉初"布衣将相"浅论》，《中国史研究》1984年第1期。

一　出身卑微的布衣集团成员

刘邦布衣集团成员多出身卑微，为将为相前多名不见经传，清人赵翼说：

> 汉初诸臣，唯张良出身最贵，韩相之子也。其次则张苍，秦御史；叔孙通，秦待诏博士。次则萧何，沛主吏掾；曹参，狱掾；任敖，狱吏；周苛，泗水卒史；傅宽，魏骑将；申屠嘉，材官。其余陈平、王陵、陆贾、郦商、郦食其、夏侯婴等，皆白徒。樊哙则屠狗者，周勃则织薄曲吹箫给丧事者，灌婴则贩缯者，娄敬则輓车者，一时人才皆出其中，致身将相，前此所未有也。盖秦汉间为天地一大变局。①

“其君既起自布衣，其臣亦自多亡命无赖之徒，立功以取将相。”② 即便出身最贵的张良，被秦始皇追杀“亡匿下邳”③，秦御史张苍触犯秦法逃亡沦为布衣，履九五之尊的刘邦出身布衣更是毋庸置疑。本文依据《史记·高祖功臣侯者年表》和《汉书·高惠高后文功臣表》及相关人物的世家、列传等传世文献，粗略计算了布衣出身在整个集团中的人数与比例（见文末附录）。据文末附录统计的156人中，无身份者8人，功臣子侯8人，明确记载身份者140人。秦末从军时以“中涓”“客”“舍人”“谒者”身份加入者48人，以“卒”“队率”“执盾”“执矛”“军匠”“连敖”“厩将”“户卫”等普通士兵或中低级官吏加入者近50人，占70%多。“都尉”“令尹”“砀郡长”“将军”“太仆”等在动乱岁月掌控的权力也无法与新政权建立后获得的“千户”“万户”食邑同日而语。这些职业、官职是参加刘邦队伍时的记载，他们本来的身份，有传记者清楚，无传记者很难考稽。

布衣集团中，有开始跟随刘邦打天下的丰沛集团成员。萧何、曹

① （清）赵翼：《廿二史札记校证》，王树民校证，中华书局1984年标点本，第36页。

② 同上书，第36页。

③ （汉）司马迁：《史记》卷55《留侯世家》，中华书局1959年标点本，第2034页。

参、周勃、王陵、樊哙等起于丰、沛、砀的约50人。另外，卢绾“丰人也，与高祖同里……高祖为布衣时，有吏事辟匿，卢绾常随出入上下。及高祖初起沛，卢绾以客从，入汉中为将军，常侍中。从东击项籍，以太尉常从，出入卧内，衣被饮食赏赐，群臣莫敢望，虽萧曹等，特以事见礼，至其亲幸，莫及卢绾。绾封为长安侯”。“汉五年八月，乃立卢绾为燕王。诸侯王得幸莫如燕王。”① 后降入匈奴，但跟随刘邦的首事之功不可没。这一集团是西汉初年政权的核心，成员大都封侯，萧何、曹参、王陵等先后任相国、丞相。

有择木而栖的归依集团成员，韩信、彭越、黥布、陈平、郦食其等近百人是从丰、沛以外的地点以赵将、燕将、梁将、齐将、魏郎、代大兴、越户将、长沙将等身份先后投奔刘邦的。还有娄敬，齐人，“脱挽辂”②，后“赐姓刘氏，拜为郎中，号为奉春君”③。叔孙通，“薛人也。秦时以文学征，待诏博士”④，曾追随项梁，“从怀王”，“事项王”，最后“从汉”拜为太常，徙为太子太傅⑤。季布，“楚人也。为气任侠，有名于楚”⑥，项羽败亡，被刘邦拜为郎中⑦。栾布，“梁人也……穷困，赁佣于齐，为酒人保”，曾经“为奴于燕”，后被刘邦拜为都尉⑧。他们曾经是项羽或其他集团的谋臣部将，以突出的才能和战功获得刘邦的赏识，被委以重任。

不论哪个集团成员，他们有两个相同点：一是没有显赫家世和高贵血统，系统学习和受教育经历的记载也很少见于史籍，多为屠夫、商贩、游民、寒士等社会下层的芸芸众生，个人奋斗是出人头地的唯一之途；二是身处乱世却胸怀大志，能够认清形势追随刘邦，“依日月之末光”⑨，文武张弛，充分发挥一技之长，凭借风云际会的时代潮流和艰

① （汉）司马迁：《史记》卷93《卢绾列传》，中华书局1959年标点本，第2637页。

② （汉）司马迁：《史记》卷99《娄敬列传》，中华书局1959年标点本，第2715页。

③ 同上书，第2717页。

④ 同上书，第2720页。

⑤ 同上书，第2723、2724页。

⑥ （汉）司马迁：《史记》卷100《季布栾布列传》，中华书局1959年标点本，第2729页。

⑦ 同上书，第2730页。

⑧ 同上书，第2733、2734页。

⑨ （汉）司马迁：《史记》卷53《萧相国世家》，中华书局1959年标点本，第2020页。

苦卓绝的奋斗从布衣上升为王侯将相。

二　建功立业的功臣王侯

在秦末动荡巨变的社会中，出身卑微者若想脱颖而出成为精英，只有跟对首领，八仙过海各显其能。概言之，布衣集团实现社会流动的途径如下：

第一类，转战南北，战功赫赫。从“夏有甘扈之誓，殷、周以兵定天下”①，到明清“以武功定天下”②，改朝换代离不开疆场拼杀，皇权来源于军事征伐。秦始皇“兴兵诛暴乱，赖宗庙之灵，六王咸伏其辜，天下大定”③。汉高祖“吾以布衣，提三尺剑取天下”④。其集团成员几乎都参与了“定三秦”、“击项籍”或“攻豨、荼”的战役。汉定天下，论功行赏，功臣皆曰：“臣等身披坚执锐，多者百余战，少者数十合，攻城略地，大小各有差。”战火洗礼和血雨腥风中，原来的“卒”锻炼成为将军、都尉，直至封侯封王。

韩信最具代表性。韩信，“淮阴人也。始为布衣时，贫无行，不得推择为吏，又不能治生商贾，常从人寄食饮”⑤。曾居项梁麾下，“无所知名”⑥。投奔刘邦后，逐渐发展为独当一面的军事统帅。蒯通如此总结韩信的功绩：“足下涉西河，虏魏王，禽夏说，引兵下井陉，诛成安君，徇赵，胁燕，定齐，南摧楚人之兵二十万，东杀龙且，西向以报，此所谓功无二于天下，而略不世出者也。”⑦ 东汉郦炎有诗曰：

> 贤愚岂常类，禀性在清浊。富贵有人籍，贫贱无天录。通塞苟由己，志士不相卜。陈平敖里社，韩信钓河曲。终居天下宰，食此

① （汉）班固：《汉书》卷23《刑法志》，中华书局1962年标点本，第1081页。

② （清）赵尔巽：《清史稿》，中华书局1977年标点本，第3859页。

③ （汉）司马迁：《史记》卷6《秦始皇本纪》，中华书局1959年标点本，第236页。

④ （汉）司马迁：《史记》卷8《高祖本纪》，中华书局1959年标点本，第391页。

⑤ （汉）司马迁：《史记》卷92《淮阴侯列传》，中华书局1959年标点本，第2609页。

⑥ 同上书，第2610页。

⑦ 同上书，第2625页。

万钟禄。德音流千载，功名重山岳。[①]

《泊宅编》记载宋代冯京的一首诗云：

韩信栖迟项羽穷，手提长剑喝西风。可怜四海苍生眼，不识男儿未济中。

冯京游学杭州，遭到官吏侮辱，作诗以韩信、项羽自比。两首诗道出韩信出身的卑微和在战争中功成名就的传奇经历。

曹参，“沛人也。秦时为沛狱掾”，“高祖为沛公而初起也，参以中涓从”[②]。“长驱河朔，电击壤东。协策淮阴，亚迹萧公。”[③]“参功：凡下二国，县一百二十二；得王二人，相三人，将军六人，大莫敖、郡守、司马、侯、御史各一人。”[④]“平阳侯曹参身披七十创，攻城略地。功最多”[⑤]，刘邦封赏时，众功臣多支持曹参封第一。

彭越、英布也是能征善战，屡立奇功。彭越，常渔钜野泽中，为群盗。“汉王二年春，与魏王豹及诸侯东击楚，彭越将其兵三万余人归汉于外黄”，因收魏地得十余城，拜魏相国，参加了刘、项之间的重大战役。彭城之战后，“彭越常往来为汉游兵，击楚，绝其后粮于梁地”。荥阳战役，彭越攻下睢阳、外黄十七城。“汉五年秋，彭越复下昌邑旁二十余城，得谷十余万斛，以给汉王食。”[⑥]垓下一战，彭越更是刘邦战胜项羽不可或缺的人物。太史公曰：“魏豹、彭越虽故贱，然已席卷千里，南面称孤，喋血乘胜日有闻矣。”[⑦]“当是之时，彭王一顾，与楚

① （南朝）范晔：《后汉书》卷80下《文苑列传》，中华书局1965年标点本，第2648页。

② （汉）司马迁：《史记》卷54《曹相国世家》，中华书局1959年标点本，第2021页。

③ （梁）萧统：《文选》，中华书局1977年标点本，第663页。

④ （汉）司马迁：《史记》卷54《曹相国世家》，中华书局1959年标点本，第2028页。

⑤ （汉）司马迁：《史记》卷53《萧相国世家》，中华书局1959年标点本，第2016页。

⑥ （汉）司马迁：《史记》卷90《魏豹彭越列传》，中华书局1959年标点本，第2592页。

⑦ 同上书，第2595页。

则汉破，与汉而楚破”[①]，彭越的军事实力以及在楚汉战争中举足轻重的地位溢于言表。

英布，“秦时为布衣……及壮，坐法黥”，“亡之江中为群盗”[②]。追随项梁时屡立战功。钜鹿之战，“项籍使布先渡河击秦，布数有利”，“诸侯兵皆以服属楚者，以布数以少败众也”[③]。“至关，不得入，又使布等先从间道破关下军，遂得入，至咸阳。”[④] 归汉后，“布使人入九江，得数县。六年，布与刘贾入九江，诱大司马周殷，周殷反楚”[⑤]，在垓下一战发挥重要作用。

过去的贫寒之士、乡县小吏、群盗首领，崛起于秦末乱世，凭借聪明智慧，指挥千军万马，上升为西汉政权建立的关键人物。

第二类，稳定后方，支援前线。以精通律令、行政管理经验丰富的萧何为代表。萧何，“沛丰人也。以文无害为沛主吏掾”[⑥]。“沛公至咸阳，诸将皆争走金帛财物之府分之，何独先入收秦丞相御史律令图书藏之……汉王所以具知天下厄塞，户口多少，强弱之处，民所疾苦者，以何具得秦图书也。”[⑦] 刘、项鏖战关东，萧何“守关中，侍太子，治栎阳，为法令约束，立宗庙社稷宫室县邑……关中事计户口转漕给军，汉王数失军遁去，何常兴关中卒，辄补缺。上以此专属任何关中事”，“外济六师，内抚三秦。拔奇夷难，迈德振民。体国垂制，上穆下亲”[⑧]。安抚民众，征发士卒，补充军队，为前方作战提供充足的粮食和兵源。汉高祖将功臣比作“追杀兽兔”的猎狗，萧何是“发踪指示兽处者”[⑨]，立有万世之功，“于是乃令萧何［第一］，赐带剑履上殿，

① （汉）司马迁：《史记》卷100《季布栾布列传》，中华书局1959年标点本，第2734页。

② （汉）司马迁：《史记》卷91《黥布列传》，中华书局1959年标点本，第2597页。

③ 同上书，第2598页。

④ 同上书，第2599页。

⑤ 同上书，第2602页。

⑥ （汉）司马迁：《史记》卷53《萧相国世家》，中华书局1959年标点本，第2013页。

⑦ 同上书，第2014页。

⑧ （梁）萧统：《文选》，中华书局1977年标点本，第663页。

⑨ （汉）司马迁：《史记》卷53《萧相国世家》，中华书局1959年标点本，第2015页。

入朝不趋”[①]。萧何追韩信时，“上大怒，如失左右手”[②]。

周昌“以内史坚守敖仓”[③]，尹恢“以右丞相备守淮阳”[④]，都是巩固后方的典范。

第三类，运筹帷幄，出谋划策。以张良、陈平为代表。张良，其先韩人也。亡匿下邳“道遇沛公”，被拜为厩将[⑤]出谋划策。“穷神观化，望影揣情。鬼无隐谋，物无遁形。武关是辟，鸿门是宁。随难荥阳，即谋下邑。销印惎废，推齐劝立。运筹固陵，定策东袭。三王从风，五侯允集。”[⑥] 在“汉王败，使使召彭越并力击楚”遭到拒绝的危急时刻，张良指出：“齐王信之立，非君王之意，信亦不自坚。彭越本定梁地，功多，始君王以魏豹故，拜彭越为魏相国。今豹死毋后，且越亦欲王，而君王不早定。与此两国约：即胜楚，睢阳以北至穀城，皆以王彭相国；从陈以东傅海，与齐王信。齐王信家在楚，此其意欲复得故邑。君王能出捐此地许二人，二人今可致；即不能，事未可知也。”[⑦] 刘邦依张良之言，取得楚汉战争决定性的最后胜利。太史公曰：“高祖离困者数矣，而留侯常有功力焉。”刘邦也感慨：“夫运筹策帷帐之中，决胜千里外，吾不如子房。”[⑧] 陈平，“阳武户牖乡人也。少时家贫，好读书”[⑨]，先事魏，后事项羽，最后投奔刘邦，屡出绝伦奇计。楚汉战争中，刘邦被项羽围困荥阳，陈平用离间计挑拨项羽和大将钟离昧、谋士范增的关系，用调虎离山计命令两千多名身披铠甲的妇女突围，将军纪信伪装成刘邦引楚军到东门，刘邦从西门逃走，保全了性命。

“脱挽辂”的齐人刘敬和在“雍车塞渭上，上计欲还”时，主张

① （汉）司马迁：《史记》卷53《萧相国世家》，中华书局1959年标点本，第2016页。

② （汉）司马迁：《史记》卷92《淮阴侯列传》，中华书局1959年标点本，第2611页。

③ （汉）班固：《汉书》卷16《高惠高后文功臣表》，中华书局1962年标点本，第549页。

④ 同上书，第566页。

⑤ （汉）司马迁：《史记》卷55《留侯世家》，中华书局1959年标点本，第2036页。

⑥ （梁）萧统：《文选》，中华书局1977年标点本，第663页。

⑦ （汉）司马迁：《史记》卷90《魏豹彭越列传》，中华书局1959年标点本，第2593页。

⑧ （汉）司马迁：《史记》卷55《留侯世家》，中华书局1959年标点本，第2049页。

⑨ （汉）司马迁：《史记》卷56《陈丞相世家》，中华书局1959年标点本，第2051页。

"从他道"[1] 的赵衍皆是此类人物。

第四类，奔走游说，驰使诸侯。以郦食其为代表。郦食其，"陈留高阳人也。好读书，家贫落魄，无以为衣食业，为里监门吏"，因陈胜、项梁"其将皆握龊，好苛礼自用，不能听大度之言"便"深自藏匿"[2]。投奔刘邦后，建议攻打陈留，"夫陈留，天下之冲，四通五达之郊也，今其城又多积粟。臣善其令，请得使之，令下足下。即不听，足下举兵攻之，臣为内应"，一举成功。凭借对时局的洞察、鞭辟入里的分析和如簧巧舌之劝说，郦食其"常为说客，驰使诸侯"[3]。出使齐国，获得齐王信任，"下齐七十余城"，因淮阴侯偷袭，遭齐王烹煮。但"高祖举列侯功臣，思郦食其"。"封（其子）疥为高梁侯。后更食武遂，嗣三世。"[4] 自己的奔波为后世造福。能言善辩的随何、陆贾归于此类。

凭借秦末社会大变动的时代潮流，上述人物直接或间接投入疆场浴血奋战，发挥自身长处建功立业，打通了上升流动的途径，称王建国、拜相封侯。换来的不仅仅是一代人的尊崇显赫，且看高帝十二年（前195）三月诏：

> 吾立为天子，帝有天下，十二年于今矣。与天下之豪士贤大夫共定天下，同安辑之。其有功劳者上致之王，次为列侯，下乃食邑。而重臣之亲，或为列侯，皆令自置吏，得赋敛，女子公主。为列侯食邑者，皆佩之印，赐大第室。吏二千石，徙之长安，受小第室。入蜀汉定三秦者，皆世世复。[5]

布衣们的努力和奋斗，使自己的人生彻底改观，步入统治者阶层，更为后代铺平道路，搭起晋升之阶，代际流动随之出现。

---

① （汉）班固：《汉书》卷16《高惠高后文功臣表》，中华书局1962年标点本，第603、604页。

② （汉）司马迁：《史记》卷97《郦生陆贾列传》，中华书局1959年标点本，第2691页。

③ 同上书，第2693页。

④ 同上书，第2696页。

⑤ （汉）班固：《汉书》卷1下《高帝纪下》，中华书局1962年标点本，第78页。

三　坐享其成的亲属后代

昔日社会地位卑微的布衣集团成员转化为帝王将相，收获秦末社会大变动的成果，分享坐天下的成就，完成社会身份的向上流动，其亲属也因此获得封侯机会。但是，最大利益的攫取者是汉家皇帝的父兄子侄与皇后的父兄姊妹。

（一）攀龙附凤的皇亲国戚

《韩氏易传》言："五帝官天下，三王家天下，家以传子，官以传贤。"[①] 秦朝泗水亭长刘邦战胜项羽，被诸侯王推上皇帝宝座，论功行赏，封王拜侯，"封爵之誓曰：'使黄河如带，泰山若厉，国以永存，爰及苗裔'，于是申以丹书之信，重以白马之盟"[②]。父亲刘太公荣升太上皇，兄弟子侄则大者封王，小者拜侯。

营陵侯刘泽，"汉三年为郎中击项羽，以将军击陈豨，得王黄，侯。帝从昆弟，万一千户"[③]。是曹参以外唯一获得上万食邑的人，曹参是"万六百户"，"身披七十创"怎能和"帝从昆弟"较量！实际上，从昆弟与刘邦的兄弟子侄相比还是小巫见大巫。汉高祖六年正月丙午（前 201 年 3 月 6 日），"以故东阳郡、鄣郡、吴郡五十三县立从父兄刘贾为荆王，以砀郡、薛郡、郯郡三十六县立弟文信君交为楚王"。正月壬子（前 201 年 3 月 12 日），"以云中、雁门、代郡五十三县立兄宜信侯喜为代王，以胶东、胶西、临淄、济北、博阳、城阳郡七十三县立子肥为齐王"[④]。六天之内，汉高祖刘邦分封子弟四个同姓诸侯王，封地达十六个郡二百一十五个县。汉高祖十二年（前 195），先后分封的"九个同姓王国，加上异姓长沙国在地域上连成一片，总封域占全汉疆域的一半以上"[⑤]，总数达三十八郡。昔日在丰沛务农的刘邦兄弟儿子变成统治区域千里、"宫室百官，同制京师"[⑥] 的诸侯王。先前没

---

① （汉）班固：《汉书》卷 77《盖宽饶传》，中华书局 1962 年标点本，第 3247 页。

② （汉）班固：《汉书》卷 16《高惠高后文功臣表》，中华书局 1962 年标点本，第 527 页。

③ 同上书，第 602 页。

④ （汉）班固：《汉书》卷 1 下《高帝纪下》，中华书局 1962 年标点本，第 61 页。

⑤ 周振鹤：《西汉政区地理》，人民出版社 1987 年版，第 10 页。

⑥ （汉）班固：《汉书》卷 14《诸侯王表》，中华书局 1962 年标点本，第 394 页。

有名字已经辞世的刘媪被追认为“昭灵夫人”[①]，“追尊兄伯号曰武哀侯”[②]，生者尊贵，死者也荣耀。

吕雉是女性提升社会地位的成功范例，通过婚姻，避仇到沛地的流浪之人成为泗水亭长夫人；战争的磨难考验，“居田中耨”的普通妇女成为尊贵无比的皇后、吕太后。其父吕公被封为临泗侯，追尊为吕宣王；其兄吕泽为周吕侯，次兄吕释之为建成侯，临朝称制后，“乃令兄子吕台、产、禄、台子通四人为王，封诸吕六人为列侯”[③]，吕台为吕王（后封为胡陵侯）、吕产为梁王、吕禄为赵王、吕通为燕王；其姊子吕平为扶柳侯，其妹吕嬃封为临光侯，吕胜、吕忿、吕莹则因为“皇太后昆弟子”分别封为赘其侯、吕成侯和祝兹侯[④]。吕氏家族飞黄腾达，权倾一时。[⑤]

（二）父辈功绩，儿子获封

纪通“父城以将军从击破秦，入汉，定三秦，功比平定侯，战好畤，死事，子侯”[⑥]。周成“父苛以内史从击破秦，为御史大夫，入汉，围取诸侯，守荥阳，功比辟阳侯，骂项籍死事，子侯”[⑦]。郦济“父食其以客从破秦，以列侯入［汉］，还定诸侯，常使使约和诸侯，说齐王死事，子侯”[⑧]。儿子因父亲为国死有功封侯，称为功臣子侯。吴浅、

① （汉）班固：《汉书》卷1下《高帝纪下》，中华书局1962年标点本，第52页。

② 同上书，第51页。

③ （汉）班固：《汉书》卷3《高后纪》，中华书局1962年标点本，第95页。

④ （汉）班固：《汉书》18《外戚恩泽侯表》，中华书局1962年标点本，第682、683页。

⑤ 关于“吕氏六侯”，《史记》和《汉书》记载不一。《汉书》卷十八《外戚恩泽侯表》载，扶柳侯吕平，以皇太后姊侯，高后元年四月封；赘其侯吕胜，以皇太后昆弟子淮阳丞相侯，高后元年四月封；滕侯吕更始，为舍人郎中十二岁，以都尉屯霸上，用楚丞相侯；吕成侯吕忿，以皇太后昆弟子侯，元年四月封；祝兹侯吕莹以皇太后昆弟子侯，八年四月封。《史记》卷九《吕太后本纪》载，高后在封高祖功臣郎中令无择为博城侯，高祖孙刘章为朱虚侯，并将吕禄女妻之后，封吕种为沛侯，吕平为扶柳侯；［集解］曰：吕种为吕释之子。后封吕嬃为临光侯，吕他为俞侯，吕更始为赘其侯，吕忿为吕成侯。二者相较，“赘其侯”的名称封侯时是有的，只是具体指吕胜还是吕更始有争议。此外，《史记》提到吕种、吕他两人封侯，《汉书》未提及。二者记载一致封侯的只有吕嬃、吕平、吕忿三人。所谓“六人为侯”是包括后来封为胡陵侯的吕台还是其他，尚需考证。

⑥ （汉）班固：《汉书》卷16《高惠高后文功臣表》，中华书局1962年标点本，第593页。

⑦ 同上书，第595页。

⑧ 同上书，第614页。

吴阳“以父长沙王功侯”分别被封为便侯、沅陵侯，其父已经封为王，儿子因父功而封为侯，称为异姓王子侯。

“子承父侯”司空见惯，还有其他情形，如萧何死后，“高后乃封何夫人同为酂侯”[①]；鲁侯奚涓亡后，“亡子，封母底为侯”[②]，属于妻以夫贵或母以子荣的女性封侯者。

刘邦的父兄子侄，吕后的姊妹亲戚，其中有跟随刘邦打天下的功臣，更多的则是依附刘邦、吕后轻松改变了卑微的布衣百姓身份，成为尊贵的皇亲国戚的。功臣的儿子、妻子或母亲因亲人的功劳封侯，保持家族的荣耀。

刘邦布衣集团中也有另类的封侯途径：背叛主人，告密获封。射阳侯刘缠，即项伯，他在鸿门宴之前的表现世人皆知。“素善留侯张良”将项羽的计划泄露，刘邦与他“约为婚姻”[③]。被刘邦封为射阳侯，享有荣华富贵。慎阳侯乐说是淮阴侯韩信的舍人，“告信反，侯，二千户”[④]，期思康侯贲赫是淮南王英布的中大夫，“告反，侯，千户”[⑤]。不必经历残酷战争中的出生入死就可以封侯，堪称捷径！

通过多种多样的社会流动途径，刘邦布衣集团成员达到了追求的目标和理想的结局。意大利社会学家维尔弗雷多·帕雷托（Vilfredo Pareto）认为，由于社会的变化和精英能力的丧失，精英地位与能力已不均衡，在这种情况下就要求精英循环：非上流阶层的某些人转变为精英人物而替代老精英[⑥]。凭借秦末社会的变迁大潮，布衣集团成员跟随首领刘邦，用铁马金戈，用聪明智慧，用敏锐眼光，用三寸不烂之舌等，发挥自身优势，以出类拔萃的表现和卓越的功绩，由平民布衣转化为高贵的帝王将相，其父兄子侄、姊妹亲属攀龙附凤坐享其成，由庶人百姓转入统治阶层。秦末社会，既是刘邦布衣集团成员千古难得的机遇，也为

① （汉）班固：《汉书》卷39《萧何传》，中华书局1962年标点本，第2012页。

② （汉）班固：《汉书》卷16《高惠高后文功臣表》，中华书局1962年标点本，第565页。

③ （汉）司马迁：《史记》卷7《项羽本纪》，中华书局1959年标点本，第312页。

④ （汉）班固：《汉书》卷16《高惠高后文功臣表》，中华书局1962年标点本，第598页。

⑤ 同上书，第611页。

⑥ 王思斌：《社会学教程》，北京大学出版社2003年版，第155、156页。

项羽等其他没落贵族或布衣百姓提供了同样的社会流动条件，但由于性格、政治策略等原因，他们虽也曾封王拜侯，都只是昙花一现。其中的具体原因，容日后专门论述。

附录：刘邦布衣集团社会流动前后身份对比表

姓名	本来身份	从军起点身份	侯状、户数	封爵
曹参	沛狱掾	中涓	以中涓从起沛。以右丞相侯，万六百户	平阳侯
靳歙		中涓	以中涓从起宛朐。侯，五千三百户	信武侯
夏侯婴	沛厩司御	令史	以令史从降沛。侯，六千九百户	汝阴侯
王吸		中涓	以中涓从起丰。侯，二千二百户	清河侯
傅宽	魏五大夫骑	舍人	以舍人从起横阳。侯，二千六百户	阳陵侯 齐丞相
召欧		中涓	以中涓从起沛。侯，二千二百户	广严侯
薛欧		舍人	以舍人从起丰。侯，四千五百户	广平侯
陈濞		舍人	以舍人从砀。侯	博阳侯
陈婴	东阳令史	东阳将	以自定东阳为将，属楚项梁。属汉。侯，六百户	堂邑侯 楚相
陈平	家贫，兄耕田	都尉	以护军中尉出奇计，定天下。侯，五千户	曲逆侯 丞相
张良	亡匿下邳	厩将	以厩将从起下邳。侯万户	留侯
刘缠（项伯）	项羽季父	楚左令尹	以破羽降汉。侯	射阳侯
萧何	主吏掾	客	以客初从入汉。侯，八千户	酂侯
周勃	织薄曲者吹箫给丧事者	中涓	以中涓从起沛。侯，八千一百户	绛侯 太尉
樊哙	以屠狗为事	舍人	以舍人起沛。侯，五千户	舞阳侯
郦商	家贫落魄	将军	以将军从起岐。侯，四千八百户	曲周侯
灌婴	贩缯者	中涓	以中涓从起砀。侯，五千户	颍阴侯 丞相
周昌	泗水卒史	职志（如淳曰：官名，主旗帜也）	初起，以职志击秦。以御史大夫侯，比清阳侯	汾阳侯 御史大夫

续表

姓名	本来身份	从军起点身份	侯状、户数	封爵
武虎		谒者	兵初起，以谒者从击破秦。比博阳侯，二千八百户	梁邹侯
董渫		舍人	初起以舍人从击秦。比厌次侯，二千八百户	成侯
孔聚		执盾	以执盾前元年从起砀。侯	蓼侯
陈贺		舍人	以舍人前元年从起砀。侯	费侯
陈豨		特将	以特将将卒五百人前元年从起宛朐。侯	阳夏侯
周灶		卒	以卒从起砀。侯	隆虑侯
丁复		越将	以越将从起薛。侯，七千八百户	阳都侯
吕青		令尹	以汉五年用令尹初从。功比堂邑侯，千户	阳信侯
郭蒙		户卫	以户卫起薛。侯，三千户	东武侯
雍齿	沛豪	赵将	以赵将前三年从定诸侯。二千五百户，功比平定侯	什邡侯
陈武		将军	以将军前元年将卒二千五百人起薛。击齐历下军临菑，侯	棘蒲侯
朱轸		舍人	以舍人前元年起从沛。侯	都昌侯
严不识		舍人	以舍人起从沛。功侯	武彊侯
傅胡害		越户将	以越户将从破秦。侯，六百户	贳侯
摇毋馀		越队将	以越队将从破秦。侯，千七百户	海阳侯
宣虎		河南将军	以河南将军汉王三年降晋阳。侯，九百户	南安侯
蔡寅		魏太仆	以魏太仆汉王三年初从。侯，千户	肥如侯
虫达		曲城户将	以曲城户将将三十七人从起砀。侯，四千户	曲成侯
陈涓		卒	以卒前二年起砀从。侯。以丞相定齐	河阳侯
韩信	布衣，寄食于人	卒	初以卒从项梁，亡从入汉。为齐王，徙楚王，废为侯	淮阴侯
彨跖		门尉	以门尉前元年初起砀。功侯	芒侯

续表

姓名	本来身份	从军起点身份	侯状、户数	封爵
阎泽赤		执盾	以执盾初起从入汉。侯，千户	敬市侯（故市侯）
戎赐		连敖	以连敖从起薛。八千户	柳丘侯
周止		舍人	以舍人从起沛。侯，千户	魏其侯
缯贺		执盾	以执盾汉王三年初起从晋阳。侯，千四百户	祁侯
工师喜		舍人	初以舍人从击破秦。侯，千三百户	平侯
奚涓		舍人	以舍人起从沛。四千八百户，功比舞阳侯	鲁侯
尹恢		谒者	初以谒者从入汉。功比厌次侯（顷侯诸庄），二千户	城父侯（故城侯）
张越		骑都尉	以骑都尉汉五年从起东垣。有功为车骑将军	任侯
囗襄		执盾队史	以执盾队史前元年从起砀。功侯	棘丘侯
郭亭		连敖	以连敖前元年从起单父。功侯	河陵侯
单究		舍人	初以舍人从。侯，九百户	昌武侯
丙猜		客	初以客从。侯，千六百五户	高宛侯
丁义		卒	以卒从起留。侯，六百七十户	宣曲侯
华毋害		越将	以越将从起留。侯，七百四十户	终陵侯
刘到		舍人	以舍人从起砀。千户	东茅侯
唐厉		舍人	以舍人初从起丰。千户	斥丘侯
戴野		舍人	以舍人从起砀。功侯	台侯
王陵		县豪	以自聚党定南阳。侯，五千户	安国侯
丁礼		中涓	以中涓骑从起砀。千户	乐成侯
审食其		舍人	以舍人初起，侍吕后、孝惠。侯	辟阳侯
周绁		舍人	以舍人起从沛。二千二百户	蒯成侯
鄂秋		谒者	以谒者汉王三年初从。侯，二千户	安平侯
张苍	秦御史，坐法当斩	客	以客从起武阳。千二百户	北平侯
陈夫乞		卒	以卒从起杠里。千户	高胡侯
爰类		慎将	以慎将元年从起留。功侯	厌次侯

续表

姓名	本来身份	从军起点身份	侯状、户数	封爵
刘它		砀郡长	汉六年以砀郡长初从。侯，五百八十户	平皋侯
陈胥		卒	以卒从起薛。侯，千户	复阳侯
其石		中谒者	以中谒者从入汉。五百户，功比高湖侯	阳河侯
许盎		骈邻	以骈邻从起昌邑。侯，千户	柏至侯
吕马童		郎骑将	以郎骑将汉元年从好畤。侯，千五百户	中水侯
王翳		中郎将	以中郎将汉王二年从起下邳。侯，千七百户	杜衍侯
杨喜		郎中将	以郎中将汉王二年从起杜。侯，千九百户	赤泉侯
华寄		舍人	以舍人从起薛。侯，千户	朝阳侯
杜得臣		卒	以卒从起湖陵。侯，二千户	棘阳侯
吕腾		骑士	以骑士汉三年从出关。侯，千五百户	涅阳侯
林挚		客	以客从起亢父。用燕相侯，千户	平棘侯
赵将夕		赵将	以赵将汉王三年降，属淮阴侯。以击平城功侯，七百户	深泽侯
温疥		燕将军	以燕将军汉王四年从破曹咎军。侯，千九百户	栒侯
程黑		赵卫将军	以赵卫将军汉王三年从起卢奴。封千户	历侯
卫胠		梁将军	汉七年以梁将军从初起。功侯，二千八百户	武原侯
陈锴		将	汉七年为将从击代陈豨有功。侯，六百户	槀侯

续表

姓名	本来身份	从军起点身份	侯状、户数	封爵
许瘛		赵右林将	以汉三年用赵右林将初击定诸侯。五百三十六户	宋子侯
陈遬		舍人	以舍人从起丰。侯，千一百户	猗氏侯
室中同		弩将	以弩将初起。侯，比彭侯，户千	清侯
留肹		客吏	以客吏初起。侯，比彭侯，千户	强侯
秦同		卒	以卒从起薛，以弩将入汉。侯，千户	彭侯
杨武		郎中骑将	以郎中骑将汉元年从起下邽。侯，七百户	吴房侯
魏遬		舍人	以舍人从砀。以都尉击臧荼功侯，千户	宁侯
旅卿		齐将	以齐将汉王四年从韩信起无盐。侯，千户	昌侯
旅罢师		齐将	以齐将汉王四年从淮阴侯起。侯，千二百户	共侯
冯解散		代大兴（师古曰：主爵禄之官也）	以代大兴汉王三年降。侯，千户	阏氏侯
张说		卒	以卒从起方舆。侯，二千户	安丘侯
纪通		功臣子	父城以将军从击破秦。功比平定侯。子侯	襄平侯
陈署		卒	以卒从，汉王元年起霸上。侯，户千	龙侯
张瞻师		赵骑将	以赵骑将汉王五年从击诸侯。比吴房侯，千五百户	平侯
须无			诏以为列诸侯，自置吏令长，受令长沙王	陆量侯
周成		功臣子	父苛以内史从击破秦，为御史大夫。功比辟阳侯。子侯	高景侯
邓弱		长沙将	以长沙将兵，侯	离侯
吴郢		长沙柱国	以长沙柱国侯，千五百户	义陵侯
张敖		功臣子	嗣父耳为赵王，坐相贯高等谋反。废王为侯	宣平侯

续表

姓名	本来身份	从军起点身份	侯状、户数	封爵
张相如			高祖六年为中大夫。功侯，千三百户	东阳侯
乐说		舍人	淮阴侯韩信舍人，告信反。侯，二千户	慎阳侯
陶舍		右司马	以右司马汉王五年初从。比共侯，二千户	开封侯
公孙昔		卒	以卒汉王五年初从。侯，千九百户	禾成侯
孙赤		中涓	以中涓从起沛。侯，八百户	堂阳侯
高色		客	以客从起齧桑。侯，千八百户	祝阿侯
杜恬			以汉王二年用御史初从入关。侯，千九百户	长修侯
赵尧			以汉五年为御史。功侯，六百户	江邑侯
刘泽	刘邦从昆弟	郎中	汉三年为郎中击项羽。侯。帝从昆弟，万一千户	营陵侯
宣义			高祖六年为中地守。侯，一千一百户	土军侯
任敖	狱吏	客	以客从起沛，为御史。侯，千八百户。后迁为御史大夫	广阿侯
赵衍		谒者	以谒者汉王元年初从起汉中。功侯，千四百户	须昌侯
戚鳃		郎	初以为郎。以中尉侯，五百户	临辕侯
公上不害			高祖六年为太仆。侯，千三百户	汲侯
吕臣		舍人	以舍人从起留。功侯，千户	宁陵侯
靳彊		郎中骑	以郎中骑千人前三年从起栎阳。功侯	汾阳侯
秘彭祖		卒	以卒从起沛。功侯，千一百户	戴侯
翟盱		燕令	以汉王二年为燕令。侯，九百户	衍侯
昭涉掉尾		燕相	汉四年以燕相从击项籍，还击臧荼。侯，千户	平州侯
单右车		卒	以卒从沛。功侯，二千二百户。始高祖微时有急，给高祖马，故得侯	中牟侯
黄极忠		群盗长	以群盗长为临江将。封千户	邔侯

续表

姓名	本来身份	从军起点身份	侯状、户数	封爵
周聚		卒	以卒从丰。侯	博阳侯
灵常		荆令尹	以荆令尹汉五年初从。侯，二千户	阳羡侯
泠耳		客	以客从起沛。功侯，二千户	下相侯
王虞人		骑司马	以骑司马汉王元年从起废丘。侯，九百户	高陵侯
贲赫			淮南王英布中大夫，告反，侯，千户	期思侯
季必		骑都尉	以骑都尉汉二年初起栎阳。侯，千五百户	戚侯
冯溪		卒	以卒前二年起柘。功侯	穀阳侯
许猜		楚将	以楚将汉二年降。侯，六百户	严侯
奚意		魏郎	以魏郎汉王二年从起阳武。侯，六百户	成阳侯
刘襄		客	以客从汉王二年起定陶。侯，千户。为淮南太守	桃侯
郦疥		功臣子	父食其以客从破秦。说齐王死事，子侯	高梁侯
陈仓		中涓	以中涓从起丰。侯，七百户	纪侯
王竞		车司马	以车司马汉元年初从起高陵。侯，五百户	景侯
毛释之		中涓	以中涓从起丰。侯，七百户	张侯
革朱		越连敖	以越连敖从起薛。侯，五百户	煮枣侯
朱濞		卒	以卒从起丰。侯，二千七百户	鄢陵侯
张平		中尉	以中尉前元年从起单父。得南阳侯，二千七百户	（藏）卤侯
吴浅		王子侯	以父长沙王功侯，二千户	便侯
黎朱苍			以长沙相侯，七百户	轪侯
刘到		齐将	以齐将高祖三年定齐降，侯，千户	平都侯
张买		功臣子	以父越为高祖骑将从军，以中大夫侯	南宫侯
阳城延		军匠	以军匠从起郏。后为少府，侯	梧侯
齐受		卒	以卒从起留。用齐丞相侯	平定侯

续表

姓名	本来身份	从军起点身份	侯状、户数	封爵
冯无择		郎中	以悼武王郎中从高祖起丰。侯	博成侯
吴阳		王子侯	以父长沙王功侯	沅陵侯
朱进		执茅	以执茅从入汉，用吕相侯，六百户	中邑侯
卫毋择		队率	以队率从起沛，用卫尉侯，六百户	乐平侯
王恬启		郎中柱下令	汉五年为郎中柱下令，用梁相侯	山都侯
徐厉		舍人	以舍人从沛。用常山丞相侯	祝兹侯
周信		卒	以卒从起单父。侯，五百户	成阴侯
吕它		功臣子	父婴以连敖从高祖破秦。子侯	俞侯
口越		卒	以卒从汉二年起栎阳，用长沙相侯，六百户	醴陵侯
刘揭		郎	高祖十三年为郎。侯，二千户	阳陵侯
宋昌		家吏	以家吏从高祖起山东。侯，千四百户	壮武侯
蔡兼		睢阳令	以睢阳令高祖初从阿。用常山相侯，千二百户	樊侯
申屠嘉	材官蹶张	队率	以材官蹶张从高帝击项籍。食邑五百户，用丞相侯	故安侯

结　语

秦汉时代，爵位、财富、官职、知识的差异影响着不同阶层的社会地位。社会等级规定了官与民的界限，构成社会流动存在的前提。秦末汉初军功代替血缘，成为确定社会地位高低的新标准。随着时代推移，社会流动的新等级机制在形成中，汉代察举征辟制的实行就反映了这种趋势。当然，婚姻也是跨越阶层阻隔的辅助性途径。

作为中国古代社会流动中的一个时段，秦汉时期上承春秋战国，向下延伸至科举制实行以后的唐宋时期的社会流动，呈现出阶段性特点。将秦汉的社会流动放在纵向历史发展中，可以得出如下两点认识：

一是制度激励下的流动。

春秋战国时期，经济状况的变动和政治形势的驱使促成社会流动的发生，并无明确制度规定和流动渠道。“经济的变动导致了新型的、以经济分层的社会结构，它挑战了由高级政治等级人员对社会的主导……在此后的时期，拥有土地但不一定冠有贵族爵位的人出现。一些土地所有者通过购买兼并土地变得非常富有，而无地的庶人则更为贫穷——这是一种经济上的阶层分化，也是一种社会分化，它使得社会结构发生了根本变化。”①

汉代，察举制出台，其主观动机是人才的选拔和任用，对社会流动的促进是无意识的，却造成人才辈出充实中央和地方政权机构，对提高全民素质极为有利。搭建这一下层通往上层的阶梯，部分满足了下层参政议政的愿望，利于阶级矛盾的缓和。熟读儒家经典，通过考试便跻身

---

① 许倬云：《中国古代社会史论——春秋战国时期的社会流动》，广西师范大学出版社2006年版，第210页。

上层的政策激发了士人为仕途通达而奋发读书的热情。以考试形式实现垂直流动，在通过起义或革命形式的途径之外，增加了一条常态的和稳定时期社会流动的途径，为隋唐以后实行的科举制继承。尽管这一制度的最初出现往往是自然灾害或天体异象之时，或者由于监督体系和约束机制的不健全而弄虚作假所举非人。葛洪的《抱朴子·审举》载，东汉时“举秀才，不知书；举孝廉，父别居；寒素清白浊如泥，高第良将怯如鸡鸭”。况且，制度之外，任子、赀选等途径容易为世家大族掌控而导致吏治的败坏，堵塞和占据了士人通过考试向上流动的渠道。但在当时，察举制仍不失为一种利于社会流动的制度。

二是流动中的制度限定。

秦汉时期的社会流动受到历史悠久的等级制度限定、不断完备和严密的户籍制度框定以及国家诸项政策的约束。

等级制度规定了社会各等级的地位，在各方面严格规定等级间的差别，皇帝依旧高高在上。户籍制度在其创立和完备过程中，为转型中的秦国确立了新的身份体系，确定每个阶层的等级地位以及其享有的权利，它的存在影响了社会流动的速度、方向、方式以及程度。

生活的状态随着时间长河的流逝在不断变迁，但是人们对于进入更高一个社会阶层的追求却是相同的。正如王学典所说的那样，“古今之间的确已经发生了难以想象的变迁。但变化的只是舞台，是道具，是背景，演戏的人没有变。即使人变了——从‘奴隶主’变成中世纪的‘贵族’，再变成了现代的‘资本家’，那也不过意味着人所扮演的‘角色’的变化，而人性本身并没变”[①]。只是不同时代，不同阶层会受到不同因素的制约，方式各有不同。

秦汉时期，实现社会流动的途径日益规范，军功爵曾经以一种激励机制作为社会流动的途径，“学而优则仕”，精通儒家经典也成为步入仕途的敲门砖，察举制确立了制度化的流动途径，国家频繁出台的稳定自耕农和自上而下释放奴婢的活动，是基层社会成员流动的和平方式。总之，在世袭的等级社会被取代后，流动的等级社会在两汉时期已经形成，利于社会稳定。

① 王学典：《在创造历史中研究历史》，《史学理论研究》2006年第4期。

历史是在一系列连续和变迁的交替与交织中不断向前发展的。作为纵贯古今的社会现象，秦汉社会流动问题因国家社会经济、政治形势的变化呈现出自己的特点，既有“不变”，又有“变化”，不变的是人自身对于高位移的追求，变化的是社会形势。基于这样的基本思路，本书既关注不同阶层不同性别的社会流动途径，也在大环境中考察不同时期的不同政策对社会流动的影响和制约。多样的流动途径源于观念，观念源于对高位移的追求。甚至可以说，社会流动和社会结构的关系并不大，而和人们内心的追求紧密相连。而内心判断的衡量标准恰是当时已经深植于思想意识深处的官本位思想和对于政治权力的理解。

参考文献

一　古籍类

[1]（汉）司马迁：《史记》，中华书局 1959 年标点本。

[2]（汉）班固：《汉书》，中华书局 1962 年标点本。

[3]（汉）荀悦、（东晋）袁宏：《两汉纪》，张烈点校，中华书局 2002 年点校本。

[4]（南朝）范晔：《后汉书》，中华书局 1965 年标点本。

[5]（梁）萧统：《文选》，中华书局 1977 年标点本。

[6]（晋）陈寿：《三国志》，中华书局 1959 年标点本。

[7]（晋）袁宏：《后汉纪校注》，周天游校注，天津古籍出版社 1987 年版。

[8]（唐）姚思廉：《陈书》，中华书局 1972 年标点本。

[9]（宋）司马光：《资治通鉴》，中华书局 1956 年标点本。

[10]（宋）薛居正：《旧五代史》，中华书局 1976 年标点本。

[11]（元）脱脱等：《宋史》，中华书局 1977 年标点本。

[12]（元）马端临：《文献通考》，中华书局 1986 年标点本。

[13]（清）赵尔巽：《清史稿》，中华书局 1977 年标点本。

[14]（清）赵翼：《廿二史札记校证》，王树民校证，中华书局 1984 年标点本。

[15]（清）王夫之：《船山全书》（第十册），岳麓书社 1988 年版。

[16] 曾枣庄、刘琳：《全宋文》，上海辞书出版社、安徽教育出版社 2006 年版。

[17]（唐）姚思廉：《梁书》，中华书局 1973 年标点本。

[18]（梁）沈约：《宋书》，中华书局 1974 年标点本。

二 专著类

[1] 石方:《中国人口迁移史稿》，黑龙江人民出版社 1990 年版。

[2] 葛剑雄:《中国人口发展史》，福建人民出版社 1991 年版。

[3] 葛剑雄等:《中国移民史》，福建人民出版社 1993 年版。

[4] 陆德阳:《流民史》，上海文艺出版社 1996 年版。

[5] 曹文柱:《中国流民史》，广东人民出版社 1996 年版。

[6] 池子华:《中国近代流民》，浙江人民出版社 1996 年版。

[7] 池子华:《流民问题与社会控制》，广西人民出版社 2001 年版。

[8] 毛礼锐等:《中国古代教育史》，人民教育出版社 1983 年版。

[9] 张惠芬、金忠明:《中国教育简史》，华东师范大学出版社 2002 年版。

[10] 俞启定、施克灿:《中国教育制度通史》（第一卷），山东教育出版社 2004 年版。

[11] 陈顾远:《中国婚姻史》，上海书店 1984 年版。

[12] 史凤仪:《中国古代婚姻与家庭》，湖北人民出版社 1987 年版。

[13] 彭卫:《汉代婚姻形态》，三秦出版社 1988 年版。

[14] 陈鹏:《中国婚姻史稿》，中华书局 1990 年标点本。

[15] 顾鉴塘、顾鸣塘:《中国历代婚姻与家庭》，中共中央党校出版社 1991 年版。

[16] 董家遵:《中国古代婚姻史研究》，广东人民出版社 1995 年版。

[17] 杨树达:《汉代婚丧礼俗考》，上海古籍出版社 2000 年版。

[18] [芬兰] 韦斯特·马克:《人类婚姻史》（第一卷），王亚南译，商务印书馆 2002 年版。

[19] 王亚南:《中国官僚政治研究》，中国社会科学出版社 1981 年版。

[20] 安作璋、熊铁基:《秦汉官制史稿》（上、下册），齐鲁书社 1984 年版。

[21] 黄留珠:《秦汉仕进制度》，西北大学出版社 1985 年版。

[22] 余英时:《士与中国文化》，上海人民出版社 1987 年版。

[23] 黄留珠:《中国古代选官制度述略》，陕西人民出版社 1989 年版。

[24] 阎步克:《察举制度变迁史稿》，辽宁大学出版社 1991 年版。

[25] 刘泽华:《士人与社会》(秦汉魏晋南北朝卷),天津人民出版社1992年版。

[26] 何怀宏:《世袭社会及其解体——中国历史上的春秋时代》,生活·读书·新知三联书店1996年版。

[27] 阎步克:《士大夫政治演生史稿》,北京大学出版社1996年版。

[28] 何怀宏:《选举社会及其终结——秦汉至晚清历史的一种社会学阐释》,生活·读书·新知三联书店1998年版。

[29] 吴宗国:《中国古代官僚政治制度研究》,北京大学出版社2004年版。

[30] 阎步克:《从爵本位到官本位:秦汉官僚品位结构研究》,生活·读书·新知三联书店2009年版。

[31] 梁方仲:《中国历代户口、田地、田赋统计》,上海人民出版社1980年版。

[32] 扬子慧、张庆五:《中国历代的人口与户籍》,天津教育出版社1991年版。

[33] 宋昌斌:《中国户籍制度史稿》,三秦出版社1991年版。

[34] 宋昌斌:《中国古代户籍制度史稿》,三秦出版社1991年版。

[35] 邢铁:《户等制度史纲》,云南大学出版社2002年版。

[36] 王威海:《中国户籍制度:历史与政治的分析》,上海文化出版社2006年版。

[37] 瞿同祖:《中国法律与中国社会》,中华书局1981年标点本。

[38] 陈正祥:《中国文化地理》,生活·读书·新知三联书店1983年版。

[39] 刘志远等:《四川汉代画像砖与汉代社会》,文物出版社1983年版。

[40] 李学勤:《东周与秦代文明》,文物出版社1984年版。

[41] 林剑鸣等:《秦汉社会文明》,西北大学出版社1985年版。

[42] 朱绍侯:《秦汉土地制度与阶级关系》,中州古籍出版社1985年版。

[43] 周振鹤、游汝杰:《方言与中国文化》,上海人民出版社1986年版。

［44］葛剑雄:《西汉人口地理》，人民出版社 1986 年版。
［45］周振鹤:《西汉政区地理》，人民出版社 1987 年版。
［46］张晋藩、王超:《中国政治制度史》，中国政法大学出版社 1987 年版。
［47］黄今言:《秦汉赋役制度研究》，江西教育出版社 1988 年版。
［48］刘泽华等:《专制权力与中国社会》，吉林文史出版社 1988 年版。
［49］卢云:《汉晋文化地理》，陕西人民出版社 1991 年版。
［50］葛承雍:《中国古代等级社会》，陕西人民出版社 1992 年版。
［51］杨生民:《汉代社会性质研究》，北京师范学院出版社 1993 年版。
［52］冯尔康:《中国社会结构的演变》，河南人民出版社 1994 年版。
［53］王子今:《秦汉交通史稿》，中央党校出版社 1994 年版。
［54］白寿彝:《中国通史》，上海人民出版社 1995 年版。
［55］龚书铎主编:《中国社会通史》（秦汉魏晋南北朝卷），山西教育出版社 1996 年版。
［56］葛志毅、张惟明:《先秦两汉的制度与文化》，黑龙江教育出版社 1998 年版。
［57］熊铁基:《秦汉文化志》，上海人民出版社 1998 年版。
［58］李晓杰:《东汉政区地理》，山东教育出版社 1999 年版。
［59］李开元:《汉帝国的建立与刘邦集团——军功受益阶层研究》，生活·读书·新知三联书店 2000 年版。
［60］于振波:《秦汉法律与社会》，湖南人民出版社 2000 年版。
［61］仪平策:《中国审美文化史》（秦汉魏晋南北朝卷），山东画报出版社 2000 年版。
［62］彭卫、杨振红:《中国风俗通史·秦汉卷》，上海文艺出版社 2002 年版。
［63］杨师群:《东周秦汉社会转型研究》，上海古籍出版社 2003 年版。
［64］张弘:《战国秦汉时期商人和商业资本研究》，齐鲁书社 2003 年版。
［65］许倬云:《中国古代社会史论——春秋战国时期的社会流动》，广西师范大学出版社 2006 年版。
［66］瞿同祖:《汉代社会结构》，邱立波译，上海人民出版社 2007

年版。
[67] 严耕望:《严耕望史学论文集》(卷上),上海古籍出版社 2009 年版。
[68] 宋燕鹏:《籍贯与流动:北朝文士的历史地理学研究》,河北大学出版社 2011 年版。
[69] [德] 马克思:《资本论》第1卷,人民出版社 1975 年版。
[70] 格尔哈斯·伦斯基:《权力与特权·社会分层的理论》,关信平等译,浙江人民出版社 1988 年版。
[71] [法] 克洛德·泰洛特:《父贵子荣——社会地位和家庭出身》,殷世才、孙兆通译,社会科学文献出版社 1992 年版。
[72] 李强:《当代中国社会分层与流动》,中国经济出版社 1993 年版。
[73] 陈婴婴:《职业结构与流动》,东方出版社 1994 年版。
[74] [美] 戴维·波普诺:《社会学》(第十版),李强等译,中国人民大学出版社 1999 年版。
[75] 许欣欣:《当代中国社会结构变迁与流动》,社会科学文献出版社 2000 年版。
[76] [意] 维尔弗雷多·帕累托:《精英的兴衰》,刘北城译,上海人民出版社 2003 年版。
[77] 王思斌:《社会学教程》,北京大学出版社 2003 年版。
[78] 陆学艺:《当代中国社会流动》,社会科学文献出版社 2004 年版。

三　出土文献类及相关研究

[1] 睡虎地秦墓竹简整理小组编《睡虎地秦墓竹简》,文物出版社 1978 年版。
[2] 高敏:《云梦秦简初探》(增订本),河南人民出版社 1981 年版。
[3]《云梦秦简研究》,中华书局 1981 年标点本。
[4] 林剑鸣:《简牍概述》,陕西人民出版社 1984 年版。
[5](宋)洪适:《隶释》《隶续》,中华书局 1985 年标点本。
[6] 谢桂华等:《居延汉简释文合校》,北京文物出版社 1987 年版。
[7] 李均明、何双全:《散见简牍合辑》,文物出版社 1990 年版。
[8] 甘肃省文物考古研究室、文化部古文献研究室、甘肃省博物馆、

中国社会科学院历史研究所编《居延新简》，文物出版社 1990 年版。

［9］孙家洲：《额济纳汉简释文校本》，文物出版社 2007 年版。

［10］《中国简牍集成》（二十册），敦煌文艺出版社 2001 年版。

［11］王子今：《睡虎地秦简日书甲种疏证》，湖北教育出版社 2003 年版。

［12］朱红林：《张家山汉简〈二年律令〉集释》，社会科学文献出版社 2005 年版。

四 论文

［1］吴景超：《西汉的阶级制度》，《清华大学学报》1935 年第 3 期。

［2］潘光旦、费孝通：《科举与社会流动》，《社会科学》（清华大学）1947 年第 4 卷第 1 期。

［3］方湖生：《我国历史上气候环境变迁与人口流动》，《河南大学学报》（自然科学版）1992 年第 4 期。

［4］王跃生：《中国传统文化对人口职业与人口流动的影响》，《中州学刊》1992 年第 2 期。

［5］王家范：《中国古代的流民问题》，《探索与争鸣》1994 年第 5 期。

［6］赖华明：《论秦汉移民及其特点》，《四川师范大学学报》1995 年第 4 期。

［7］王子今：《秦汉时期的人口流动与文化交融》，《重庆师院学报》1999 年第 3 期。

［8］王德忠：《金朝社会人口流动及其评价》，《东北师大学报》2000 年第 6 期。

［9］庞慧：《论秦汉移民政策》，《韩山师范学院学报》2000 年第 1 期。

［10］张占先：《中国古代人口流动原因探析》，《宿州师专学报》2004 年第 3 期。

［11］李汉龙：《春秋时期人口流动迁徙问题研究》，硕士学位论文，河南大学，2004 年。

［12］齐秀生：《春秋战国时期人才流动述略》，《齐鲁学刊》2006 年第 2 期。

［13］米迎梅：《试论战国时代的人口流动》，《宁夏大学学报》（人文

社会科学版）2007 年第 2 期。

[14] 陈红：《试论清朝前期东北地区人口流动及其影响》，《科教文汇》2008 年第 1 期。

[15] 赵常兴、安鲁：《秦汉时期北人南迁及其经济效应分析》，《北方论丛》2008 年第 3 期。

[16] 王江：《不同历史条件下中美两国农村人口流动之比较》，《江苏教育学院学报》（社会科学版）2009 年第 3 期。

[17] 董春林、赵双叶：《从明代人口流动看城池修筑与社会经济的关系》，《武汉科技学报》（社会科学版）2009 年第 1 期。

[18] 池子华：《中国古代流民综观》，《历史教学》1999 年第 2 期。

[19] 钟水映：《中国历史上的流民与今日流动人口的比较分析》，《经济评论》2000 年第 1 期。

[20] 张鹤泉：《东汉时代的私学》，《史学集刊》1993 年第 1 期。

[21] 张涛：《经学与汉代教育》，《历史教学》1997 年第 2 期。

[22] 张荣芳：《论汉代太学的学风》，《中山大学学报》1998 年第 1 期。

[23] 刘太祥：《汉代游学之风》，《中国史研究》1998 年 4 期。

[24] 孙峰、肖世民：《汉代私学考》，《西安联合大学学报》1999 年第 3 期。

[25] 李辉：《试论汉代私学教育的作用》，《长春师范学院学报》2002 年第 3 期。

[26] 肖世民：《论汉代学校教育》，《唐都学刊》2002 年第 2 期。

[27] 周慧：《明代的科举与社会流动——以苏州地区为核心的一个地域考察》，硕士学位论文，东北师范大学，2002 年。

[28] 郝建平：《论教育与两汉社会的整合》，博士学位论文，南开大学，2004 年。

[29] 董文军：《古代汉中教育史论略》，《陕西理工学院学报》2005 年第 4 期。

[30] 刘长江：《中国古代学校教育管理体制运作述议》，《西南民族大学学报》2005 年第 7 期。

[31] 高慧斌：《汉代太学管理体制管窥》，《河南教育学院学报》2006 年第 5 期。

[32] 刘变丽:《两汉的私学教育及影响》,硕士学位论文,南京师范大学,2007 年。
[33] 左春波:《汉代私学研究》,硕士学位论文,吉林大学,2008 年。
[34] 鲁伟:《汉代太学生探讨》,硕士学位论文,吉林大学,2008 年。
[35] 彭卫:《论汉代婚姻关系的构成》,《学术月刊》1985 年第 10 期。
[36] 彭卫:《汉代婚姻关系中妇女地位考察》,《求索》1988 年第 3 期。
[37] 赵喜顺:《试论婚姻的社会流动》,《西南民族学院学报》(哲学社会科学版)1991 年第 6 期。
[38] 方诗铭:《战国秦汉时期"赵女"与"邯郸倡"及其在政治上的表现》,《史林》1995 年第 1 期。
[39] 王子今、孙中家:《战国秦汉时期的女军》,《社会学研究》1996 年第 6 期。
[40] 李贞德:《汉唐之间的女性医疗照顾者》,《台大历史学报》1999 第 23 期。
[41] 崔锐:《从经济活动看秦汉女性的经济地位》,《中华女子学院学报》2004 年第 5 期。
[42] 李天石:《从张家山汉简与唐律的比较看汉唐奴婢的异同》,《敦煌学辑刊》2005 年第 2 期。
[43] 邢义田:《汉代画像中的"射爵射侯图"》,载台湾《中研院历史语言所集刊》第 71 本第 1 份,又见《中国社会科学文摘》2000 年第 5 期。
[44] 徐海晶:《从汉代画像石(砖)看汉代女子的经济活动》,《黑龙江教育学院学报》2006 年第 2 期。
[45] 李杰:《从汉代女性社会地位看刘兰芝的悲剧命运》,《和田师范专科学校学报》(汉文综合版)2008 年第 2 期。
[46] 岳岭:《汉代妇女政策研究》,《南都学坛》(人文社会科学学报)2008 年第 6 期。
[47] 高一萍、方原:《秦汉时期公主婚姻初探》,《哈尔滨学院学报》2008 年第 3 期。
[48] 彭卫:《汉代女性的工作》,《史学月刊》2009 年第 7 期。

[49] 李彤：《礼教形成中的汉代妇女生活》，博士学位论文，浙江大学，2005 年。
[50] 顾丽华：《两汉妇女生活情态研究》，博士学位论文，东北师范大学，2009 年。
[51] 朱文镇、黄平芳：《东晋南朝隐士隐居地的地理分布及其成因、影响》，《长安大学学报》（社会科学版）2003 年第 4 期。
[52] 李晓茜、徐永昕：《典故中的中国古代隐士文化》，《语文学刊》（高教版）2005 年第 11 期。
[53] 霍建波：《古代统治者对待隐士的双重标准》，《河北学刊》2007 年第 4 期。
[54] 李大龙：《西汉派往西域的使者述论》，《民族研究》1990 年第 6 期。
[55] 张士尊：《西汉时期知识分子社会地位的变迁——中国古代知识分子问题探讨之二》，《鞍山师专学报》1987 年第 2 期。
[56] 李泉：《试论西汉中高级官吏籍贯分布》，《中国史研究》1991 年第 4 期。
[57] 马亮宽：《汉代士人与社会结构》，《社会科学》1994 年第 2 期。
[58] 张兆凯：《任子制新探》，《中国史研究》1996 年第 3 期。
[59] 沈友：《略论汉代任官交流制度》，《学术交流》1998 年第 6 期。
[60] 李解民：《东海郡下辖长吏名籍研究》，连云港市博物馆、中国文物研究所编《尹湾汉墓简牍综论》，科学出版社 1999 年版。
[61] 邹水杰、岳庆平：《西汉县令长初探》，《北京大学学报・哲社版》2003 年第 4 期。
[62] 吴娜：《汉代的地方吏治略论》，《江西教育学院学报》2006 年第 2 期。
[63] 陈玉霞：《两汉时期冀州的官吏研究》，硕士学位论文，郑州大学，2007 年。
[64] 冯乐辉：《两汉徐州地方官吏统计与考察》，硕士学位论文，郑州大学，2007 年。
[65] 闫秀霞：《两汉蜀郡太守考述》，《郑州航空工业管理学院学报・社会科学版》2007 年第 1 期。

[66] 潘保宇：《两汉颍川太守考》，《三门峡职业技术学院学报》2007年第1期。

[67] 蒋云飞：《〈二年律令〉与汉初官吏控制法》，硕士学位论文，华东政法大学，2007年。

[68] 邹锦良、李坚：《跨越“鸿沟”：西汉官员迁转途径探论》，《北方论丛》2008年第3期。

[69] 邹锦良、戴春芳：《西汉官员迁转条件探论》，《求索》2008年第4期。

[70] 贾雪枫：《汉使身份考》，《文史杂志》2002年第6期。

[71] 黎虎：《汉代外交使节的选拔》，《兰州大学学报》（社会科学版）2002年第6期。

[72] 崔丽芳：《西汉使匈奴、西域使者研究》，硕士学位论文，兰州大学，2006年。

[73] 唐赞功：《汉初“布衣将相”浅论》，《中国史研究》1984年第1期。

[74] 吉书时：《西汉功臣贵族的兴亡》，《北京师范大学学报》（社会科学版）1992年第2期。

[75] 唐赞功：《一代功臣侯的荣辱兴衰——对“高祖功臣侯者”的考察》，《北京师范大学学报》（社会科学版）1995年第5期。

[76] 曹家齐：《刘邦布衣集团与西汉政权的建立》，《徐州师范学院学报》（哲学社会版）1996年第1期。

[77] 夏增民：《刘邦及其功臣集团关系论析》，《南都学坛》1998年第1期。

[78] 刘绪贻：《西汉早期中国社会的重新分层》，《华中科技大学学报·社会科学版》2000年第4期。

[79] 江立华：《我国古代的户籍制度及其特点》，《北方工业大学学报》2001年第4期。

[80] 欧阳凤莲：《〈商君书〉户籍管理思想与秦国户籍管理制度》，《古代文明》2009年第2期。

[81] 侯二朋：《东汉人物地域分布研究》，硕士学位论文，兰州大学，2007年。

[82] 禹平：《汉代儒生的社会活动研究》，博士学位论文，吉林大学，2008 年。

[83] 郭建静：《秦汉时期士与游侠的演变及关系研究》，硕士学位论文，西北大学，2009 年。

[84] 李洪波：《西汉社会垂直流动研究》，硕士学位论文，山东大学，2010 年。

[85] 李建勇：《社会流动的实证研究》，《社会学探索》1988 年第 5 期。

[86] 刘祖云：《论社会流动的基本类型及其社会意义》，《社会科学研究》1991 年第 2 期。

[87] 刘祖云：《社会转型与社会流动：从理论到现实的探讨》，《华中师范大学学报·人文社会科学版》1998 年第 5 期。

[88] 陈恢忠：《论社会分层的功能及社会冲突》，《华中理工大学学报·社会科学版》2000 年第 1 期。

[89] 周作宇：《教育、社会分层与社会流动》，《北京师范大学学报·人文社会科学版》2001 年第 5 期。

[90] 李强：《社会分层与社会发展》，《中国特色社会主义研究》2003 年第 1 期。

[91] 顾欣炜、于专宗：《教育与中国社会的阶层流动》，《兰州学刊》2004 年第 5 期。

[92] 王学典：《在创造历史中研究历史》，《史学理论研究》2006 年第 4 期。

[93] 孙铁刚：《秦汉时代士和侠的式微》，《台大历史学报》1975 年第 2 期。

[94] 韩复智：《东汉的选举》，《台大历史学报》1977 年第 4 期。

[95] 马彪：《两汉之际刘氏宗室的“中衰”与“中兴”》，《北京师范大学学报》（社会科学版）1995 年第 5 期。

[96] [日] 增渊龙夫：《汉代民间秩序的构成和任侠习俗》，载《日本学者研究中国史论著·上古秦汉卷》，中华书局 1993 年标点本。

[97] [日] 纸屋正和：《前汉时期县长吏任用形态的变迁》，《日本中青年学者论中国史·上古秦汉卷》，上海古籍出版社 1995 年版。

［98］［日］东晋茨：《后汉的选举与地方社会》，《日本学者研究中国史论著选译·上古秦汉卷》，上海古籍出版社 1995 年版。

［99］［日］永田英正：《居延汉简所见候官试论》，《日本学者研究中国史论著选译·上古秦汉卷》，中华书局 1993 年标点本。

后　　记

硕士毕业后，继续求学的心一直蠢蠢欲动。脱轨十年后，重新回到了起点，跑道变了，一切都是全新的。文献记载需要精读再精读，汉简、碑刻需要揣摩再揣摩，前人成果需要了解再了解，时代精神需要感悟再感悟。方向的改变自然增加了老师的担忧，承蒙先生不弃招我为徒，感激之辞无须言表，只有努力读书学有所获来回报了。

久别的校园，久别的恩师，久别的学术，诚惶诚恐，茫然无措。秦进才老师不计较我的肤浅和粗疏，谦和适时的引领和鼓励，鞭策和点拨，从读书到方法，帮我走出困惑，拾获新得。老师对习作和论文一丝不苟修改，让我惭愧汗颜，更让我感受到老师踏实的治学和对学生严格的训练。这些，不论在治学，还是为人方面对学生影响至深，受益匪浅。老师的严谨淡定让我自省，自省什么是“无欲则刚”。刚入学时，师母推着自行车，车后夹着 30 多本书送我到公交车站的情景，如在昨天。

邢铁老师每每给研究生上课总会通知我，让我有机会提前感知即将毕业的同学对论文的准备、撰写以及撰写体会和心得，包括经验和教训，聆听老师对他们的论文细节的指导和建议，重温老师的治学之法。老师的谦逊包容让我思考，思考何为“有容乃大”。师母还如我们上硕士时一样的善解“生”意，体贴“生”情。

三年里，过去的老师帮扶着，鼓励着，昔日的同学倾诉着，理解着，结识的新同学探讨着，交流着；工作所在学校法政学院的领导关心着，关照着，自己的教学工作同事承担着，辛苦着……这样的情谊是远离尘嚣的，真诚的，是一个谢字难以言尽的。几年的时间，家人的付出和操持，家人的压力和期盼，我，慢慢弥补。

即将毕业，自知距离老师的期待相差甚远。学术之门刚刚开启，学术之路刚刚起步，前面的路很长很宽，毕业不只是结束，更是一个新的开始，《游褒禅山记》中的一段文字“世之奇伟瑰怪非常之观，常在于险远，而人之所罕至焉，故非有志者不能至也；有志矣，不随以止也，然力不足者，亦不能至也；有志与力，而又不随以怠，至于幽暗昏惑，而无物以相之，亦不能至也”一直激励着我。以一首小诗作为后记的后记：

感谢师大，上个世纪就在这里学习；
感谢恩师，学术的指导，精神的磨砺！
感谢同学，曾经的友情弥足珍贵；
感谢操场和宿舍，
无论空旷还是宁寂；
感谢食堂师傅的直言不讳，
“您这么大了，还在学习，阿姨？”

感谢老白的心理疏导，
不懂历史，却也旁通触类；
感谢小白，老薛不在家，
培养了自己思想的果断，行为的独立，
感谢婆婆，后勤工作的精打细算，默默奉献；
感谢父母，理解孩子的无暇理会；
感谢自己，不惑之年的不惑选择。
宿舍楼梯口歌德名言时刻铭记：
每个人都足够的余力去实现自己的信念。
三年的求学经历，更让我坚信：
只要做，就可以！
我愿意做得更好！

这本书也是笔者承担的2015年河北省社会科学基金项目“汉代社

会流动及实现途径研究”（项目编号 HB15LS026）的阶段性成果，同时也得到河北北方学院学术著作出版基金资助，特志。

薛志清

2015 年 7 月 25 日